KB264450

삼국지

그 안의 정치

삼국지 그 안의 정치

임용순 지음

나무와 숲

삼국지, 그 안의 정치

초판 1쇄 펴낸날 | 2005년 5월 1일

지은이 | 임용순
펴낸이 | 최윤정
펴낸곳 | 도서출판 나무와숲

등록 | 22-1277
주소 | 서울특별시 송파구 방이동 22 대우유토피아 1304호
전화 | 02)3474-1114
팩스 | 02)3474-1113
e-mail | namusup@chol.com

값 12,000원
ISBN 89-88138-57-0 03900

이 책을 내면서

정치의 중요성을 새삼스럽게 강조할 필요는 없다. 실로 정치는 우리의 삶과 함께 존재하며 우리 삶의 향배를 가름하기도 한다. 필자는 미국과 한국의 대학 강단에서 수십 년 동안 정치학을 강의했다. 물론 미국에서는 서구의 정치 이론과 역사를 중심으로 강의를 했다. 종종 동양의 예를 들어 동서양의 차이를 비교 설명할 때도 있었지만, 주로 플라톤·아리스토텔레스에서 시작해 마키아벨리·홉스·로크를 거쳐 마르크스·베버·파스칼·이스턴 등 서양인들의 이론으로 정치 현상을 설명했다.

한국으로 돌아와서 정치학을 강의할 때도 서양인들의 이론의 범주를 벗어나지 못했다. 한국 정치학은 어찌 보면 우리 나라가 일본으로부터 해방된 1945년 이후부터 발달했다고 할 수 있다. 우리 정치학의 전통이 빈약했던 탓에 주로 서구인의 사상을 일본인이나 필자와 같이 외국 유학을 한 한국인들을 통해서 습득했던 것이다. 이에 따라 한국 정치학 역시 서양 정치학의 시조인 그리스 철학자들로부터 시작해 중세·근세 유럽 학자들을 거쳐서 현대 미국 학자들로 귀착되었던 것이 현실이었다. 요즘에도 한국에서 발간되는 저명한 학술지를 읽어 보면 너무나 많은 서양 학자들의 이름이 나열되어 혼란스럽기 짝이 없다.

　그래도 다행스러운 것은 최근 정치학을 연구하면서 동양에서 그 뿌리를 찾으려는 노력이 눈에 띄게 증가했다는 점이다. 이제는 우리 정치학 교과서에서 노자·공자·장자·맹자·한비자 등을 인용하여 정치 현상을 설명하려는 논문을 종종 접할 수가 있다. 또한 동서양의 정치 과정이나 정치 현상을 비교하려는 학자들도 점점 늘고 있다.

　분명한 것은 동양과 서양의 정치 과정에는 차이점도 있고 공통점도 있다는 것이다. 서양의 일반 이론으로 이 지구상의 모든 정치 현상을 설명한다는 것은 문제가 있다. 아무리 과학이 발달되었어도 인간 행위를 과학으로만 설명할 수 없듯이. 하물며 일반 이론을 문화와 역사가 다른 사회에 적용해서 보편적인 해답을 요구한다는 것은 문제가 있게 마련이다.

　이러한 이유로 필자는 오랜 외국 생활을 마치고 귀국한 이래 동양 정치의 특유성에 의문을 갖고 나름대로 이를 연구해 왔다. 또한 학생들에게 우리 특유의 정치 현상을 설명하려고 애를 썼는데, 이를 위해 우리 나라 역사와 중국 및 일본 역사를 되돌아보면서 우리 특유의 정치 행태를 설명했다.

　이 같은 노력의 일환으로 『삼국지』를 통해 동양인의 정치 행태를 분석해 본 것이 바로 이 책이다. 필자가 『삼국지』를 처음 대한 것은 초등학교 때이다. 당시 여러 사람이 번역한 나관중(羅貫中)의 『삼국지연의(三國志演義)』를 무차별하게 읽었던 기억이 난다. 그러다가 최근 다시 이문열씨가 편역한 『삼국지』를 상세히 읽으면서 동양인의 정치 행태를 여러모로 생각하게 되었다. 그 결과 『삼국지』야말로 우리 동양인들의 삶을 말해 주는 대표적인 작품이자, 동양인의 정치 행태를 재미있게 설명해 주는 작품이라고 결론지었다.

정치를 구태여 어렵게 설명할 필요도 없고, 또 정치학이 지루한 학문이 될 필요가 없다고 생각하기 때문이다.

흔히 말하기를 "삼국지는 7할이 진실이고 3할이 거짓"이라고 한다. 『삼국지연의』는 진수(陳壽)의 역사 기록인 「위지(魏志)」·「오지(吳志)」·「촉지(蜀志)」를 바탕으로 하고, 배송지(裴松之)의 장구한 주(注)와 중국에서 전해 오는 무수한 야사와 서민들의 경극 등을 참조로 해서 씌어진 작품이다. 어찌 보면 『삼국지연의』는 나관중의 사고를 많이 반영한 작품이라고 하겠으나, 어디까지나 중국인들의 사고 범주를 벗어난 작품은 아니다.

삼국 시대는 중국 역사상 가장 처참했던 시기였다. 후한(後漢) 말인 서기 184년에 일어난 황건의 난으로 막이 올라 280년 오(吳)가 서진(西晉)의 사마염(司馬炎)에게 정복당함으로써 막이 내렸다. 근 1백여 년에 이르는 이 기간에 중국은 전쟁에 빠져들면서 인구가 엄청나게 감소했다. 후한 말기에 중국의 인구는 4천만 명이 넘었으나, 진 왕조가 삼국을 통일했을 때는 1천만 명이 못 되었다. 이 같은 사실 하나만으로도 당시의 전쟁이 얼마나 처참했는지를 알 수 있다.

당시 서양에서도 혼란의 시기가 도래하였다. 로마 제국에서는 마르쿠스 아우렐리우스 황제가 아들 코모두스에게 제위를 물려주면서부터 내분이 일기 시작했다. 그 이후 로마는 숱한 황제들이 암살되거나 군부에 의해 처형되었으며, 기독교인들에 대한 심한 박해가 자행되었다. 숱한 내란과 내전으로 로마 제국은 나약해졌다. 이때의 1백여 년은 로마에게도 실로 혼란스런 시기였다.

한편 우리 나라는 고구려·백제·신라 삼국이 공존했던 시기로 고구려는 고국천왕에서 서천왕, 백제는 근초고왕에서 고이왕, 신라는 벌휴왕에서 미추왕에 이르는 1백여 년이 이에 해당한다.

삼국 시대는 이처럼 몹시 혼란스러웠으나 중국 문명이 엄청나게 발전한 시기이기도 하다. 또한 군사 전략과 신무기가 발전을 거듭했으며, 다양한 법 체계와 문학도 새로운 발전을 보게 되었다. 하지만 정치사상적으로는 갈등이 첨예했던 시기였다. 이처럼 엄청난 변화를 겪은 시기이기에 숱한 영웅과 호걸들이 나타나 실로 인류 역사상 가장 혼란하기도 했고, 또한 흥미진진한 때였다. 그리고 우리 인류 역사상 가장 상세히 알려진 시기이기도 하다.

특히 진수의 정사『삼국지』와 나관중의 소설『삼국지연의』덕분에 이 시기는 우리에게 잘 알려져 있다. 이 시대의 인물인 관우와 제갈량은 우리에게 살아 있는 인물로 다가오고 있다. 또한 삼국 시대의 정치나 삶의 지혜는 오늘날에도 우리에게 많은 교훈을 주고 있다. 필자는 이 같은 이유로『삼국지』를 통해서 오늘의 정치 현상을 살펴보기로 한 것이다.

정치 현상은 실험실에서처럼 재현할 수가 없다. 그 때문에 정치 현상을 설명하기 위해 종종 역사적 사실을 예로 들곤 한다. 그런 점에서 삼국 시대의 정치 현상이야말로 정치의 핵심을 우리에게 보여 줄 뿐만 아니라 무척 흥미있는 정치 이야기라 할 수 있다.

이 책 역시『삼국지, 그 안의 국제정치』와 마찬가지로 이문열씨가 편역한『삼국지』를 교본으로 썼다. 이유인즉 첫째로 그의 작품이 한국에서는 가장 많이 팔렸고 보편적으로 읽혔기 때문이다. 물론 많은 작가들이『삼국지』를 우리말로 번역했다. 모든 번역판들이 나름대로 장점이 있다. 그럼에도 그의 작품을 택한 이유는 그의 작품이 우리 나라에서는 가장 많이 읽혔기 때문이다.

둘째로, 이문열씨의 작품은 진수의 정사 『삼국지』를 이용해 나관중의 작품 속에 드러난 역사적 오류를 지적함으로써 독자들이 역사적 사실을 공정하게 판단할 수 있도록 했기 때문이다. 그런 점에서 그의 작품은 흥미도 있지만 역사적 사실을 밝혀 줌으로써 삼국 시대의 정치 현상을 객관적으로 설명하는 데 도움을 준다. 이문열씨가 번역한 『삼국지』 다음으로 이 책에 인용한 원문들은 진수의 원래 『삼국지』인 「위서」·「오서」·「촉서」를 김원중씨가 우리말로 번역하고 신원문화사가 출판한 책에서 가져왔다. 이 책을 쓰면서 김원중씨의 번역문을 인용하기도 했다.

중국과 일본에서는 『삼국지』에 관한 연구가 활발하게 이루어졌고, 그 일부는 우리말로 번역되기도 했다. 필자는 이 책을 쓰면서 이들 연구서를 참고로 했다. 그러나 독자들의 혼란을 피하기 위해 그것들을 일일이 열거하는 것은 피했다.

앞서 펴낸 『삼국지, 그 안의 국제정치』가 『삼국지』를 통해 당시 국제정치의 역학 관계와 국제정치 사상, 외교 정책, 전쟁 원인, 전투 전술 등을 다루었다면 이 책은 정치의 의미와 본질, 사상, 정치 형태에 초점을 맞추었다. 아무쪼록 이 책을 통해 동양인의 정치 형태를 알 수 있는 것은 물론 오늘을 사는 삶의 지혜를 얻을 수 있기를 바란다.

마지막으로 이 책이 나오기까지 원고 검토에서 보완에 이르기까지 여러 가지로 수고해 준 성균관대학교 국가경영전략연구소의 채재병 박사에게 고마운 마음을 전한다. 아울러 이 책의 출판을 맡아 준 나무와숲 최헌걸 사장에게도 감사드린다.

 차 례

이 책을 내면서 _ 5

1장 정치란 무엇인가
1. 옛 정치와 현대 정치 _ 15
2. 동양 정치와 서양 정치 _ 18
3. 정치의 의미 _ 21

2장 정치의 본질
전통적 지배 — 손권·원소·유선 _ 32
법·합리적 지배 — 조조·제갈공명 _ 34
카리스마적 지배 — 유비·손권 _ 37

3장 삼국 시대 국가의 특징과 흥망성쇠
1. 삼국 시대 국가의 특징 _ 45
2. 삼국의 정립 – 위·촉·오 _ 48
3. 삼국의 멸망 원인 _ 60
후한 멸망의 원인 _ 62
촉의 멸망 원인 _ 66
위의 멸망 원인 _ 68
오의 멸망 원인 _ 70
국가의 멸망 원인 _ 73

4장 삼국 시대의 이데올로기
정치 이념의 역할 _ 84

5장 삼국 시대의 정치 행태
1. 인맥 중심의 정치 _ 98
2. 종교와 정치 _ 110
3. 배신의 정치 _ 123
4. 연극에 능했던 정치인들 _ 134
5. 말의 정치 _ 146
6. 유언비어의 정치 _ 161
7. 서열의 정치 _ 171
8. 여성의 정치참여 _ 186
9. 의리 있는 정치인들 _ 199
10. 술 때문에 화를 자초한 인물들 _ 210

6장 삼국 시대의 지도자들과 정치 기반
1. 삼국 시대의 통치자들 _ 221
   통치 스타일(리더십) _ 223
   성공한 지도자와 실패한 지도자 _ 246
2. 삼국 시대의 무장들 _ 253
3. 삼국 시대의 학자 출신 참모들 _ 291
4. 삼국 시대의 정치 기반 _ 318

맺음말 _ 325

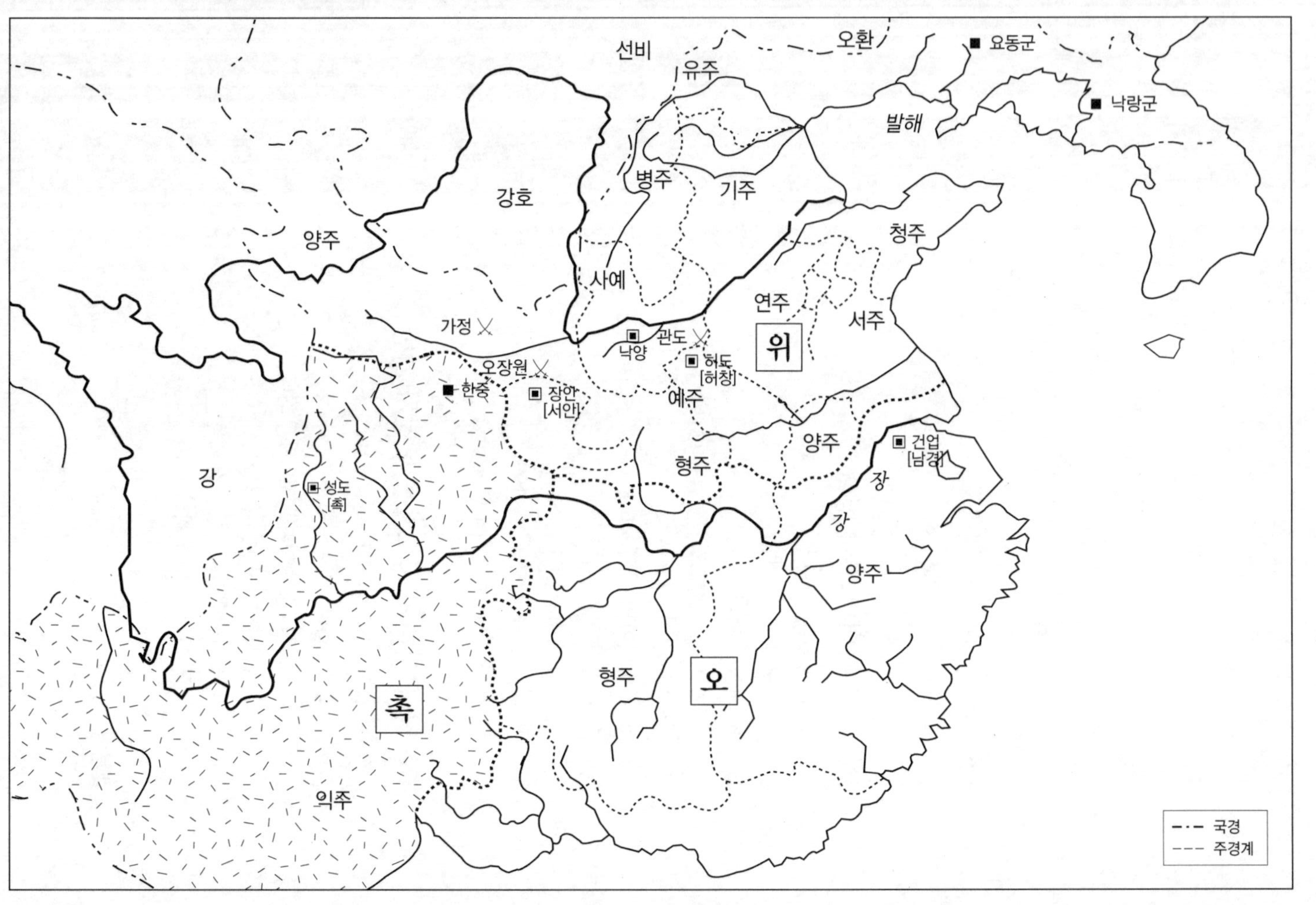
선비
오환
요동군
유주
발해
낙랑군
강호
병주
기주
양주
청주
사예
연주
서주
가정 ✕
낙양
관도 ✕
위
오장원 ✕
한중
허도
[허창]
장안
[서안]
예쥬
건업
[남경]
강
성도
[촉]
형주
양주
장
강
양주
촉
오
형주
익주
국경
주경계

1장

정치란 무엇인가

1. 옛 정치와 현대 정치

일찍이 그리스의 철학자 아리스토텔레스는 "인간은 정치적 동물"이라고 했다. 아마도 인간은 사회를 형성하면서 곧 정치를 시작했을 것이다. 그러나 분명한 것은 옛날의 정치와 현대 정치는 차이점이 있다는 것이다. 옛날에 비해 현대 정치는 무척 다양하다. 우선 오늘날에는 민주주의, 전체주의, 권위주의 등 다양한 정치체제가 있다. 물론 고대 그리스에도 민주적인 정부가 존재했다고 말한다. 하지만 그것은 어디까지나 제한된 민주 정치 제도였다. 반면 오늘날의 민주 정치는 대중이 참여하는 민주 정치이다. 또한 현대 사회에는 옛 소련과 현재 북한과 쿠바에 존재하는 전체주의 정치체제가 있는가 하면, 최근 몰락한 후세인이 통치하던 이라크와 같은 권위주의 독재체제도 있고, 군주가 지배하는 군주주의 정치 제도도 존재한다.

이에 비해 삼국 시대의 정치체제는 군주주의 체제로 일관되어 있다. 조조·유비·손권 등은 개인적인 차이는 있으나, 모두 군주주의 체제에서의 지도자들이었다. 삼국 시대에는 아다도 현대와 같은 민주적인 정치 제도는 상상도 하지 못했을 것이다. 군주에 대한 충성심, 상관에 대한 복종심 등은 너무나 당연한 것으로 생각했다. 또한 정치 지도자는 선출되는 것이 아니고, 주로 상속에 의해 추대되었다.

그러나 이 같은 차이점에도 불구하고 정치의 본질은 크게 달라지지 않았다. 옛날이나 오늘날이나 정치는 본질적으로 권력을 획득하기 위한 투쟁이다. 권력을 획득하기 위하여 온갖 술수를 사용하는 것은 삼국 시대의 영웅들이나 현대 정치인들이나 마찬가지다.

또한 정치는 패거리 싸움이다. 정치는 혼자서 할 수 없다. 그래서 혈연·학연·지연이 중요하게 여겨지는 것이다. 오늘날 정치 집단을 정당이라 부르기도 하고 이익 집단이라고도 부르지만, 특정한 이익을 성취하기 위해서 모이는 집단이란 것은 옛날이나 지금이나 마찬가지다.

정치는 또한 명분 싸움이다. 정치 집단이 성공하기 위해서는 지도자의 탁월한 능력도 필요하지만, 집단이 내거는 명분 또한 대중적인 호소력이 있어야 한다. 그 때문에 각 정치 집단은 명분을 구체화한 슬로건을 내건다.

옛날이나 지금이나 정치 권력의 기반은 대중이다. 삼국 시대에는 오늘날과 같은 선거도 없었고 여론의 향배를 측정하는 방법도 없었지만, 성공한 정치인들은 전부 대중적인 기반을 갖고 있었다. 조조는 천자를 끼고 대중적인 기반을 다졌고, 손권은 오나라 지역의 토호로서 백성들과 호족들의 지원을 받았다. 또한 유비는 그 특유의 인품과 한실(漢室) 종친이라는 명분으로 백성들의 지지를 받았다.

삼국 시대나 오늘날이나 성공한 정치인은 훌륭한 인재를 확보하였다. 이미 언급했듯이 정치는 패거리 싸움이다. 패거리 싸움의 성패는 결국 구성원의 재능에 달려 있게 마련이다. 삼국 시대에도 조조·손권·유비·사마소 등 성공한 지도자들은 많은 인재를 거느리고 있었다. 현대에도 루스벨트·케네디 대통령과 같이 성공한 인물들은 훌륭한 인재를 주위에 많이 두고 있었다.

또한 삼국 시대나 오늘날이나 정치를 하려면 돈이 필요하다. 오늘날 정치자금을 모으는 방법은 여러 가지가 있다. 후원의 밤을 개최하기도 하고, 국가로부터 정당 운영 자금을 지원받기도 하며, 때로는 은밀한 방법으로 돈을 모으기도 한다. 옛날에는 군자금을 마련하기 위해 이웃을 약탈하거나, 부호들에게 강제로 거두기도 했다. 또한 든든한 후원자의 도움을 받기도 하고, 때로는 백성들에게 세금을 징수하여 정치적 목적에 사용했다. 이처럼 옛날이나 지금이나 정치를 하려면 돈이 있어야 한다. 다만 옛날과 오늘날이 다른 것은 돈을 염출하는 방법이 다르다는 것뿐이다.

위와 같이 삼국 시대의 정치와 오늘날의 정치를 비교해 보면 차이점보다는 공통점이 훨씬 많다는 사실을 알 수 있다. 그런 점에서 삼국 시대의 정치 행태를 알 수 있는 『삼국지』가 현대인들에게 주는 의미는 엄청나게 크다고 할 수 있다.

2. 동양 정치와 서양 정치

오래전에 영국의 유명한 셜록 홈즈 탐정과 프랑스의 유명한 괴도 신사 아르센느 루팡에 관한 책을 보고 영국과 프랑스가 엄청나게 다르다는 것을 느꼈다. 같은 서양 국가들도 이러할진대 동양과 서양 간의 정치 차이는 참으로 크지 않을 수 없다. 물론 동양이나 서양이나 권력투쟁의 본질은 유사하다. 그러나 동양 정치와 서양 정치가 표출하는 형태는 크게 다르다. 나라마다 환경이 다르고 발전의 역사도 다르기 때문에 정치 행태도 다르게 나타나는 것이다. 이 같은 이유로 동양 정치를 일반화하기는 어렵다.

그러나 중국과 우리 나라는 국경도 접해 있고, 문화권도 동일할 뿐만 아니라 사용하는 문자도 오랫동안 같았기 때문에 중국의 정치 행태는 우리와 유사한 점이 많다. 이제 이를 추려서 서양의 정치 행태와 다른 점을 몇 가지만 열거하기로 하자.

첫째, 동양인은 정치 지도자를 선택할 때 서양인들에 비해 무척 감정적인 경향이 있다. 물론 동양이나 서양이나 정치에 인간의 감정이 개입되는 일은 흔히 있게 마련이다. 대개 혁명이 일어날 때일수록 국민의 감정이 커다란 영향을 미친다. 그러나 서양인에 비해 동양인의 정치적 결정은 실리보다는 명분에 집착하고, 이해의 득실보다는 의리에 연연하는 경우가 많다. 그 때문에 동양인은 서양인에 비해 합리적인 결정보다는 감정적인 결정을 하는 빈도가 높다. 아마도 이 같은 정치 행태가 동양에서 민주주의 발전을 지연시켰으리라고 생각된다.

둘째, 동양인의 정치 행태는 집단주의적 정향성(定向性)이 높은 편이다. 이것은 서양 사람들이 개인주의적 생활을 선호하는 데 비해 동양인들은 집단주의적 경향이 강한 데서도 엿볼 수 있다. 교육철학 면에서도 동양의 유가(儒家) 전통은 국가관과 가문에 대한 도리를 강조하는 반면, 서양에서는 토머스 홉스나 존 로크의 철학에서 강조하듯이 개인주의를 사회의 원천으로 간주하고 있다. 또한 토머스 칼라일이 주장하듯 서양인의 영웅은 힘을 바탕으로 하는 개인이지만, 동양은 집단을 운영할 수 있는 노인의 지혜를 중시한다.

이것같은 사람들의 사고방식이나 삶의 영위 방법은 정치 행타에도 영향을 준다. 동양에서는 아직도 가문이나 학벌이 중요한 요인으로 작용하고 있다. 특히 정치인에게는 어느 지역에서 태어났는가가 무척 중요한 경우가 많다. 이 같은 행태는 삼국 시대의 중국이나 현대를 살고 있는 우리 한국이나 마찬가지다. 반면 서양인들은 정치인을 선출할 깨 개인의 능력이나 유권자 개인의 선호도에 따라 결정한다.

셋째, 정치개혁이나 정치발전을 꾀할 때 서양인들은 법의 제정이나 제도 변혁을 통해 실천하려는 경향이 있는 반면, 동양인들은 제도를 통해서 정치개혁을 꾀하기도 하지만 특정 정치인을 통해서 개혁을 하려는 경향이 아주 강하다.

우리 나라의 경우만 보더라도 얼마 전까지만 해도 3김씨의 생명력이 아주 강했다. 미국에서는 대통령 경선에 한번 실패하면 지도자로서의 역할이 끝나는 것이 대부분이다. 물론 레이건이나 닉슨 대통령과 같은 경우도 있지만 이들은 어디까지나 예외라 할 수 있다. 반면에 우리 나라에서 3김씨는 한국 정치 무대를 수십 년 동안 지배해 왔다. 이 같은 정치 행태는 삼국 시대의 중국에서나 오늘날의 한국에서나 비슷한 점이 많다. 이러한 정치 행태로 인해 김대중 전 대통령은 수십 년 각고 끝에 대통령이 될 수 있었다. 촉한의 유비도 수십 년 실패의 쓴 잔을 마시다가 예순 살이 다 되어서야 국가를 세웠다.

이처럼 동양은 집단주의 정치 성향을 선호하면서도 특정 개인에 대한 충성심 때문에 개인의 탁월한 지도력에 의존해서 정치변혁을 꾀하려는 경우가 빈번하다.

이와 같이 동양의 정치 문화와 서양의 정치 문화는 상당한 차이가 있다. 그러므로 서양의 정치 이론으로 동양의 정치 현상을 전부 설명하는 데는 한계가 있다. 동양의 정치 행태를 제대로 이해하기 위해서는 역시 동양적인 설명을 할 수 있는 이론이 필요하다.

문제는 정치 과정은 실험을 할 수가 없다는 것이다. 그러므로 동양 정치 문화의 특수성을 규명하기 위해서는 역사적 사실에 의존할 수밖에 없다. 이때 삼국 시대와 같이 우리에게 상세히 알려진 역사적 사실은 동양 정치를 설명하는 데 큰 도움이 된다. 정치뿐만 아니라 동양인들의 풍속, 삶의 지혜 등이 서양과 다르다는 사실은 널리 알려져 있다. 이같이 동양인의 삶의 양식이 서양과는 다르기에 어쩔 수 없이 동양인의 정치 행태도 서양과는 다르게 발전되었다.

그런 점에서 『삼국지』는 소설이기는 하지만 이 같은 동양인 특유의 정치 상황뿐만 아니라 동양인의 삶의 지혜를 우리에게 예시해 주고 있다. 최명 교수의 『삼국지는 소설이 아니다』라는 책의 제목에서도 엿볼 수 있듯이, 실로 『삼국지연의』는 소설 이상의 작품이다.

3. 정치의 의미

아리스토텔레스의 말처럼 인간은 정치적인 동물이어서 사회를 형성하면서 정치를 했으리라고 생각된다. 문제는 이 정치라는 의미가 명확하지 않다는 점이다. 동양과 서양 공히 옛날부터 정치에 대한 정의를 하려고 시도했고, 또한 정치의 목적에 대하여 설명해 왔다.

플라톤은 '정의(正義)' 란 인간이 천성에 맞게 살 수 있도록 하는 것이라고 정의하면서, 결국 정치는 이 사회 정의를 실천할 수 있도록 국가가 통치하는 과정이라고 했다. 그런가 하면 아리스토텔레스는 시민들의 이익을 확보해 주는 통치 과정을 정치라고 했다.

이같이 서양에서 정치는 국가가 시행하는 정책을 일컫는 용어로 흔히 쓰였다. 이 같은 경향은 그리스 학자들뿐만 아니라, 로마의 키케로나 세네카와 같은 학자들도 마찬가지였다. 즉, 정부가 백성들을 통치하는 과정을 정치라고 정의했던 것이다. 하지만 로마에서는 통치자의 역할을 훨씬 확대한 논리를 전개했다. 이 같은 로마식의 통치자와 백성 간의 관계에서 정치의 개념을 찾으려는 시도는 마르쿠스 아우렐리우스를 거쳐 중세의 마키아벨리 시절까지 계속되었다.

동양에서도 정치에 관한 논의가 시작된 지는 무척 오래되었다. 중국에서는 춘추전국 시대에 이미 정치에 관한 논쟁이 활발하게 전개되었다. 어찌 보면 동양인의 정신을 오랫동안 지배한 모든 사상이 이때 꽃을 피웠다고 해도 과언이 아니다. 정치에 관한 대표적인 정의는 노자(老子)에 의해 시도되었다. 노자는 인간과 자연과의 조화를 핵심으로 하는 '무위자연(無爲自然)'관을 설파했다. 즉, 노자는 무위로 정치를 하면 다스려지지 않음이 없다고 주장했다. 최고의 정치는 자연 상태로 가만 놓아 두는 것이라는 말이다. 자연 상태에서는 지배하는 자도 없고 지배받는 자도 없다. 사람들은 모두 본래의 모습을 지키고 자유롭게 살아간다. 정치는 이러한 상태가 되도록 유도해야 한다.

노자는 또한 말하기를 "큰 나라를 다스리는 것은 작은 생선 삶아 내듯 해야 한다"고 했다. 정치인은 삶에 얽매여 있지 말고, 남과 나의 구별이 없으며, 윗자리에 올라가려는 욕구가 없어야 한다. 그러면 저절로 윗자리에 오르게 된다는 것이다. 윗자리에 오르면 남을 다스린다는 생각을 없앤다. 그저 남을 나처럼 생각하고 남에게 다스린다는 생각을 주지 않는다. 이같이 자연 질서에 따라 나라를 다스리면 정치는 작은 생선을 삶아 내듯 쉬운 것이다. 그러나 잔꾀를 가지고 나라를 다스리면 결국 나라를 해칠 수밖에 없다고 말한다.

장자(莊子)는 참으로 잘 되는 정치는 마음에 다스리는 생각이 없이 담박(淡泊)한 상태로 진리를 실천하는 것이라고 했다. 그러므로 가장 훌륭한 정치는 흔적 없이 시행하는 정치라고 말한다. 그 다음의 정치는 백성을 보살펴 백성이 정치인을 부모처럼 따르게 하는 것이다. 차선의 정치는 엄정한 통치를 함으로써 백성이 정치인을 두려워하게 하는 것이다. 최악의 정치는 정치인이 잔꾀를 너무 부려서 백성이 정치인을 무시하게 만드는 정치이다. 어찌 보면 현재 우리 나라 정치는 장자의 정의에 따르면 최악의 정치라고 하겠다.

도가(道家)의 전통은 서양의 플라톤과 통하는 바가 있다. 반면 공자를 대표로 하는 유가(儒家)는 인(仁)의 사상을 정치에 접목시켜 인간과 사회를 마치 가족과 같은 질서로 보았다. 따라서 정치는 삼강오륜의 질서를 확립하여 인간의 잠재력을 최대한 계발하게 만들어 주어야 한다. 즉 사회는 유기체적으로 형성되어 있고, 질서 속에서 위와 아래가 정해져 있는데, 이 같은 질서를 흐뜨러뜨리면 환란이 야기된다. 그러나 인간의 천성은 나쁜 것이 아니어서 정치가 덕으로 운영되면 사회는 평화롭고 안정되게 마련이다.

물론 한비자(韓非子)와 같은 사람은 덕의 정치도, 인간 사회의 질서도 엄정한 법 체계가 뒷받침되어야 한다고 주장했다. 이를 위해서 국가는 강력한 힘이 있어야 한다고 했다.

결국 동양이나 서양이나 정치에 대한 정의는 통치자 혹은 정부와 국민의 관계를 정의하는 데서 시작되었다. 따라서 옛날에는 정치를 정의할 때 윤리적 도덕관에 의해 정부의 기능이나 국민과 정부의 관계를 설명하는 경향이 강했다.

이 같은 경향은 서양의 경우, 키케로에서 시작해서 마키아벨티에 이르러 정치에서 도덕관을 제거하려는 시도로 나타났다.

그런가 하면 동양에서는 순자(荀子)와 한비자가 정치에서 특정한 도덕관을 가미한 논리를 부정하기 시작했다. 그러나 동양에서는 20세기 초반까지도 정치 행태를 특정 윤리관에 기초해서 설명하려고 했다.

서양에서는 마키아벨리를 정점으로 해서 정치란 권력투쟁이 그 핵심이며 윤리관을 정치 행태에서 배제해야 한다고 생각하기 시작했다. 즉 그는 국가의 운명을 책임지고 있는 군주는 자신의 힘을 확대하기 위해서 모든 권모술수를 자유로이 구사해야 한다고 했다.

근세에 오면서 홉스·로크·루소 등은 정치는 개인들이 결정짓는 계약 관계에 핵심을 두고, 인간들끼리 생존하기 위한 선택의 과정으로 생각했다. 마르크스 학파는 정치를 특정 계급을 대표하는 힘들 간의 충돌 관계로 보았다.

현대 정치학자인 라스웰·달·이스턴 등은 정치를 공동 사회에 존재하는 정치적·물질적 가치의 분배 방식에 핵심을 두고 정의하였다. 이스턴은 정치를 희소 가치의 권위적인 배분으로 정의했고, 라스웰은 정치를 '누가, 어떻게, 무엇을 언제?' 차지하느냐를 결정하는 규범으로 인식했다.

이같이 정치에 관한 정의는 많이 달라져 왔다. 처음에는 치자(治者) 혹은 정부와 국민과의 관계로 정의했으나, 그 다음에는 국가와 관계되는 순수 권력 관계로 정의했다. 그러다가 현대에는 정부와의 관계뿐만 아니라, 넓은 의미의 개인과 단체 사이의 배분 관계에서 야기되는 모든 현상을 정치로 정의하게 되었다.

『삼국지』를 보면 오늘날 볼 수 있는 대부분의 정치 현상을 볼 수 있다. 그러나 이 시대에는 정치를 대개 두 가지 맥락에서 정의했다. 하나는 노자·장자·순자와 한비자를 잇는 학파들이 보는 정치의 의미이고, 다른 하나는 공자와 맹자로 대표되는 유가 학파가 정의하는 정치의 맥락이다. 근 1백여 년간 지속되었던 삼국 시대에 도가와 유가의 정치적 갈등은 극심했다. 그러나 양대 학파는 전부 도덕적 규범에 의존해서 정치를 정의했다.

삼국 시대의 학자들이 시대의 요구에 따라 나름대로 정치 현상을 정의했지만, 오늘날의 학문적 기준에 비추어도 삼국 시대의 정치 행태는 오늘날의 정치 행태와 비슷한 점이 너무나 많다.

2장

정치의 본질

앞서 말했듯이 정치의 핵심은 권력투쟁이다. 그리고 권력을 획득한 정부나 정권은 권력의 정당성을 획득해야 한다. 권력의 정당성은 국민이 정권을 받아들이고 자연스럽게 정권에 순종할 때 생기는 정치 현상이다.

독일의 사회과학자 막스 베버는 정치체제가 제대로 기능하기 위해서는 물리적인 힘이 정당한 것으로 국민들 사이에 인식되어야 한다고 했다. 그는 힘의 정당성은 세 가지 유형의 권위에 의해 확립된다고 했다. 첫째는 전통적 지배의 권위로, 지배자가 오랜 시일에 걸친 전통과 관습을 바탕으로 지배의 정당성을 확보하는 것이다. 둘째는 법·합리적 지배로, 제정된 법에 대한 믿음과 절차를 바탕으로 지배의 정당성을 확보하는 것이다. 셋째는 카리스마적 지배로서 초인간적 자질을 갖춘 지도자에 의한 지배 구조를 확립하는 것이다.

베버가 말한 이 세 가지 지배 형태는 현대 정치 현상을 설명하는 데 가장 널리 사용되고 있는 분류 방법이다. 특히 현대 민주주의 제도 하에서는 법·합리적 권위에 의해 통치되게 마련이다. 하지만 루스벨트나 케네디 대통령, 처칠 수상 등은 카리스마적 정치 지도자들이라 할 수 있다. 그런가 하면 오래전에 에드먼드 버크가 강조했듯이, 전통과 습관에 의한 지배 관계도 중요한 통치 요소이다.

삼국 시대에도 앞서 말한 세 가지 지배 유형이 공존했다. 물론 난세였으므로 힘을 가진 자가 권력을 탈취하기도 하고, 또한 덕도 없고 법도 무시하면서 오로지 군사력에 의존해 백성을 통치하는 제후들도 있었다. 당시 힘에 의존해 통치한 대표적 인물이 동탁(董卓)이었다. 황건의 난이 평정되자 후한 조정에서는 건석(蹇碩)을 우두머리로 하는 환관과 하진(何進)을 주축으로 하는 외척 간의 권력투쟁이 벌어졌다. 이들의 싸움으로 하진이 암살되고 환관들이 주살당한 틈을 타서 집권한 인물이 바로 동탁이다.

동탁은 본래가 서량(西涼) 사람으로 아주 포악한 인물이었다. 또한 그의 최측근 참모이자 사위인 이유(李儒)는 간사하고 사악한 친구였다. 동탁은 병사들이 노략질하는 것을 오히려 권장하기까지 했다. 동탁은 죽은 하진 형제의 병마를 접수하자, 곧 천자의 폐위를 시도했다.

숱한 대신을 살해하고 주인을 배반한 여포(呂布)가 휘하로 들어오자, 동탁은 소제(少帝)를 폐위하고 진류왕(陳留王)인 유협(劉協)을 천자로 만들었다. 유협이 바로 후한의 마지막 황제인 헌제(獻帝)이다. 동탁은 거기서 그치지 않고 폐위된 황제와 그의 어머니 하태후(何太后)를 살해했다.

동탁의 잔인무도함은 극에 달해 낙양의 백성을 무수히 살육했다. 이를 참지 못한 수많은 사람들이 동탁을 제거하려 했으나 모두 실패로 돌아갔다. 특히 원소(袁紹)·조조(曹操)와 같은 명사들이 동탁을 제거하려다가 실패하고 도망쳐 버리자, 동탁은 더욱 포악해졌다.

이 같은 동탁의 전횡에 대하여 대대적인 무력 봉기가 야기되었
다. 난폭한 동탁을 치기 위해 17로의 제후들이 모여서 원소를 맹주
로 삼고 반동탁군을 결성한 것이다. 이때 모인 대표들은 원술(袁
術)·한복(韓馥)·공융(孔融)·공손찬(公孫瓚)·장막(張邈)·유유(劉
遺)·손견(孫堅)·도겸(陶謙) 등 당시로서는 천하를 대표하는 제후들
이었다. 이들의 명분은 한나라를 좀먹는 동탁을 제거하고 한나라를
재건하는 것이었다.

동탁은 여포를 선봉으로 삼아 맞섰으나 강력한 반동탁군을 막지
못하고 패배하여 수도를 낙양에서 서기 190년에 장안(長安)으로 옮
겼다. 도읍을 옮기면서도 동탁의 군졸은 낙양을 불지르고 노략질한
후에야 장안으로 물러났다.

이때 반동탁군의 선봉에 섰던 장사태수(長沙太守) 손견은 불탄
낙양에 먼저 진군했다가 우연히 수백 년 전래되던 전국옥새(傳國玉
璽)를 입수하게 되었다. 옥새를 손에 넣자, 손견은 마음이 변해서
동탁 정벌을 포기하고 고향으로 돌아가 버렸다. 그러자 손견의 배
신에 격노한 원소가 형주의 유표(劉表)를 시켜 돌아가는 손견을 치
도록 했다. 또한 원소는 공손찬과의 영토 분쟁으로 사투를 벌이게
되는 등 반동탁 연합군은 서로 상반되는 이해 관계로 인해 결국 해
체되고 말았다.

장안으로 천도한 동탁은 태사(太師)가 되어 스스로 상부(尙父)타
칭하고, 황제처럼 지붕에 금장식을 한 마차를 타고 다녔다. 일가친
척은 말할 것도 없고 거느리고 있는 부하들을 전부 고관에 기용하
는 등 그의 전횡은 끝이 없었다. 동탁은 또한 엄청나게 많은 사람을
살해했다. 조금이라도 의심스럽거나 비위에 거슬리는 사람들은 많

은 사람들이 보는 앞에서 가차없이 죽였다.

또한 자신의 안전을 위하여 장안 서쪽에 있는 미오(郿塢)에 인부 2천 명을 동원하여 둘레가 90리나 되는 거대한 요새를 구축했다. 성벽의 높이는 장안성과 같았으며, 요새 안에는 20년치 식량을 비롯한 각종 재물을 비축했다. 이 요새를 외부에서 공략한다는 것은 거의 불가능했다.

하지만 이같이 튼튼한 요새인 미오성도 동탁을 보호할 수는 없었다. 『삼국지연의』에는 사대부 집안의 자식인 사도(司徒) 왕윤(王允)이 초선이라는 미녀를 이용해서 여포와 동탁 사이를 이간질시킨 다음, 여포가 동탁을 죽이게 만들었다고 씌어 있다. 동탁을 천자로 추대한다는 명분으로 외부로 끌어내어 살해하는 속임수를 썼던 것이다. 소설에서 초선의 극적인 이간 행위나 사도 왕윤의 치밀한 계획은 그야말로 한 편의 드라마라고 하겠다.

그러나 정사에서는 이에 대해 왕윤과 성서복사 사손서, 여포 등 세 사람이 공모하였다고 간단히 씌어 있을 따름이다. 또한 헌제의 밀지를 받아 여포가 동탁과 그 일가를 전부 죽였다고 기록되어 있다. 여하간 이 사건은 초선이라는 미인을 중심으로 동탁과 여포를 염주처럼 엮었다는 뜻에서 '연환계(連環計)'라고 후세 사람들에게 알려지게 되었다.

이 시절에 군사력만 갖고 백성을 함부로 다스린 사람은 동탁만이 아니었다. 동탁에 반대해서 싸웠던 원술, 동탁이 죽은 후 집권했던 이각이나 곽사 등 수많은 폭군들이 있었다. 그러나 이들은 결국 천명을 다하지 못하고 죽고 말았다.

우리는 동탁의 정치가 오늘날에도 여전히 존재함을 알 수 있다.

동탁의 정치 행태에서 몇 가지 결론을 내릴 수 있는데, 첫째 인간의 정치권력에 대한 욕심은 끝이 없다는 것이다. 동탁도 처음 낙양성에 입성했을 때는 비교적 조심을 했다. 그러나 시간이 지남에 따라 자신의 권력이 강화되자, 방자함이 극에 달하게 되었다. 권력욕은 마치 식욕과도 같아서 먹으면 먹을수록 더 먹고 싶다는 생각을 불러일으킨다. 동탁 자신이 이 같은 악순환을 오히려 즐겼기에 당시 낙양과 장안의 정치권력을 유지하기 위해서는 군사력에 더욱 의존할 수밖에 없었다. 군사력이 아니고는 권력의 정당성을 얻을 수 없었던 것이다.

그 때문에 민주주의를 일찍부터 발전시킨 서양인들은 이 같은 권력의 속성을 억제하기 위해 노력했다. 액턴 경은 "권력은 부패한다 그러므로 절대 권력은 절대로 부패한다"고 인류에 경고한 바 있다.

이 같은 맥락에서 민주주의 국가들은 공권력을 장악한 정치 지도자의 임기를 제한하고 있다. 미국·영국·프랑스·일본·한국 등 선진 국가에서 정치권력자의 임기를 제한하는 것이 그것이다. 미국의 초대 대통령이었던 워싱턴은 대통령을 두 번만 하고 스스로 물러났다. 그는 물러나면서 미국의 후대 대통령이 자신이 행한 길을 따르기를 원했다.

서구인들은 또한 권력을 억제하는 제도를 수립했다. 즉 권력의 상호 견제와 균형을 유지하는 제도를 수립한 것이다. 미국의 예를 보면, 대통령이 행정 관료나 사법부 요원을 지명하면 미국 의회의 동의를 받게 되어 있다. 또한 사법부는 행정부나 입법부의 행위에 대하여 위헌 판시를 하게 되어 있다. 뿐만 아니라 현대 사회에서는 강력한 언론기관이 정치권력을 견제하고 있다. 미국의 〈워싱턴

포스트〉지는 대통령인 닉슨을 정치적 파국으로 몰아넣는 데 크게 기여했다.

물론 삼국 시대에도 여론이 있었고 정치적 관행과 법 또한 있었으나 동탁은 이를 전부 무시하고 마음대로 나라를 다스렸다. 오늘날에도 동탁과 같은 권력자가 수없이 많다. 이라크의 후세인, 칠레의 피노체트, 이란의 호메이니, 쿠바의 카스트로, 독일의 히틀러, 소련의 스탈린 등이 그러하다. 이처럼 정치권력을 남용하는 통치자는 옛날이나 오늘날이나 공히 존재한다. 따라서 정치권력의 속성은 삼국 시대나 지금이나 같다고 결론지을 수가 있다.

둘째, 정치권력의 붕괴는 외적 요인으로 말미암아 야기되는 경우가 많다. 이라크의 후세인 대통령은 미국 군대에 의해 축출되었다. 그러나 정치권력은 내부의 부패와 분열로 인해 붕괴되기도 한다. 동탁은 미오성과 같은 요새를 만들고도 몰락했다. 이는 자식처럼 사랑했던 여포가 배반했기 때문이다. 물론 동탁이 그의 사위인 이유가 말한 대로 초선을 여포에게 과감하게 주었더라면 이 같은 참상은 피할 수 있었을 것이라는 가정을 해보지만, 근본적으로 동탁의 권력은 내부 분란으로 몰락한 것이다.

이처럼 국론이 분열된 나라는 힘이 약해지거나 망하기 쉽다. 이 같은 정치 현상은 옛날이나 지금이나 흔히 되풀이되기에 역사는 되풀이된다는 말을 자주 하는 것일 게다.

전통적 지배 — 손권·원소·유선

삼국 시대의 지도자들은 대부분 오랫동안의 전통과 관습을 바탕으로 지배의 정당성을 확립했다. 즉 전통적 지배형이 많았다. 하진은 황태후의 오빠로 당시 외척을 대표했다. 그때는 가까운 외척이 되면 쉽게 지도자로서 등장할 수 있는 것이 관례였다. 손권(孫權)은 아버지 손견과 형 손책이 닦아 놓은 가업을 상속받았다. 당시 강동 지방의 호족들이나 백성들은 관례와 관습에 따라서 손권의 통치를 받아들였다.

한의 헌제는 비록 나약하고 군사력도 없었지만, 당시 천자에 대한 백성들의 복종심이 있었기에 조조도 그를 폐하지는 못했다. 하지만 결국 조조의 아들 조비(曹丕)에게 천자의 자리를 빼앗기고 만다. 조조가 천자의 자리를 찬탈하지 못한 데는 물론 조조가 처음부터 헌제를 천자로 모시고 스스로 신하로서 섬기겠다그 약속한 탓도 있지만, 당시까지만 해도 유씨 왕조에 대한 폭넓은 지지 세력이 존재했기 때문이다.

유선(劉禪)은 아버지 유비가 서거하자 관례에 따라 아버지의 자리를 물려받았다. 그러나 유비는 죽기 전 창건한 지 오래되지 않는 정권을 아들에게 넘겨주면서도 걱정이 되어 서촉(西蜀)에 뿌리를 내린 이엄과 형주에서 따라온 가까운 참모인 제갈공명에게 유선을 부탁하고 떠났다. "자식이 섬길 만하면 섬기고, 시원치 않으면 공이 서촉의 주인이 되게"라는 유언이 그것이다.

원소는 후한의 명문가 출신이었다. 4대째 정승을 배출한 집안의 아들이라는 이유로 원소가 받은 혜택은 크다. 기주(冀州)에서 궐기해 빠르게 세력을 구축할 수 있었던 것도 가문 덕이다. 또한 원소는 명문 출신답게 위엄 있는 풍모를 지녔다. 이 같은 이유로 그의 휘하에는 많은 인재들이 속속 모여들기 시작, 급기야는 황하 이북의 광대한 지역을 영유하게 되었다.

위에서 열거한 몇 가지 예에서 보듯이, 당시의 많은 지도자들이 전통적 관계에 의해 통치 관계를 수립했다. 유표는 형주에서, 유장은 익주에서, 도겸은 서주에서 오랫동안 부모로부터 물려받기도 하고, 관리로 임명되기도 해서 전통적인 관계로 수립된 통치 능력이다. 장로(張魯)는 한중(漢中)에서 오랫동안 오두미(五斗米) 종파를 기반으로 다스렸고, 조비는 아버지에게 물려받은 나라를 기반으로 통치를 했다.

법·합리적 지배 ― 조조·제갈공명

반면에 베버가 지적한 법·합리적 지배 체제를 수립한 통치자들도 많았다. 삼국 시대는 난세였다. 따라서 개인의 탁월한 능력이 돋보이는 시대이기도 했다. 이들은 당시 존재한 법과 절차에 따라 합리적인 지배 관계를 수립함으로써 통치 체제를 유지했다.

이를 대표하는 인물은 조조라 할 수 있다. 조조는 실로 매력적인 인물이다. 그는 무척 영민하면서도 비정하리만큼 냉혹한 인물이었다. 선비에게는 냉혹했으나 무인에게는 무척 관대했다. 무장이자 문인이었던 조조는 비록 환관의 집안이기는 하나 세도 가문에서 태어났다. 독서를 즐겼으며, 특히 손자병법에 주를 달았을 정도로 학문적 소양이 있었다.

정사 『삼국지』의 저자 진수는 조조에 대하여 다음과 같이 평했다. "조조는 책략을 꾸미고 계획을 세워 천하를 채찍질하였고, 신불해(申不害)와 상앙(商鞅)의 법술(法術)을 터득하였으며, 한신(韓信)·백기(白起)의 기책을 겸비하였다. …… 조조야말로 비상의 인걸이며 시대를 초월한 영웅이라고 해야 할 것이다."

몇 가지 중요한 점을 열거하면 첫째, 조조는 난세에 탁월한 법가(法家)였다. 조조는 당시의 이념에 얽매이지 않고 현실적으로 사물을 판단하여 합리적으로 처리하였다. 인정에 끌려 정실로 문제를 해결하는 것이 아니라 법률을 정하여 반드시 지키게 했다. 즉 조조는 법가 사상에 입각한 패자(覇者)의 도를 추구했다.

둘째, 조조는 천하를 경영함에 만민을 독려할 수 있는 명석한 구상력과 실천력을 가졌다. 그는 인재를 등용할 때 능력 위주로 했다. 과거가 불미하고 또한 불효자라 할지라도 당시의 도덕관에 얽매이지 않고 능력이 있으면 과감하게 기용했다. 때로는 자기 생명을 위협한 사람일지라도 필요하면 기용했다. 그는 실로 합리적이고 현실적인 인물이었다.

셋째, 그는 창의력이 뛰어난 인재였다. 조조는 전쟁의 와중에서도 식량 문제를 해결하기 위하여 백성의 토지 정착화와 자위를 동시에 이룰 수 있는 둔전제(屯田制)를 실시했다. 또한 조조는 병법에도 밝았을 뿐만 아니라 문학에도 탁월한 재능을 가지고 있었다. 후한 말기 조조가 통치할 무렵을 혹자는 중국 문학의 황금 시대라고 했는데, 조조 자신이 탁월한 시인이었다.

이같이 탁월한 능력을 지니고 있었던 조조는 많은 전투에서 승리를 했고, 한 헌제가 곤궁에 처해 있을 때 기회를 놓치지 않고 그를 호위함으로써 자신의 지배의 정당성을 쉽게 확립했다. 즉, 그의 권력은 백성의 믿음과 함께 절차를 밟아서 당시로서는 가장 합리적이고 현실적으로 수립된 정치권력이라 할 수 있다. 조조는 백성이 공인하는 통치자였다.

삼국 시대를 대표하는 법·합리적인 통치 체제를 수립한 또 다른 인물로는 아마도 제갈공명이 될 것이다. 제갈공명은 서촉의 천자인 유비가 서거하자, 실질적인 통치자가 되었다. 유비는 자기 자식들에게 "아비가 죽은 뒤로 너희 형제는 승상을 아버지로 여기고 섬기도록 하여라. 알겠느냐. 무슨 일이든 승상의 말씀을 따라야 하느니라"는 유지(遺志)를 남겼다.

공명은 유비와 함께 서촉을 정복한 후 유비군에 대항해서 싸운 인물들도 능력과 적성에 따라 골고루 기용했다. 후대에 촉한을 운영한 수많은 인재들이 공명에게 발탁되었다. 또한 공명은 촉과라는 법령을 제정하고 법률을 엄정하게 운영하여 민심을 수습했다. 후일 중국의 역사가는 그의 치세를 평하기를 "공명은 법을 엄격히 하였으나 촉나라 백성은 어느 누구도 그를 원망하는 자가 없었고, 도리어 공명이 죽자 눈물을 흘리며 비탄에 젖었다"고 했다.

공명은 염전과 철광의 전매를 통해서 경제적 기반을 튼튼히 했으며 교육기관을 설립해 백성들을 깨우치고 미신 타파에도 앞장섰다. 실로 공명은 법가의 철학을 현시에 도입한 대표적인 통치자였다. 남만(南蠻)을 정복할 때도 맹획을 일곱 번이나 살려 줌으로써 민심을 얻었다. 유비 서거 후 촉한을 거의 홀로 운영했으나 불평하는 자가 없었다고 한다. 백성들은 그를 어버이처럼 따랐는데, 오장원(五丈原)에서 서거한 후 그의 청빈함에 온 백성이 놀랐다고 한다.

이 시대에는 조조·제갈공명 말고도 법·합리적인 통치자가 상당수 있었다. 사마의·조비·노숙·육손 등이 모두 당대에 국민들로부터 존경을 받았던 법·합리적인 통치자들이었다.

오늘날에는 많은 국가가 민주주의를 표방하고 있다. 민주주의 국가는 선거라는 제도가 있어 치세를 잘하면 재선되게 마련이다.

또한 민주주의 국가는 법치주의 국가로 법의 운영이 엄정하게 이루
어진다. 따라서 통치자들은 국민이 납득할 수 있는 합리적인 통치
를 해야 한다. 감정적인 통치는 정권을 허약하게 만들고, 종국에
다음 선거에서 국민의 심판을 받게 되어 있다.

삼국 시대는 군주주의 정치였으나, 성공한 통치자들은 하나같이
국민의 신임을 받았다. 실패한 지도자들은 개인적인 정책 판단의
잘못으로 통치력을 잃기도 하고, 개인적인 무능의 소치로 전쟁에서
패배하기도 했다. 그러나 전쟁에서 번번이 졌던 유비와 같은 사람
이 종국에 패업을 이룰 수 있었던 것은 당시 백성들로부터 폭넓은
지지를 받았기 때문이다. 특히 난세에는 국민의 지지를 받지 못하
면 생명을 잃게 되어 있다. 원소·원술·여포 등은 백성이 등을 돌
리는 바람에 한순간에 강한 대표적 통치자들이다.

결국 삼국 시대이건 오늘날이건, 또 군주주의 제도이건 민주주
의 제도이건 간에 국민의 지지를 받지 못하면 성공적인 통치자가
될 수 없다는 사실을 보여 준다.

카리스마적 지배 — 유비·손권

삼국 시대에도 베버가 제시한 카리스마적 지도자들이 있었다.
대표적 인물이 아마도 유비일 것이다. 유비는 한 왕조의 핏줄을 물
려받았으나 몰락한 가문의 자손으로 젊어서는 돗자리를 짜서 팔러
다녔을 정도로 환경이 불우했다. 그는 홀어머니를 모시고 가난하게
생활했다. 다행히 친척의 도움으로 노식(盧植)의 문하에서 공손찬
과 함께 공부할 수 있는 기회를 갖게 되었다.

유비는 다른 사람들에 비해 늦게 출세한 통치자다. 황건적을 토

벌하는 데 공을 세웠으나 겨우 현리직을 얻었다가 그것도 내버리고 남에게 몸을 의탁하는 신세가 되었다. 동탁을 토벌하기 위해 제후들이 모였을 때도 공손찬의 아장에 불과했다. 이같이 낮은 지위 때문에 능력과 공에 비해서 남들의 수모를 받곤 했다.

훗날 도겸으로부터 서주를 물려받았으나 이를 지키지 못하고 조조에게 의탁하는 신세가 되었는가 하면 원소의 식객 노릇을 하기도 했다. 이도 마땅치 않아서 형주로 도망가서 유표에게 의지하는 신세가 되었다.

이같이 평생을 쫓기며 살던 유비는 적벽대전에서 승리를 거둠으로써 기반을 닦기 시작했다. 형주를 획득한 데 이어 익주를 장악했고, 또한 한중을 차지하면서 왕권을 확립했던 것이다. 이 같은 유비에 대하여 진수는 다음과 같이 평했다. "선주 유비는 도량이 넓고 의지가 강하며 독실·관용하였기에 인물을 분간하며 선비를 대우하였으니 무릇 한나라 고조의 풍모가 있었고, 영웅의 그릇이 있었다."

유비는 노식의 문하에 있을 때도 공부에는 별로 흥미가 없었다. 그렇다고 탁월한 무장도 아니었다. 전술에도 능통하지 못해 자주 전쟁에서 패했다. 오십 평생을 확고한 기반도 없이 떠돌아다녔던 떠돌이 신세였다. 그럼에도 불구하고 당대의 명장들인 관우·장비·조운이 생명을 바쳐서 그를 보좌했다. 또한 제갈량·방통·법정과 같은 현인들이 그를 따랐다. 유비는 또한 가는 곳마다 백성의 환대를 받았다.

유비에게는 말로 표현하기 어려운 인간적인 매력이 있다. 다시 말해서 그에게는 인간적인 카리스마가 있었다. 숱한 패전과 실패에도 불구하고 유비의 카리스마적 통치력이 그를 지탱해 주어 결국 예순이 다 되었을 무렵 왕조를 세우게 되었다. 즉 가문도 없고 지략도 없고 능력도 모자라는 유비였으나 그의 카리스마가 결국 그를 한 나라의 통치자로 만들었던 것이다.

오나라의 기초를 세운 손견도 카리스마가 있었던 인물이다. 손견은 병법으로 유명한 손무자(孫武子)의 후손으로, 태어날 때부터 기이한 설화에 싸였다. 손견은 열일곱 살 때 아버지를 따라 장사를 나갔을 때 해적으로부터 공격을 받았다. 이때 아버지의 만류에도 불구하고 손견은 몰고 가던 배에서 내려 한 손으로는 칼을 빼들고 다른 한 손으로는 여러 병사를 지휘하며 도적을 사로잡으려는 듯한 시늉을 했다. 이를 본 도적들은 관병이 자기들을 잡으러 온 줄 알고 재물을 버려 둔 채로 도망쳐 버렸다. 이 일로 말미암아 손견은 널리 그 이름이 알려졌다.

그 후로 손견은 많은 사람들의 요청으로 도적을 무찌르는 전투에 참가했고, 결국 조정의 부름을 받아 고을 태수직에까지 오르게 되었다. 특이한 것은 당대의 영웅들인 한당·조무·황개·정보·오경 등이 손견을 젊어서부터 따랐다는 것이다. 이들은 손견에 대한 깊은 믿음이 있었다. 이들뿐만 아니라 손견의 명성을 들은 백성들은 모두 손견을 믿고 따랐다.

결국 손견은 장사태수가 되어 강남에 상당한 통치 기반을 수립했으며, 17로 제후들이 동탁을 칠 때는 선봉장이 되었다. 당시 낙양성에 제일 먼저 진군한 손견은 우연히 전국옥새를 손에 넣자, 욕심이 생겨 병을 핑계로 강동으로 회군했다. 이에 분노한 원소는 밀서를 형주의 유표에게 보내 손견과 싸우도록 부추겼다. 손견은 유표를 공격하다가 화살을 맞고 37세의 젊은 나이에 전사를 하고 만다.

실로 손견의 업적은 놀랄 만한 것이었다. 20대의 젊은 나이에 빈손으로 시작해서 30대에 강동을 제패했던 것이다. 손견이 이같이 젊은 나이에 성공한 것은 물론 그의 담력과 무용이 큰 힘이 되었다. 그러나 손견의 인간적인 카리스마에 힘입은 바도 크다. 그에 대한 백성들의 신임과 명망은 젊은 손견에게는 대단한 힘이었다. 손견의 인간적 매력에 한당·감녕과 같은 당대의 명장들이 생명을 바쳐 그를 보좌했다. 손견이 좀더 오래 살았더라면 분명히 그 역시 천하를 차지하기 위하여 쟁패를 했을 것이다.

이밖에 관우·손책·여포·마초 등 수많은 통치자들도 나름대로 카리스마가 있었다. 이들 또한 자신들의 개인적인 카리스마 때문에 나름대로 통치하는 데 도움을 받았다.

이처럼 삼국 시대 역시 현대 사회와 마찬가지로 여러 경로를 거쳐서 권력을 획득했다. 순전히 군사력과 같은 물리적 힘을 이용해서 권력을 획득한 사람이 있는가 하면, 전통적인 제도나 관습에 의해서 권력을 획득한 사람도 있다. 또한 법제도나 합리적인 방법으로 국민이나 다른 지도자들로부터 지원을 받아 권력을 획득하기도 했다. 그런가 하면 개인적 카리스마에 의해 권력 획득에 성공한 통치자들도 있다.

우리 나라 근대사만 살펴보아도 위에서 말한 모든 권력형이 존재함을 알 수 있다. 박정희·전두환 대통령은 군사 쿠데타로 정권을 잡은 반면, 김구 선생, 여운형 선생, 이승만 대통령 등은 카리스마가 대단한 지도자들이었다. 김영삼·김대중·노무현 대통령 등은 합리적인 법제도에 의해서 권력을 획득한 통치자들이다.

통치자들이 권력을 행사함에도 삼국 시대나 현대 사회나 큰 차이가 없다. 이 같은 정치 상황을 감안하면, 권력의 속성이나 이를 사용하는 양태는 옛날이나 지금이나 별로 차이가 없다는 것을 알 수 있다. 따라서 우리는 삼국 시대를 통해 현대에 필요한 정치의 지혜를 배울 수 있을 것이다.

3장

삼국 시대 국가의 특징과 흥망성쇠

1. 삼국 시대 국가의 특징

아리스토텔레스는 인간은 모이면서 바로 사회를 이루고, 결국은 국가를 만들게 되었다고 말했다. 홉스·로크·루소와 같은 학자들은 인간은 상호 계약에 의해 사회를 형성하고, 나아가 국가의 권의를 창출한다고 했다.

자연적인 진화이건, 사회계약이건 간에 국가는 인류 역사상 여러 형태로 존재해 왔다. 도시국가, 봉건 국가, 제국, 군주 국가, 귀족 국가, 독재 국가, 전체주의 국가, 시민 민주 국가 등이 그것이다.

근대 국가는 인민과 영토, 그리고 정부라는 통치 기구를 갖고 있다는 형태적 특징이 있다. 그리고 주어진 영토 내에서 아무런 제한을 받지 않는 최고의 권력인 주권을 향유하고 있다.

이와 함께 근대 국가는 기능적인 특징으로 폭력 수단을 독점적으로 통제할 수 있는 능력이 있다. 대표적인 것이 군과 경찰력이다. 또한 근대 국가는 비인격적 권력 행사를 하게 되어 있다. 비인격적 권력이란 인간의 지배가 아니라 법의 지배를 뜻한다. 법에 의한 지배를 우리는 입헌주의라고 부른다.

근대 국가는 조직화된 폭력을 독점함으로써 전쟁을 수행할 수 있고, 또한 국가를 건설할 수 있는 능력을 갖고 있다. 동시에 국민을 보호할 수 있고, 국가가 필요한 자원을 추출할 수 있는 능력을 보유하고 있다.

위에 열거한 근대 국가의 특징을 우리는 삼국 시대의 국가들에서도 공통으로 발견할 수가 있다. 삼국 시대는 한(漢) 제국이 무력해지자 제후를 수장으로 하는 국가들이 여럿 출현했다가 결국 하나둘 망하고 3국으로 정립된 시기를 말한다.

우선 삼국인 위·오·촉을 간단히 살펴보면 현대 국가의 특징을 전부 공유하고 있음을 알 수 있다. 우리 나라 삼국인 고구려·신라·백제의 건국이나 고려·조선 왕조의 개원 등에서 볼 수 있고, 미국의 건국, 독일의 통일 역사, 영국의 수립 등에서도 고증되듯이, 이들 세 나라는 전쟁을 통해서, 또는 양위에 의해서 세워졌다.

삼국은 국가로서 성립된 후 자국의 인구를 기초로 국력을 키워나갔다. 당시 위나라의 인구는 대략 429만 명, 오나라는 256만 명, 촉한은 108만 명이었던 것으로 추정된다. 이들 국가는 인구와 더불어 영토를 확보했다. 각 나라는 특유의 법률 제도와 관제를 가지고 통치를 했으며, 또한 주어진 영토 내에서는 남의 간섭을 받지 않는 주권을 확보하고 있었다.

당시의 정치체제는 군주주의 체제로서 특정 개인이 상당한 정치권력을 행사한 것은 사실이나, 국민을 다스리는 데는 엄정한 법률에 의거해서 했다. 현대 사회와 마찬가지로 예외가 있기는 했지만, 일반적으로 당시에 성행한 윤리관이나 법률이 국민의 일상생활을 지배했다. 그때에도 국가는 폭력 수단을 거의 독점적으로 통제했으며, 법에 따라 질서를 유지했다. 각 국가는 전쟁을 자주 수행했고, 또한 자국민을 보호했다. 각 국가는 자국의 번영과 건설을 위해 노력했고, 이를 위해 자원을 염출했다.

우리는 근대 사회의 국가와 고대 국가를 차별화하려고 노력하지만, 군주주의 제도냐, 또는 민주주의 제도냐 하는 시행상의 차이는 있으나 영토의 독립, 주권의 확립, 국토의 방위, 국민의 보호 등 국가의 본질적 기능에는 큰 차이가 없다. 물론 군주제에서는 관습이나 상속에 의해서 왕위를 계승했다. 손권·조비·유선·사마염이 그와 같은 방법으로 왕위를 물려받았다. 반면에 조조·손책·유비는 스스로 군사력을 사용해서 나라를 세우고 왕이 되었다.

그러나 일단 나라를 건국한 후에는 법으로 통치했다. 법으로 통치하지 않는 나라는 망할 수밖에 없다. 이것은 옛날이나 현대나 마찬가지다. 이같이 정치의 본질이 변하지 않는 이유는 아마도 정치란 백성의 마음을 어루만질 수 있어야 생존할 수 있기 때문일 것이다.

2. 삼국의 정립 – 위·촉·오

삼국 시대는 실로 국가의 성립과 패망이 난무했던 시대였다. 한나라가 망하면서 많은 제후들이 중앙 정부로부터 독립된, 현대적인 의미에서 국가라고 말할 수 있는 체제를 수립했다. 결국 이들 간의 극심한 경쟁을 통해서 세 나라만 살아남아 삼국으로 정립되었지만, 이들은 곧 진나라에 의해 다시 통일되었다.

국가 형성론에는 여러 가지가 있는데, 그 가운데 대표적인 이론이 자연발생론이다. 즉 인간은 사회적 동물로 사회나 국가를 이룩하려는 본능이 있는데, 국가는 바로 이 같은 인간성의 결과라고 보는 견해이다. 다음으로는 유럽 사람들이 군주론을 옹호하기 위해서 세운 신권설(神權說)이다. 오래전 성인 아우구스투스는, 신은 인간에게 검을 두 개 주었다고 주장했다. 검 하나는 교회에 주어서 인간의 영혼을 다스리게 하고, 다른 하나는 왕에게 주어서 인간의 육체를 다스리게 했다는 것이다. 이 같은 논리에 근거해서 이들은 국가나 이를 통치하는 왕은 신의 교시에 의해서, 또는 신을 대신해서 성립된 것이라고 보았다. 이러한 왕권 신성론은 유럽을 오랫동안 지배했다. 이 같은 논거에서 성립된 서양의 군주제는 아직도 일부 남아서 존재한다.

근대에 이르러 토머스 홉스, 존 로크, 장 자크 루소 등은 국가는 국민들 사이의 사회계약에 의해 형성되었다고 주장했다. 이들은 본래 주권은 국민에게 있고, 통치자들은 국민들의 계약에 의해 형성된 국가에서 일부 권리만 국민들로부터 위임받았다고 주장한다. 이러한 사회계약론은 서양의 민주주의 발전에 크게 기여했다.

그런가 하면 국가의 기원을 사회진화론적 입장에서 보는 견해도 있다. 본래 자연은 적자생존의 원리에 따라 운영된다. 즉 강한 자는 약한 자를 먹고 살게 되어 있다. 사회도 마찬가지로 강한 자가 약한 자를 정복함으로써 형성되었기에 국가의 성립도 이 같은 논리에 의해서 성립된 조직이라고 보는 것이다. 결국 국가는 무력인 군사력에 의해서 형성되고, 국가는 무력을 독점하게 되어 있다는 논리이다. 삼국 시대 국가의 형성 과정을 살펴보면 무력에 의해 형성된 것이 대부분이었다. 그러나 국민들의 지지 없이는 국가를 유지하기가 어렵다. 또한 국가의 설립에 전통적인 상속 관계가 도움이 되기도 했다.

삼국 시대에 나라를 건국한 사람들은 대부분 무인이었다. 어쩌면 인류 역사를 살펴볼 때 국가를 건국한 일등 공신은 대부분 무인들이라 할 수 있다. 심지어 민주주의 국가를 수립한 미국 건국의 아버지 조지 워싱턴도 무인이었다. 또한 상당수의 미국 대통령이 무인 출신이다. 워싱턴, 윌리엄 해리슨, 잭슨, 테일러, 그랜트, 아이젠하워 등이 모두 장군 출신이었다. 미국에서는 큰 전쟁이 있그나서 흔히 전쟁 영웅이 대통령이 되었다. 어찌 보면 난세를 평정하는 것이 무인이기에 난세에서 무인이 통치자가 되는 것은 너무나 당연한 현상이라 할 것이다. 우리 나라도 고구려를 세운 주몽이나 백제를 세운 온조 역시 무인이었다. 궁예·견훤·왕건이 모두 무인이었고, 조선을 건국한 이성계도 무인이었다. 이 같은 사례로 비춰볼 때 삼국 시대에 나라를 건국한 인물들이 무인들이었음은 어찌 보면 당연한 결과이리라. 원소·조조·유비·공손찬·손견·손책·소권·원술 등이 전부 무인 출신이었다. 그러나 나라를 건국하는 것은 무인만으로 할 수 없는 대업이다.

이제 삼국이 정립된 이유를 몇 가지 살펴보기로 하자. 첫째로 국가라는 창업은 타이밍, 즉 시간과 기회가 가져다 주는 결과라고 말할 수 있다. 삼국의 정립도 황건의 난이라는 대혁명, 난세인 환경과 한나라의 멸망이라는 큰 기회가 가져다 준 결과였다.

그러나 시간과 기회를 포착하는 능력은 지도자에게 달려 있다. 지도자들은 타이밍을 잘 맞추어야 한다. 하진은 환관을 제거하는 일을 차일피일 미루다가 결국 환관의 칼에 목숨을 잃었다. 반면에 유비는 기다림으로써 기회를 잡았다. 유비가 처음으로 기회를 얻었을 때의 일이다. 서주자사 도겸의 부하가 조조의 부친과 가솔을 죽이고 재산을 훔쳐서 도망간 사건이 있었다. 조조는 복수를 맹세하면서 서주를 공격하려고 했다. 이에 놀란 도겸은 서주를 지키기 위해서 유비 형제들을 초청했다. 도겸은 본래 나약한 선비인 데다 이미 육순을 넘은 늙은이여서 당시와 같은 난세에는 서주를 지키기가 벅찼다. 도겸은 서주를 유비에게 넘겨주려고 했으나 유비는 단호하게 거절하고 소패성으로 거주지를 옮겼다. 그러나 도겸은 병세가 악화되자 유비를 다시 급히 불렀고, 그의 간절한 요청에 유비는 마지못한 듯 서주의 인(印)을 거두어 서주의 주인이 되었다. 이처럼 유비는 겸양의 미덕을 발휘함으로써 서주를 무리 없이 인수할 수 있었다. 유비는 스스로를 자제하고 적당한 때를 기다릴 줄 알았다.

그 후 유비가 형주의 유표에게 몸을 의탁하고 있을 때, 늙고 병든 데다 자식들이 용렬하여 난세에 기업을 유지하기 힘들 것을 염려한 유표가 유비에게 형주의 주인이 되어 달라고 요청했다. 자신에게 필요한 땅이었으나, 유비는 의리를 내세워 이를 받아들이지 않았다. 유표가 끝내 후사를 정하지 못하고 숨을 거두자, 그의 후처인 채부인은 동생인 차모와 짜고 당시 열네 살인 자신의 소생 유종에게 후사를 물려준다는 가짜 유서를 만들고 유종을 형주의 주인으로 삼았다. 그러나 조조가 형주를 공격해 오자 유종은 곧 그에게 항복해 버렸다. 형주를 차지한 조조는 유종과 채부인 등을 결국 제거했다. 유비는 자신에게 절실히 필요한 땅이었지만 형주의 실권을 채씨 문중이 가지고 있기에 자신이 양위를 받는다면 분명 문제가 야기되리라고 생각했을 것이다. 결국 형주 땅은 조조와 대결한 적벽대전 이후 유비의 땅이 되었다. 유비는 급하게 서두르기보다는 늦어도 때를 기다리는 편을 택하면서 의리의 지도자로 백성들로부터 추앙을 받았다.

익주의 주인인 유장으로부터 장료를 막기 위한 원조를 요청받았을 때도 유비는 서두르지 않았다. 방통이 위연 등과 짜고 연회에서 유장을 살해하려고 했으나 이를 눈치챈 유비에 의해 좌절되었다 방통이 익주를 급히 도모하자는 말에 대하여 유비는 다음과 같이 말한다. "지금 물하고 불 사이처럼 나와 맞서고 있는 것은 조조요, 조조는 성급한데 나는 너그럽고, 조조는 거친 힘으로 다스리는데 나는 어짊을 으뜸으로 삼으며, 조조는 속임수를 잘 쓰지만 나는 충직함으로 그를 갈음하고 있소이다. 모든 것이 조조와 생판 다르기 때문에 지금 이만큼이라도 이루어 낼 수 있었던 것이요, 만약 이런 일이 작은 이로움을 얻고자 큰 의로움을 저버리는 것이 되면 나는 결코 할 수가 없소." 실로 때를 기다릴 줄 아는 유비의 진면목이라 하겠다.

뭐니뭐니해도 타이밍을 잘 맞춘 인물은 위나라를 건국한 조조이다. 조조는 이미 여포를 주멸하고 연주를 확보하면서 상당한 힘을 비축했다. 이때 조조의 장수들이 장안으로 진군하여 천자를 옹위하자고 말했다. 그러나 조조는 "아직은 때가 아니다. 두 호랑이가 더 싸워 양쪽이 모두 상할 때까지 기다려야 한다"며 일축했다. 천자가 장안에서 이각과 곽사의 손아귀에서 벗어나 낙양으로 옮겼으나 조조는 헌제가 조조를 부르는 조서를 보낼 때까지 기다렸다. 조조는 이처럼 기다릴 줄 아는 인내력을 발휘했으나 때가 오자 바로 움직였다. 이제 조조는 천자를 손아귀에 쥐고 천자의 이름으로 천하를 호령하게 되었다. 반면에 힘이 더 강대했던 원소는 머뭇거리다가 조조에게 기회를 내주고 말았다.

조조가 형주를 정벌할 때의 일이다. 조조군과의 전투에서 패배한 유비는 후퇴하게 되었는데, 피난길에 백성들이 따라나서면서 자연히 행군이 지연될 수밖에 없었다. 백성들은 유비를 마치 어버이처럼 따르면서 줄지어 피난길에 올랐던 것이다. 이 같은 소식을 전해 들은 조조는 "사고팔았던 사람들의 사이는 거래가 끝나면 모든 것이 끝난다. 그러나 주고받았던 사람들의 사이는 그 주고받음이 끝나도 이어지는 그 무엇이 있다"고 말했다. 그러면서도 "내가 유비라면 처음부터 백성을 데리고 떠나는 일이 없었을 것이고, 그들이 굳이 따라오더라도 버리고 떠났을 것이다"라고 했다. 조조는 날랜 군사들을 뽑아서 급히 유비를 추격하도록 명령했다.

실로 타이밍을 활용함에 유비와 조조는 대조적인 인물이었으나 두 사람 모두 성공한 경우이다. 실로 영웅이 되는 길은 여러 갈래이다. 유비가 조조에게 의지하고 있을 때 유비는 속마음을 감추기 위해 뒤뜰에서 채소를 가꾸고 있었다. 그러던 어느 날, 조조가 유비를 초대하여 술을 권하였다. 이때 조조가 "천하에 영웅이라 할 사람은 오직 사군과 이 조조뿐이외다"고 하자, 속마음을 들킨 유비가 놀라서 손에 들고 있던 수저를 땅에 떨어뜨리고 말았다. 때마침 천둥 소리가 크게 울렸다. 이에 조조는 "아니, 대장부도 우레를 두려워하시오?"라고 물었다. 유비는 얼른 "성인께서도 신뢰(迅雷 : 맹렬한 우레)와 풍렬에 낯빛을 고치셨다고 하였으니 어찌 두려운 일이 아니겠습니까?"라고 둘러댔다.

조조와 유비 둘 다 시대를 파악하고 기회를 포착하는 데 성공한 인물들이었으나 그 방법은 사뭇 달랐다. 조조는 영특하고, 넓고 깊은 지식이 있었으며, 당시로서는 교육을 잘 받은 인물이다. 병법에도 능하고 또한 대담해서 모험심이 강했다. 그리고 권세가 있고 번성한 집안에서 태어났기에 젊어서부터 협조자들이 많았다. 이 같은 조조는 기회를 잘 포착하기도 하지만 찾아온 기회를 절대 놓치지 않았다. 이러한 자질들로 인해 조조는 일찍이 대업을 이루었지만, 적벽대전에서 패하였는가 하면 한중을 유비에게 잃기도 했다.

반면에 유비는 빈곤한 가정에서 형제도 없이 자랐다. 교육은 받았지만 공부에는 큰 뜻이 없었다. 탁월한 지모를 갖추지도 못했고 병법에도 그다지 밝지 못했다. 때로는 결단력이 없어 기회를 놓칠 때도 자주 있었다. 유비는 오랫동안 기반을 닦지 못하고 떠돌이 신세로 남에게 몸을 의탁하는 신세였다. 형주에서 7년 동안이나 우표의 식객 노릇을 하고 있는 자신의 처지가 한스러워 "머지않아 노경에 접어들 텐데, 아직 아무런 공도 세우지 못한 게 슬퍼서 저도 모르게 눈물을 흘렸습니다"라고 한탄한 데서 '비육지탄(髀肉之

歎)'이라는 고사가 생겨났을 정도였다. 하지만 이 같은 처지에서도 유비는 포기하지 않고 때를 기다렸다. 결국 적벽대전 후 형주를 얻고, 또한 익주를 유장으로부터 탈취했다. 나아가 조조군을 대파해서 한중을 취하고 한중왕이 되었으며, 마침내 촉한의 황제 자리에 올랐다. 분명한 것은 유비도 기회를 잡는 데는 능통한 사람이었다는 것이다.

이처럼 일찍 출세한 조조나 늦게 출세한 유비나 나라를 건국하는 데는 타이밍을 잘 잡았다. 현대 정치에서도 이 같은 일은 반복되고 있다. 미국과 같은 민주주의 국가에서도 40대에 대통령이 된 명문 집안의 케네디 같은 사람이 있는가 하면, 서민 출신으로 각고 끝에 70대에 대통령이 된 레이건 같은 인물도 있다. 이 같은 정치사는 우리 나라에서도 되풀이되었다. 현대 사회에서 국가의 창건은 흔히 있는 일은 아니지만, 기업의 경우에도 창업자들이 기회를 얼마나 잘 포착하느냐에 따라 그 기업의 흥망성쇠가 달려 있다.

둘째, 국가를 창건하기 위해서는 지도자의 탁월한 리더십이 필요하다. 리더십을 형성하는 데 운이 좋은 사람이 있다. 원소와 같이 4대에 걸쳐 삼공을 배출한 집안에서 태어나면 가문의 프리미엄이 있게 마련이다. 조조도 집안 덕을 톡톡히 본 사람이다. 환관을 조상으로 두었지만 당시로서는 권력가의 집안이었던 것이다. 조홍·조인 등 조씨 집안과 본래의 집안인 하후씨 집안의 하후돈·하후연 등 걸출한 인물들이 조조 세력의 중추를 이루었다. 조조가 패국(沛國) 일대에서 거병했을 때 집안의 장산과 걸출한 친척들이 합세해서 곧 큰 세력으로 성장할 수 있었다. 또한 허유·이전·악진 등도 고향 친구들이다.

그러나 조조의 리더십은 개인의 노력과 탁월함에 힘입은 바가 크다. 조조는 키도 작고 인물도 출중하지 못했다. 게다가 당시에는 모멸의 대상인 환관의 집안에서 태어났다. 이를 극복하기 위하여 조조는 실력을 키웠다. 젊어서 한때 부랑아 노릇을 한 적이 있지만, 조조야말로 일생 본인의 발전을 위해 노력한 인물이다. 그는 세상 돌아가는 상황을 정확히 읽는 분석력도 탁월했고, 혼란한 세상에 필요한 병법에도 정통했으며, 논리를 전개하는 변론에도 탁월했다. 또한 냉철하고 법에 의존해 통치한 법가이기도 했다. 그의 인물됨을 말해 주는 일화가 하나 있다. 후한 말에 조조는 당시 관상학의 대가인 허자장(許子將)이라는 사람을 만났다. 허자장은 젊은 조조에게 "당신은 평화롭고 정치가 안정된 시대 같으면 유능한 관리가 되지만, 난세에는 간웅이 되리라"고 했다. 다른 사람과 달리, 조조는 자신이 '간웅' 이 된다는 데 만족한 인물이다. 간웅이라면 권모술수에 능하고, 호인인 평범한 사람들을 마음대로 조종하며 천하 제패라는 웅지를 가진 인물을 가리키는 말이다.

진수는 조조를 평하기를 "사람을 쓰는 방식이 능숙하고, 적재적소에 발탁하여 각자의 재능을 발휘케 하였다. 자신의 감정에 치우치지 않고, 실리를 계산하며, 상대방의 과거에 구애되지 않았다. 이 때문에 황제로서의 역할을 맡고 천하의 패권을 잡는 대업을 이룩할 수 있었다. 이는 그의 지략과 구상이 빼어났기 때문이다. 비범하고 시대를 초월한 영웅이라 해야 할 것이다"라고 했다. 실로 조조는 인재를 기용함에 과거의 잘못을 묻지 않고 능력만 있으면 평소의 잘못도 너그러이 용서했다. 그 결과 조조의 휘하에는 천하의 인재들이 구름처럼 몰려들었다. 또한 신분의 높고 낮음을 막론하고 재능 있는 사람이면 인재로 등용했다. 그런가 하면 쓸모가 없을 때는 가차없이 버리고, 때로는 처형하기까지 하는 냉엄한 성품을 지녔다. 순욱·정욱 등 최고의 모사와 양수와 같은 현자도 훗날 조조에게 버려졌다.

조조는 전리품을 손에 넣으면 절대 혼자서 차지하지 않고 전공이 있는 자에게 나누어 주었다. 각지에서 헌상품이 들어와도 함께 나누었다. 또한 검소하게 생활하여 일상 생활용품에도 화려한 장식품이 전혀 없었다고 한다. 실로 난세의 간웅이면서 치세에 능한 인물이었다. 조조의 리더십은 그의 영특함과 법가의 전통에 따른 상벌의 엄정함, 군사 작전의 탁월함 등의 개인적인 능력으로 인해 수하 장졸들의 믿음을 얻게 된 것에 기인한다. 마키아벨리가 말하듯이, 조조는 호랑이의 발톱과 여우의 꾀를 지녔기에 부하들은 그를 두려워하면서도 그의 능력을 믿고 따랐다.

유비도 탁월한 리더십을 갖고 있었다. 그러나 유비의 리더십은 조조와는 전혀 다른 종류의 것이었다. 유비의 통솔력은 그의 타고난 천성에 기인한다. 이미 언급했듯이 유비는 가난한 집안에서 형제도 없이 자랐다. 친척의 배려로 노식의 문하에서 공부를 하게 되었으나 남다른 재주가 있는 것도 아니고, 열심히 공부를 하는 성품도 아니었다. 이처럼 공부를 철저히 하지는 않았지만, 책의 대강 줄거리를 이해하는 데는 누구보다 빨랐다. 말수가 적고 특별히 남의 비위를 맞추려 애쓰지도 않았지만, 그의 주위에는 언제나 그와 사귀기를 원하는 동문들이 몰려들었다. 또한 노인이 강을 건너기가 어려워서 유비보고 업고 가달라고 했는데, 유비는 이를 마다하지 않고 몇 번이나 노인을 업고 강을 왔다 갔다 했을 정도로 매사를 불평하지 않고 기다리는 성품이었다. 유비는 천하를 얻기 위한 투쟁에서도 끈질기게 기다렸다.

또한 어릴 때 아버지를 잃고 형제도 없이 자랐으나, 후일 천하의 명장인 관우·장비와 같은 인물들이 형제처럼 생사고락을 함께 했다. 흔히 말하기를 세 명만 힘을 합치면 천하를 얻는다고 한다. 관우와 장비가 유비에게 힘이 된 것 이상으로 유비는 이들에 대한 배려가 남달랐다. 한 예로 유비가 원술의 수하인 기령(紀靈)과 전투를 하기 위해 소패를 장비에게 맡기고 임지로 떠났을 때의 일이다. 장비가 그만 술에 만취해서 소패성을 잃고는 유비를 찾아갔다. 관우가 유비의 처자를 두고 도망온 장비를 꾸짖자, 장비는 스스로 목숨을 끊으려고 했다. 이에 유비는 장비를 호되게 꾸짖으며 "처는 옷과 같아서 갈아입으면 되지만 형제는 수족과 같아서 한번 잘리면 회복이 되지 않는다"고 말했다. 물론 장비가 유비의 마음씨에 감독하였음은 말할 필요가 없다. 또한 장판교에서 조조에게 패하고 도망갈 때 조자룡이 적진에서 유비의 외아들인 아두를 구해서 유비에게 바쳤다. 이때 유비는 안고 있던 아두를 땅에 던지면서 말하기를 "이 아이 때문에 나의 상장을 잃을 뻔했구나" 했다. 물론 조자룡도 이에 감복했다. 제갈공명을 얻었을 때 장비와 관우가 공명과 너무나 친해지는 유비가 못마땅하다고 불평을 하자, 유비는 그들에게 "공명과 나는 말하자면 물과 물고기와 같은 사이야. 물고기는 물 없이 살아갈 수 없지. 이 점을 잘 헤아려 주기 바라네"라고 했다.

이처럼 유비는 인간을 대할 때 성실하고 정성을 다했다. 즉 '간정'으로 인간을 대했다. 이 같은 태도 때문에 관우·장비·조운·미축·간옹 등 숱한 인재들이 빈털터리인 건달 유비를 따라 생명을 바쳤던 것이다. 인간은 큰 사고가 났을 때는 오히려 덜 실망하지만, 조그마한 일들 때문에 실망하고 화를 내며 때로는 배신까지 한다. 그런데 유비는 평소에 주위 사람들에게 성심성의를 다했다. 또한 주위 사람들을 철석같이 믿었다. 이 또한 조조와는 다른 점이다. 오나라를 치다 실패하고 퇴군한 유비에게 한 신하가 황권이 배반하고 위나라에 항복했으니 그의 가솔을 죽이라고 말했다. 이에 대해 유비는 황권은 사정이 어쩔 수 없어 위에 항복한 것이며, 황권이 나를 배신한 것이 아니고 내가 황권을 배신한 것이라고 하면서 황권의 가솔을 보호하도록 명령했다.

하지만 유비는 어찌 보면 위선자이고 파렴치한이다. 툭하면 가족을 버리고 혼자 도망가는가 하면, 조조의 식객 노릇을 하면서 조조를 도모하려는 음모에 가담하고, 도겸·조조·여포·원소·공손찬·유표 등 숱한 사람들의 식객 노릇을 하다 배신한 사람이다. 하지만 부하들에게만큼은 두터운 정을 준 사람이다. 또한 친척도 별로 없고 가난한 집안 출신이었지만, 정치의 근본을 백성으로 삼은 지도자였다. 유비가 형주에서 조조의 막강한 군대를 피해서 피난길에 올랐을 때, 많은 백성들이 유비의 뒤를 따라왔다. 이때 막료가 백성들을 버리고 빨리 철수하지 않으면 위험하다고 진언했다. 그러자 유비는 "큰일을 하는 데 있어서는 무엇보다도 백성이 그 으뜸이다. 지금 이렇게 많은 백성이 나를 따르는데 어찌 그들을 버리고 갈 수 있겠는가!" 하고 거절했다. 이를 전해 들은 백성들은 울며 유비를 따랐다. 유비의 기발한 리더십의 정치라 아니할 수 없다. 앞서 말했듯이, 유비는 보잘것없는 가문 출신이다. 즉 힘이 없는 인물이다. 힘이 없는 사람에게는 백성이야말로 힘이 된다. 조조의 준

엄하고도 비정한 태도에 비해 온정이 넘치는 유비의 태도는 백성의 칭송을 받게 되어 있다. 실로 유비는 가는 곳마다 백성들의 환영을 받았다. 이것이야말로 유비가 건국을 하는 데 큰 힘이 되었다.

옛날이나 오늘날이나 성공적인 정치는 백성들의 마음을 사는 데 있다. 오늘날 정치인들은 좀더 복잡한 방법을 사용해서 민초들의 마음을 사려고 한다. 그러나 옛날이나 지금이나 국민들은 자기를 알아주는 정치인들을 좋아하게 마련이다.

유비는 어렸을 때 누상촌에 있던 천자가 타는 마차 모양의 큰 뽕나무 밑에서 놀면서 장차 천자가 되겠다고 아이들에게 말했다. 이 같은 장난 때문에 어른들에게 혼난 적도 있었다. 실로 유비는 황제가 되겠다는 집념이 어릴 적부터 있었기에 실패하면서도 포기하지 않고 때를 기다렸던 것이다. 장성하면서 유비는 속마음을 감추는 데 도사가 되었다. 또한 겸손하고, 참을성 있고, 포용력이 강했다. 특히 남의 장점을 잘 이해했다.

이처럼 유비는 발버둥치거나 조급해하지 않고 자기 운명을 받아들이면서 천시(天時)를 기다렸다. 늙어 가면서도 순리를 따르고 결코 희망을 버리지 않았다. 이 같은 태도는 주위 사람들을 감복하게 만들면서 희망을 주었다. 이와 같이 유비의 리더십은 오랜 세월에 걸친 노력의 결과라 할 수 있다. 그리하여 무수한 좌절 끝에 나라를 세울 수 있었던 것이다.

3. 삼국의 멸망 원인

국가의 흥망성쇠는 인류 역사에서 다반사로 일어나는 현상이다.
삼국 시대는 후한의 멸망으로 시작된 시대이다. 우리는 왜 국가가
망하는가 하는 의문을 종종 제기한다. 국가가 멸망하는 원인에는
여러 가지가 있다.

첫째, 칼 만하임은 일찍이 국가나 사회의 파괴는 사회의 불균형
적인 발전에 기인한다고 주장했다. 즉 사회의 한쪽은 엄청나게 발
전하는 데 비해 다른 쪽이 이를 따라가지 못하면 사회의 균형이 깨
지게 되어 결국 국가가 멸망한다는 것이다. 간단한 예로 사회의 다
양한 요구를 정부가 들어주지 않았을 때 반란이 일어나는 것을 들
수 있다. 세이엄 브라운 같은 학자는 오늘날 국경을 초월해서 정
보·물자·교통이 폭발적으로 교환되어 상호의존도가 높은데도 국
가가 정태적 방법으로 현실을 다루려 한다며, 이 같은 불협화음적
발전은 현대 국가의 존립을 위협한다고 말했다.

둘째, 경제적·정치적 구조의 취약성이 혁명을 야기해 국가를 쇠
망하게 만든다. 경제는 발전하고 있음에도 정부는 늘 재정적자로
허덕이고 사회사업 지출 억제로 국민의 불만은 고조된다. 또한 정
부가 나약해서 도와주지 못하는데도 불구하고 특정 집단은 자기들
의 경제적·사회적 발전을 정부가 억제한다고 불만을 토로한다. 또
한 엘리트들은 엘리트들대로 자신감을 상실한다. 특히 통치 엘리트
의 자신감 상실은 치명적이다. 결국 이같이 쌓인 불만은 혁명으로
이어지면서 엘리트는 통솔력을 상실하게 된다.

셋째, 크레인 브린턴이라는 학자는 일찍이 지식인들이 국가나 정부를 배반하면 혁명이 야기되고 정부는 전복된다고 지적했다. 사회에는 다양한 지식인들이 다양한 분야에서 활동하는데, 때로는 이들이 국가 전복을 위한 이데올로기를 만들어 낸다. 또한 특정 종교를 통해 민중의 반란을 선동하기도 한다. 사회 여건이 어떻게 변화하든 지식인들의 대량 이탈은 국가의 변혁을 유도하게 되어 있다. 지식인들은 국가기관에 참여하기를 거부하고 은둔하거나, 때로는 국가 전복 모의에 참여하고, 때로는 거리 투쟁에 나서기도 한다. 결국 이 같은 지식인들의 반사회적 운동은 국가의 소멸을 초래하게 마련이다. 미국 혁명, 프랑스 혁명, 러시아 혁명 등이 보여 주듯이 지성인의 반란은 실로 국가에 위험한 요소이다.

넷째, 국가나 국민의 도덕성 해이가 국가를 쇠퇴하게 만들기도 한다. 로마 제국의 역사를 살펴보면 초기 로마 제국이 강성했을 대는 로마 공화정의 시민들은 근면했고 지도자들은 성실했다. 그러나 노예가 유입되면서 로마 시민들은 나태해지기 시작했다. 이들은 개인적인 쾌락만 추구하여 온갖 사치와 방탕을 일삼았으며, 금권 만능주의에 사로잡혔다. 또한 쉽게 불만을 터뜨렸고 시민들 사이의 갈등이 갈수록 심해졌다. 지도자들도 괴상한 취미를 즐기면서 정신병 환자라 할 수 있을 정도로 괴팍스러워졌다. 칼리굴라·코모두스 황제 등은 신을 자처했으며, 음탕한 생활을 즐겼다. 숱한 황제들이 독살당하거나 살해되었고, 로마 군인들은 황실을 우습게 여겼다. 이같이 위아래를 막론하고 도덕성과 윤리관이 파괴되면서 사회는 해체되고 외적의 침입으로부터 방어할 능력을 상실하면서 로마 제국은 망하게 되었다.

다섯째, 사회 내 집단과 집단 간의 갈등, 계급과 계급 간의 갈등, 상류 사회와 하류 사회 간의 극심한 갈등은 나라를 망치게 만든다. 때로는 지역과 지역 간의 갈등이 집단과 집단 사이를 적대적으로 만들고, 결국 무력 충돌로 발전하면서 사회의 분열이 극에 달하기도 한다. 때로는 집단 간의 이해 관계가 이념적 갈등으로 번지면서 혁명이 일어나기도 한다. 흔히 말하기를 분열된 집안은 홀로 설 수 없다고 한다. 사회 내부의 갈등은 국가를 망치게 마련이다.

여섯째, 정치 엘리트의 타락·분열이 국가를 쇠약하게 만든다. 정치 엘리트의 독선적이고 폐쇄적인 행위는 민심을 국가로부터 이반시켜 결국 민중 봉기를 불러일으킨다. 또한 엘리트의 부패는 사회의 특정 집단을 부유하게 만들어 사회적 불평등을 심화시킨다. 극심한 사회적 불평등은 많은 시민들로 하여금 상대적 박탈감을 느끼게 만든다. 테디 터너 교수는, 대중은 심한 상대적 박탈감을 느낄 때 정부에 반항한다고 말했다. 결국 이 같은 사태는 혁명을 야기한다.

일곱째, 국가의 멸망은 내부의 반란은 물론 외부의 침략에 의해서도 야기된다. 물론 국가의 안보가 미흡할 때 외부의 침략을 자초하기도 하지만, 때로는 예기치 못한 침략으로 망하기도 한다.

이같이 국가가 멸망하게 되는 원인은 다양하다. 이제 후한이 멸망하게 된 요인을 살펴보기로 하자.

후한 멸망의 원인

한나라의 멸망은 서기 184년에 일어난 황건의 난이 그 단초가 되었으나 실제로는 여러 가지 이유에서 기인되었다. 무엇보다도 천자를 둘러싼 외척과 환관의 싸움으로 한실(漢室)은 뿌리째 흔들리고 있었다. 후한 4대 황제인 화제(和帝)가 10세로 즉위하자 외척의 전횡이 두드러지면서 황제의 권위가 실추되었다. 이후 한의 마지막 황제인 헌제까지 15세가 못 되어 황제에 즉위한 자가 9명이나 되었다. 더욱 괴이한 것은 후한 5대 황제인 상제는 생후 100일을 간신히 넘긴 아기로서 황제의 자리에 즉위했다는 것이다.

두태후(竇太后)는 어린 황제(화제)의 후견인이 되었고 그녀의 오빠 두현(竇玄)은 대장군이 되어 외척의 통치가 시작되었다. 두현의 가족이 중요한 자리를 독식하면서 두씨 일족의 세력은 엄청나게 커졌다.

화제는 두현의 세력이 지나치게 커져 황제의 자리까지 위협받게 되자, 환관인 정중(鄭衆)과 손을 잡고 두현 일파를 축출했다. 이 공로로 환관인 정중이 열후(列侯)에 봉해지면서 이번에는 환관의 세력이 강력해졌다. 환관 중에 더러는 충직한 사람도 있었지만 대부분은 물욕과 권력욕이 강해 자기들끼리 결속하고 매관매직을 일삼았다.

그러나 순제(順帝)의 황후 양씨의 부친 양상이 대장군이 되면서 다시 외척이 득세하게 되었다. 양황후(梁皇后)의 오빠 양기(梁冀)가 아버지를 대신해서 대장군이 된 뒤로는 황제의 옹립이나 폐위조차 그들 마음대로 좌지우지했을 정도로 막강한 권력을 휘둘렀다. 순제의 뒤를 이어 즉위한 충제(沖帝)는 겨우 두 살이었고, 뒤를 이은 질제(質帝)는 여덟 살이었으나 미움을 받아서 독살되었다. 뒤이어 15세인 환제(桓帝)가 등극했는데, 이같이 양기는 권력을 독점하고 황제를 마음대로 갈아치웠다.

이에 환제는 당형·단포·서황·구원·좌관 등의 환관과 동맹을 맺고 양기 일족의 세력을 주멸하기에 이른다. 이 공로로 당형을 비롯한 5인의 환관이 열후에 봉해졌다. 그러자 이들이 다시 국정을 마음대로 농단하고 나섰다. 환관의 형제나 일족들은 모두 주(州)나 군(郡)의 지배자가 되어 착취를 일삼았다. 이같이 환관이 나라를 지배하게 되면서 후한에서는 청류파(淸流派)와 탁류파(濁流派)의 투쟁이 일어났다. 당시 젊은이들은 태학에서 공부를 마치면 관직에 발탁되었는데, 보통 환관들과의 연고를 통해 요직에 임명되었다. 결국 환관에게 뇌물을 바쳐야 요직에 진출할 수 있었던 것이다. 이에 반발한 세력들을 청류파라 했고, 환관 및 환관에 아부하는 무리를 탁류파라 했다. 이들의 갈등은 극심해서 결국 청류파가 환관 세력을 제거하려고 모의를 하다가 발각되어 많은 선비들이 처벌을 받는 사건이 일어나게 되었다. 이를 '당고(黨錮)의 화' 라고 부른다. 두 차례에 걸친 '당고의 화' 로 반환관파들의 세력이 제거되면서 환관의 지배는 지속되었다. 영제(靈帝) 때 나라를 온통 쥐락펴락했던 환관들을 십상시(十常侍)라 부르는데, 이들 십상시의 권력 남용은 극에 달했다.

서기 189년에 영제가 죽자 하태후의 소생인 소제(少帝)가 즉위하고 하태후의 오빠 하진이 대장군이 되면서 다시 외척과 환관의 권력투쟁이 시작되었다. 하진은 원소 등과 모의해서 환관을 몰아내려 하지만 오히려 환관들에게 죽고, 원소와 조조 등은 궁으로 침입하여 환관 2천여 명을 살해하고 도망치기에 이른다. 이때 소제와 진류왕은 환관에게 피랍되지만 하진의 부름을 받고 낙양에 진주한 동탁에게 구조된다.

　　권력을 장악한 동탁은 소제를 폐위했을 뿐만 아니라 하태후까지 살해했다. 그리고 진류왕을 천자로 옹립하니 그가 한의 마지막 황제인 헌제이다. 헌제는 동탁·이각·곽사·조조·조비의 통치 시대에 걸쳐서 황제로 군림은 했으나 통치권은 전혀 없었다. 그러다가 헌제가 조조의 아들인 조비에게 선위를 함으로써 한 왕조는 막을 내리게 된다.

　　서기 184년 황건의 난이 일어날 즈음, 후한은 실로 타락한 나라였다. 국가가 타락하고 시대가 불안정하면 흔히 민중들은 종교에 의존하게 된다. 특히 순진한 백성들은 요사스런 가르침이나 괴이한 종교에 몰입하곤 한다. 문제는 이 같은 종교 단체들은 무책임하고 선동적이고 독선적인 말을 전파한다는 것이다. 이같이 독선적인 단체가 강해지면 정치에 관여하게 마련이다. 그래서 미국의 계명한 대통령인 토머스 제퍼슨은 국가와 종교는 담을 쌓아야 한다고 했던 것이다.

　　당시 중국 한중 지방에는 장릉(張陵)·장형(張衡) 부자로 이어지는 오두미도(五斗米道)란 종교 단체가 널리 퍼지고 있었고, 중원에서는 우길도사에서 비롯된 태평도(太平道)가 급속히 퍼지고 있었다. 특히 태평도는 장각(張角)이 남화노선(南華老仙)으로부터 태평경(太平經)을 물려받고 이를 익혀서 많은 사람들을 병에서 구제했다는 신화가 퍼지면서 청주(靑州)·유주(幽州)·연주(兗州)·기주 등 전국으로 퍼지게 되었다. 이들은 "푸른 하늘은 이미 죽었으니 다땅히 누른 하늘이 서리라"는 노래를 전국에 퍼뜨리면서 세몰이를 했다. 이들이 184년에 대규모 반란을 일으키자 놀란 조정은 하진을 대장군으로 임명하고 제후들이 봉기하도록 명을 내리는 한편,

낙양의 방어를 튼튼히 했다. 조정은 황보숭·주전·노식 등의 청류파를 사령관으로 임명하고 황건적의 토벌에 나섰다. 이때 후일 유명해진 수많은 영웅들이 이 토벌전에 참여했는데, 그 중에는 조조·손견·유비 등도 있었다. 패퇴한 장각이 갑자기 죽자 황건의 난은 1년도 못 되어 진압되었지만, 그 잔당은 사방에 흩어져 양민과 조정을 괴롭혔다.

촉의 멸망 원인

한나라가 망하면서 삼국이 정립되었는데, 이 가운데 제일 먼저 망한 나라가 유비가 창건한 촉한이다. 물론 삼국 중 인구나 영토 면에서 제일 약하기는 했지만 촉이 가장 먼저 멸망한 데는 더 깊은 연유가 있었다. 촉이 멸망한 첫 번째 이유는 카리스마적 지도자인 제갈공명이 죽고 장완·비위 등 현명한 신하들이 서거하면서 유선이 점차 황호와 같은 환관이나 간신에 의존해 나라를 통치하였기 때문이다. 한나라가 외척과 환관의 전횡 때문에 망했음에도 불구하고 촉나라에서도 같은 현상이 되풀이되었던 것이다.

물론 제갈공명이 살아 있을 때도 유선이 환관에게 농락당한 일이 있다. 공명이 네 번째로 위를 정벌하려고 기산으로 진출했을 때 사마의는 공명에게 여러 번 패하는 바람에 몹시 궁해졌다. 사마의는 때마침 공명의 처벌에 앙심을 품고 위에 투항한 구안을 촉의 수도인 성도로 보내 환관들에게 뇌물을 주고 공명이 왕위를 찬탈할 것이라고 고하도록 했다. 환관의 고자질에 놀란 유선은 공명에게 군사를 물리라고 명령했다. 어이없이 철군한 공명이 유선에게 따지자, 무안해진 유선은 환관의 고자질을 고백했다. 이에 공명은 죄가 중한 환관은 사형에 처하고 나머지는 쫓아냈다. 이같이 명석한 재상인 공명이 살아 있을 때도 환관의 유혹에 넘어갔으니, 공명이 없어진 후의 유선이 어떠했을 것인지는 능히 짐작할 수 있다. 오나라의 사신으로 촉을 다녀온 설후가 황제 손휴에게 보고하기를 "중상시 황호란 자가 권세를 잡고 있는데 공경이란 자들은 모두 아첨만 일삼고 있었습니다. 조정에서는 곧은 말을 들을 수가 없고 백성들은 누렇게 떠 있었습니다. 마치 참새나 제비가 처마 끝에 살면서 큰 집이 불탈 것을 알지 못하는 것과 비슷했습니다"라고 했다.

촉장 강유가 위를 쳐서 계속 승리를 거두자, 위나라 장수 등애는 당균에게 뇌물을 주어서 환관 황호를 매수하도록 했다. 황호는 유선에게 "강유가 유선을 원망해 오래잖아 위에 항복할 것"이라고 거짓으로 보고했다. 이에 깜짝 놀란 유선은 강유에게 철군하라는 명령을 내렸다. 그 뒤로도 강유가 위를 쳐서 승리를 거두고 있을 때 다시 회군 명령이 내려졌다. 이번에는 촉의 우장군 염우가 황호에게 뇌물을 주고 강유의 자리를 빼앗으려고 했기 때문이다. 위나라 장수 종회와 등애가 대군을 몰고 촉을 정벌하러 올 때도 환관인 황호가 강유의 보고서를 공명을 올리기 위한 수작이라고 유선에게 참언하여 촉은 미리 대비할 수가 없었다. 황호는 오히려 점쟁이 노파를 불러 푸닥거리를 함으로써 유선을 현혹했다.

이러한 환관의 횡포와 매관매직, 귀족들의 사치 등은 민중들을 촉으로부터 이탈시켰다. 게다가 강유의 빈번하고 무리한 원정으로 인해 국고가 탕진되었다. 이로 말미암아 백성들의 생활은 더욱 피폐해져 조정이 국민의 신망을 잃은 것은 너무나도 당연했다. 더욱 한심한 것은 유선의 지도력 결핍이다. 게다가 유선은 너무나도 쉽게 263년 등애에게 항복해 버렸다.

위의 멸망 원인

삼국 중에서 가장 강력했던 위는 조조가 세운 나라로서 216년 조조가 위왕으로 추대되면서 시작되었다. 또한 220년 조비가 한 헌제로부터 제위를 양위받음으로써 천자가 있는 국가가 되었다. 위는 삼국 중에 인구도 제일 많고, 영토도 크고, 인재가 가장 많았던 국가였다. 그런 위가 멸망한 데는 특별한 이유가 있었다.

첫 번째는 계속되는 권력투쟁과 내분 때문이었다. 최초의 내분은 조비가 동생인 조식과 후계 쟁탈전을 벌여 일족을 탄압하면서 비롯된 것으로 황족의 힘을 약화시켰다. 더욱이 조비는 제위에 오른 지 7년 만에 병으로 세상을 떠났다. 정권이 채 확립되기도 전에 황제가 요절한 사건은 왕권을 약화시켰다. 조비를 계승한 조예는 제갈공명이 죽으면서 촉의 침입이 멈추자, 사치와 향락에 젖어들었다. 수많은 궁궐과 전각을 짓고 아름다운 연못과 동산을 꾸미느라 백성들을 괴롭혔으며, 또한 신선 사상을 믿어 방림원이란 자신이 만든 동산에다 승로반(承露盤)을 세우기도 했다. 이 같은 사치와 향락에 충직한 신하들은 상소를 올리며 조예의 행위를 말리려 했지만, 조예는 이를 받아들이기는커녕 오히려 그들을 죽이거나 귀양을 보냈다.

그런 상황에서 다시 내분이 일어났다. 즉 요동에서 대를 이어 세력을 잡고 있던 공손연(公孫淵)이 스스로 연왕을 칭하며 난을 일으켰던 것이다. 공손연이 15만이라는 대군을 동원해 중원으로 진격해 오자, 놀란 조예는 사마의를 대장으로 삼아 토벌군을 보냈다. 사마의는 공손연군을 쳐부수고 난을 평정하면서 다시 힘을 얻게 되었

다. 한편 향락과 계집에 곪을대로 곪은 조예는 36세의 젊은 나이에
죽고 말았다. 그를 계승한 조방은 여덟 살밖에 안 된 어린아이라
아무 것도 몰랐다. 조예는 죽기 전에 사마의를 경계하여 병권을 자
신의 형제들에게 나누어 주었다. 이는 결과적으로 조진의 아들인
조상의 형제들이 권력을 쥐는 것으로 나타났다. 조상은 사치와 향
락이 지난날의 조예를 능가했다. 나라에 바치는 공물은 먼저 조상
이 좋은 것으로 고른 다음 궁궐로 보냈다. 심지어는 죽은 조예의
시첩까지도 차지했다.

병을 핑계로 칩거하던 사마의는 천자와 조상의 형제들이 멀리
사냥 나간 틈을 이용해 쿠데타를 일으키고 병권을 잡았다. 성안에
남아 있는 가족들 걱정에 조상은 싸워 볼 생각도 하지 않고 사마의
에게 항복했다. 사마의는 조상 형제를 비롯해 환범과 같이 조상과
가까이 지내던 신하들을 전부 처형했다. 뿐만 아니라 조상이나 친
척들에게 반역이란 무고죄를 씌워 3족을 멸함으로써 조씨 일문의
힘을 약화시켰다.

이 같은 내전의 와중에 하후패와 같은 용장이 촉으로 망명했다.
이 내란으로 위나라의 권력은 사마의에게로 옮겨갔고, 사마의가 죽
은 후에는 그의 아들들인 사마사·사마소가 물려받았다. 사마씨들
의 권력에 대항해 이풍·장집 등이 쿠데타를 계획했으나 사전에 발
각되어 실패로 돌아갔다. 나아가 황제 조방까지 강제로 폐위당했다.
이때 관구검·문흠 등의 반란과 257년 제갈탄의 반란이 일어났으나
모두 진압됨으로써 사마씨에 반대하는 세력은 모두 제거되었다. 조
방의 뒤를 이은 조모가 사마소를 제거하려고 일어섰으나 오히려 반
격하는 군사에게 살해되었다. 그러다가 최후의 황제인 조환이 265

년 사마염에게 양위함으로써 위는 마침내 역사 속으로 사라졌다. 실로 국가의 내분과 엘리트들 간의 갈등이 나라를 망쳤던 것이다.

위가 망한 두 번째 이유는 조비가 일찍 죽은 데 이어 조예 또한 일찍 죽음으로써 어리고 어리석은 자들이 왕이 되어 통치력을 상실했기 때문이다. 앞서 말했듯이 조비는 영특한 왕이었다. 그러나 즉위한 지 7년 만에 죽은 탓에 위나라의 기반을 확고히 다질 만한 시간적 여유가 없었다. 게다가 불행하게도 그를 계승한 후손들은 모두 어리거나 함량 미달의 통치자들이어서 타인들에게 농락당하기 일쑤였고 권력을 자주 빼앗겼다. 이 같은 통치자들의 리더십 상실이 나라를 망쳤다.

위가 망한 세 번째 이유는 너무나 강력한 2인자를 두었다는 것이다. 일찍이 조조는 "사마의는 재주는 있으나 배신의 관상을 가지고 있기 때문에 중용해서는 안 된다"고 말했다. 사실 조조는 사마의를 권력의 핵심에 임명하지 않았다. 그러나 조예는 조조의 말을 무시하고 사마의를 중용했다. 내란이 계속되고 권력투쟁이 격화될 때마다 사마의의 능력은 빛났고, 권력은 자연스럽게 그에게로 옮아갔다. 만일 통치자들이 조조나 조비와 같이 영리한 사람들이었다면 사마의는 충직한 신하가 되었을 것이다. 그러나 못나고 무능한 통치자들을 모시고 있는 사마의나 사마사, 혹은 사마소에게 역심이 생기는 것은 권력의 속성상 어찌 보면 당연한 일이라 할 것이다.

오의 멸망 원인

오나라가 망한 첫 번째 이유는 황제인 손권의 장기 집권과 지도력 상실 때문이라 할 수 있다. 손권은 19세의 어린 나이에 왕위에 올랐다. 손권은 비록 나이는 어렸지만 진중하고 지혜로워서 많은 인재들이 오나라로 몰려들었다. 그는 인재를 선발함에 격식에 구애되지 않고, 인재를 구하면 의심하지 않고 활용했으며, 등용한 인재는 잘 함이 있어도 덮어 주었다. 그리하여 주유·노숙·여몽·육손 등 훌륭한 인재들의 도움을 받아 국가의 위기를 여러 차례 극복했다. 그러나 손권은 48세에 황제로 즉위하고 나서 20여 년간 비교적 정세가 안정되자 교만해지고 나태해져서 독선적으로 변했다. 그에 따라 인재들을 대하는 태도도 달라져, 급기야는 인재들을 시기하고 해치는 일이 자주 발생하였다. 한 예로 유비가 오를 침략했을 때 국난을 극복하고 나중에 승상에 오른 육손이 태자와 노왕 사이에 차이가 있어야 한다고 충고하자 대노하여 사자를 여러 차례 보내 육손을 크게 꾸짖었다. 육손은 옳은 말을 하며 충성을 다 바친 결과가 이렇게 되자, 분을 참지 못하고 죽고 말았다. 이에 대해 진수는 「오주전(吳主傳)」에서 손권에 대해 "그는 성격적으로 의심과 투기가 많고 사람을 지나치게 많이 죽였으며, 만년에 이르러서는 점점 더 심했다"고 평했다. 이같이 손권의 독선적 태도와 이로 인한 계속된 실정은 오의 멸망을 재촉하였다.

오나라가 멸망한 두 번째 이유로는 손권의 후계자를 둘러싼 내분을 들 수 있다. 손권은 손등을 황태자로 삼았으나 손등은 33세에 요절하고 말았다. 둘째 아들 손려는 형인 손등보다 먼저 죽었다. 결국 셋째 아들 손화를 태자로 책봉했는데, 손화는 학문을 즐기고 무예도 출중해 태자감으로 손색이 없었다. 문제는 손권이 노왕으로 봉해진 넷째 아들인 손패를 특별히 총애했다는 것이다. 손권은 태자와 넷째 아들을 차별 대우해야 했음에도, 두 사람을 똑같이 대우함으로써 넷째 아들인 손패를 오만 방자하게 만들어 결국 사사건건 태자인 손화와 대립하게 만들었다. 이들의 대립은 대신들도 두 패로 갈라지게 했고, 이는 결과적으로 오나라의 통치 엘리트들의 분열을 가져와 오의 통치 기반 자체를 흔들어 놓았다. 공주들까지 형제들의 싸움에 가담하여 싸움은 더욱더 치열해졌다. 더욱이 이 싸움에 결단을 내려야 할 손권은 늙은 데다 우유부단했다.

이 같은 사태를 걱정한 대신들이 태자를 옹호해야 한다고 손권에게 간언했으나 손권은 오히려 이들을 귀양 보내거나 재산을 몰수하고, 때로는 무자비하게 처형하기까지 했다. 그러나 형제들 간의 싸움이 극에 달하자, 손권은 태자인 손화를 폐위하고 귀양을 보내는 한편 손패와 그 패거리들도 모두 처벌했다. 그리고 손량을 태자로 삼았다.

그런데 문제는 손량은 겨우 여덟 살밖에 되지 않은 어린아이인데 비해 아버지 손권은 이미 70세로 새로운 태자의 후견인이 될 수 없었다는 것이다. 결국 병이 든 손권은 71세의 나이로 세상을 떠나고 손량은 아홉 살의 어린 나이에 황제가 되었다. 어린 황제를 대신해서 오나라의 권력을 장악한 사람은 외척인 제갈각이었다. 제갈각은 권력을 전횡하고 심복을 동원해 모든 권력기관을 장악했다. 이에 반발한 손씨 집안의 손준이 황제인 손량과 내통하여 제갈각을 살해하는 사건이 일어났다. 이같이 어린 통치자는 결국 나라를 망하게 하는 내분의 원인이 된다.

세 번째로 황제가 측근인 환관에게만 의존해서 정치를 운영했기 때문이다. 황제 손휴가 죽자, 손호가 제위를 이어받았다. 그러나 제위에 오른 손호는 사람이 급변해서 날로 흉폭해지고 술과 여자에 깊이 탐닉하게 되었다. 더욱 한심한 것은 황제 손호가 환관인 잠혼을 지나치게 믿었다는 것이다. 이렇게 타락한 황제를 깨우치려고 복양홍과 장포가 황제의 잘못을 지적하고 이를 고쳐야 한다고 간하자, 손호는 그들을 참수하고 삼족을 멸하였다. 또한 오나라의 처지가 어려운데도 때아닌 건축 공사를 벌여 소명궁을 지었다. 이를 반대하는 대신들은 꾸짖고 벼슬아치들에게 모두 산에 가서 나무를 베어 오라고 명령했다. 그런가 하면 대신들의 충언을 듣지 않고 점쟁이 삼광의 점괘만을 믿고 군사를 일으키기도 했다. 이 같은 손호의 엉뚱한 짓은 통치 엘리트들을 정권으로부터 소외시키고 백성들을 이탈시키는 현상을 초래했다. 이같이 피폐해진 오나라에 진나라의 장군 두예가 쳐들어왔다. 오나라가 두예에게 항복했을 때 손호의 후궁이 무려 5천 명이나 되었다고 한다.

국가의 멸망 원인

지금까지 후한·촉·위·오가 망한 원인을 살펴보았다. 여기에서 우리는 몇 가지 공통점을 발견할 수 있다. 첫 번째 망국의 이유는 통치자 자신과 깊이 관련되어 있다는 것이다.

한·촉·위·오 등을 창건한 유방·유비·조조·손견·손책 등은 탁월한 지도자들이었다. 지혜도 있고, 인간적 신뢰도 있으며, 인재를 아끼고, 또한 생활도 근면했다. 반면에 망한 나라의 지도자들은 이와는 정반대였다. 더러는 너무나 어린 나이에 집권자가 된 까닭에 판단력이 흐려서 주위 사람들이 권력을 남용한 경우도 있었다. 한나라와 위나라의 경우, 황제들이 너무 어린 탓에 외척들이나 막강한 후견인들에게 농락당함으로써 권력 기반이 취약해졌다. 위나라의 경우 황제들이 너무나 어려서 사마씨들의 권력 전횡을 막을 수가 없었고, 한나라의 어린 황제들 중에는 환관을 어버이같이 여긴 사람도 있었다. 또한 외척들의 득세를 방관할 수밖에 없었던 경우도 흔하다. 이 같은 사태에 우리는 흔히 환관이나 외척 또는 실력자들을 비난하지만, 이는 결국 통치자가 무능한 탓이다.

그런가 하면 손권은 불과 19세의 약관에 왕이 되었으나 국난을 잘 해결해 나갔다. 하지만 늙어서는 판단력이 흐려지고 망령스런 변덕 때문에 숱한 인재들이 희생되었다. 촉의 유선도 어려서 등극했으나 어렸을 때는 오히려 제갈공명을 아버지처럼 따르면서 나라를 잘 다스렸다. 그러나 늙어 가면서 타락하여 국정을 소홀히 함으로써 백성들이 곤욕을 치렀다. 끝내는 국토 방위를 소홀히 하다가 적이 쳐들어오자 싸워 볼 생각도 하지 않고 항복해 버렸다. 한나라의 헌제나 위나라의 조환은 이미 나라가 기운 데다 조비나 사마사와 같은 실권자들에게 저항할 힘이 없자, 제위를 넘겨줌으로써 국가의 위업을 잃게 되었다. 그러나 대부분의 통치자들은 교만하고 부패한 데다 인재 등용에 나태했고 백성들을 제대로 보살피지 못해서 나라를 잃었다. 앞서 말했듯이 촉의 유선이 그랬고 오나라의 손호가 그랬다. 이들의 잘못된 통치는 단순히 권력을 잃은 것뿐만 아니라 수많은 백성들을 괴롭혔다.

막강한 세력을 가지고 천하를 호령하던 원소도 자기의 불찰로 조조에게 망하고 말았다. 용모가 준수하고 삼공(三公)을 4대나 배출한 명문가의 자제였지만, 원소는 결단력이 없어 번번이 기회를 놓치는 제후였다. 또한 변덕이 심해서 일을 지속적으로 진행시키지 못했으며, 지나치게 측근과 집안 식구들에게만 의존했다. 또한 후계 문제를 제대로 다루지 못해 형제들 간에 권력 투쟁을 야기했다. 그리고 아첨을 좋아해서 충언을 하는 대신들을 배제했다. 이러한 이유들로 인해 결국 원소는 나라를 망치게 되었다.

형주를 다스리던 유표도 젊어서는 학문을 사랑하던 지도자였으나 훗날 늙으면서 판단력이 흐려져 후처와 외척의 요구를 받아들여 전처 소생의 왕자인 유기를 제치고 후처 소생인 어린 유종을 후계로 삼는 바람에 나라를 망쳤다. 그런가 하면 원술은 사치스럽고 방탕하며, 쓸데없는 허영심과 권력욕 때문에 나라를 망친 인물이다. 이같이 삼국의 역사를 살펴보면 통치자의 무능이 나라를 망친 첫 번째 원인이었음을 알 수 있다.

이 같은 정치 현상은 현대 사회에서도 볼 수 있다. 물론 현대 사회는 국제법이 잘 발달해서 나라가 엉망이어도 다른 나라의 침략으로 나라가 없어지는 일은 없다. 또한 현대 민주주의 사회에서는 지도자를 선거로 선출하기 때문에 어린아이가 통치자가 되는 일도 없다. 그러나 통치자를 잘못 선출하면 국민이 고생할 수밖에 없다. 통치자들의 아집이 국론을 분열시켜 사회를 혼란하게 만드는가 하면 지도자들이 잘못 선택한 인사들이 부정과 부패를 일삼기도 한다. 또한 지도자들이 잘못 선택한 정책이 외국의 투자를 막기도 하고, 때로는 외국의 공격을 자초하기도 한다. 대표적인 예로 이란의 통치자 호메이니와 이라크의 통치자 후세인을 들 수가 있다. 이들 통치자로 인해 수많은 사람들이 생명과 재산을 잃었다. 결국 후세인 대통령의 무모한 정책이 미국의 침공을 자초하여 이라크는 전쟁에 휩싸이게 되었다.

이처럼 현대 정치에서도 통치자의 역할이 막대하기에 국민들은 이들을 뽑을 때 현명한 선택을 해야 한다. 문제는 민주주의 사회에서 대중이 항상 현명하고 바른 선택만 하는 것은 아니라는 데 있다. 특히 교육 수준과 정치 의식이 낮은 국민들이 감정적인 호소에 현혹되어 데마고그적 지도자를 선출하는 경우가 너무나 많다. 가정에서도 가장이 시원치 않다면 가족이 고생하게 되어 있다. 이것은 기업체도 마찬가지다. 아버지가 일으킨 기업을 자식들이 물려받아서 망친 경우를 우리는 종종 볼 수 있다. 이처럼 삼국 시대나 현대 민주주의 사회에서나 정치 과정의 공통점이 너무나 많다. 그렇기에 역사는 되풀이된다고 하지 않는가. 따라서 역사 속에서 현실을 배우는 것을 게을리해서는 안 될 것이다.

삼국이 멸망한 두 번째 원인은 외척과 환관이 통치에 깊이 관여했기 때문이다. 이들은 정치의 문호를 개방해서 널리 인재를 구하지 않고 몇몇 소수가 권력을 독점했다.

후한 말기는 실로 외척과 환관 간의 권력투쟁의 역사로 점철되어 있다. 촉의 황제 유선도 환관인 황호를 지나치게 두둔했던 탓에 황호의 전횡을 막을 길이 없었다. 오나라 역시 어린 황제 손량은 제갈각의 전횡을 막을 수 없었고, 손호는 잠혼이라는 환관에 의존하다가 결국 나라를 망쳤다. 외척이나 환관이 권력을 독점하게 되면 여러 가지 병적 현상이 야기되게 마련이다. 이들에 의한 정치는 무엇보다 권력의 독식 현상을 불러일으킨다. 권력을 독식한 이들은 그 누구도 믿지 못해 항상 남을 의심하게 된다. 그 때문에 결국 믿는 사람들에게만 요직을 주고 권력을 위임한다. 이 같은 정치 과정은 결국 믿기는 하되 무능한 인척들을 관직들에 배치하게 되어 있다. 이로 말미암아 언로(言路)가 차단되어 많은 인재들이 정치를 떠나게 되고, 권력의 부패를 야기하여 백성이 정치를 불신하게 된다. 소수의 통치는 고립된 정치를 하게 하고, 군주가 객관적인 정보를 취득하는 것을 방해한다. 그리하여 통치자들은 간신배의 감언이설 만을 듣게 된다.

정치는 옛날이나 현대 사회에서나 많은 사람들의 참여 속에 이루어져야 한다. 참여의 제한은 새로운 아이디어를 제한해서 정치가 구태의연해지고 통치권과 통치 기반을 취약하게 만든다. 또한 국가의 발전을 꾀하기가 어렵다. 이처럼 적응력이 없는 국가는 망할 수밖에 없다. 현대 정치에서도 이와 비슷한 현상이 야기된다. 민주 국가에서 지도자는 국민이 선출하지만 나머지 직책은 통치자가 임명한다. 그런데 민주주의 제도 하에서 선출된 지도자들이 통치하는 과정에서 소수에게 의존하는 경우가 왕왕 있다. 우리는 이를 가신 정치 또는 친족 정치라고 말한다. 이라크의 후세인도 종국에는 아들들과 사위에 의존하면서 극소수의 가까운 사람들을 중심으로 독재 정치를 한 탓에 결국 미국의 침공을 받아 몰락한 것이다. 우리 나라에서도 극소수에 의존하는 가신 정치, 특정 지역 사람들을 대거 기용하는 지역 정치, 특정 학교를 중심으로 인재를 등용하는 정치가 종종 물의를 빚으면서 정권의 무력화를 불러왔다. 결국 소수가 권력을 전횡하는 정치는 삼국 시대나 현대나 똑같이 엄청난 해악을 초래하게 마련이다.

삼국이 망하게 된 세 번째 원인은 통치 엘리트의 분열에서 찾을 수 있다. 후한은 권력의 핵심에 있던 하진과 같은 외척과 십상시로 대표되는 환관들 간에 벌어진 극심한 싸움으로 인해 결국 동탁에게 권력을 빼앗기고 말았다. 위나라는 조씨 권력을 대표하는 조상과 사마씨 집안의 권력투쟁이 통치 기반을 약화시켜서 몰락의 길을 걸었다. 또한 조비와 조식의 후계를 둘러싼 투쟁이 조씨 집안의 권력 기반을 흔들어 놓았다. 오나라도 후계자 계승을 둘러싼 손화와 손패의 싸움이 결국 대신들을 양분시켜 싸우게 하는 결과를 초래했다. 막강한 세력을 자랑하던 원소도 자식들의 권력 계승을 위한 싸움과 심배·봉기·저수·허유 등 측근 신하들의 권력투쟁으로 심한 상처를 입었다. 이같이 국가 내 통치 엘리트 간의 격심한 갈등은 국가를 망친다.

이러한 일은 현대 정치에도 자주 일어난다. 오늘날에도 통치 엘리트들 간의 내분은 국가의 효율성과 경쟁력을 약화시켜서 사회 발전을 저해한다. 기업체들도 경영진의 내분으로 다른 기업에게 적대적 인수·합병이 되는 경우가 종종 있다. 또한 내분으로 인한 내부자의 고발로 기업이 국가의 조사를 받게 되어, 결국 경영권이 넘어가는 예도 종종 있다.

삼국이 망한 네 번째 원인으로 국가 도덕성의 해이, 사회의 타락을 지적할 수 있다. 후한 말기의 중국은 그야말로 타락한 사회였다. 상부뿐만 아니라 하부의 지방 관리 직책도 사고팔았고, 지방 관리들의 타락과 무책임, 지방 토호들의 부패상이 극에 달했다. 자식이 부모를 버리는 일이 다반사였고, 아주 사소한 이유로 사람을 죽이는 일도 자주 있었다. 촉과 오가 망할 무렵의 사회적 타락상도 극에 달했다. 더욱이 촉이나 오는 도덕적으로 타락하고 사회가 피폐해 있음에도 불구하고 궁궐을 짓는 대역사를 벌이는가 하면, 위나 진을 정벌하기 위해서 무리하게 군사를 일으켜 망국을 앞당겼다.

현대 사회에서도 사회가 부패하고 도덕성이 해이해지면 여러 가지 문제가 야기되게 마련이다. 극도로 불평등한 사회는 상대적 박탈감을 느끼는 사람들의 저항을 부른다. 도덕성의 해이와 부패는 사회 질서를 문란하게 만들고 급기야는 특정 집단에 의한 혁명을 야기한다.

4장

삼국 시대의 이데올로기

지난 20세기는 인류 역사상 다양한 정치 이념이 소개되었을 뿐만 아니라 이를 실현하려는 정치 운동이 격렬했던 시기였다. 공산주의 이념으로 무장한 혁명이 성공하여 공산주의 국가가 수립되었고, 나치즘·파시즘·군국주의 등이 기승을 부렸다. 또한 다양한 정치 이념으로 무장한 세력들 간의 분쟁으로 전쟁이 끊이지 않고 일어났다. 오늘날에도 인류는 다양한 정치 이념을 실험하고 있다. 자유민주주의·사회주의·민족주의·공산주의 등은 각 국가의 운영에서 핵심을 이루고 있다. 이러한 정치 이념은 인간의 사고방식을 상징적으로 집대성해서 인간의 행동 지침을 시사하기도 한다.

그러므로 정치 이념은 중요한 인간 행위의 지침이라 할 수 있다. 물론 레이몬드 아롱, 다니엘 벨, 프란시스 후쿠야마와 같은 일부 학자들은 이념의 종말을 예언하고 있지만, 정치 이념은 여전히 정치 행동을 이끌어 주는 지침이 되고 있다. 삼국 시대에도 정치 이념은 당시 영웅호걸들의 행동 지침이 되었다. 칼 만하임은 "인간의 사고 행위는 인간이 처해 있는 사회적 맥락과 불가분의 관계가 있다"면서 지배 엘리트는 정치 이념으로 사회 질서를 유지한다고 했다. 삼국 시대에도 정치 이념은 질서를 유지하거나, 또는 새롭게 국가를 건립하는 데 중요한 역할을 했다. 어느 시대에나 지배 엘리트는 권력을 유지하기 위하여 정치 이념을 사용한다. 정치 이념은 국민들로부터 정치체제의 정당성을 인정받는 데 이용되고 있다. 반면에 체제에 도전하는 반대 엘리트들이 대중을 동원하는 데도 효과적으로 이용되고 있다.

정치 이념의 역할

정치 이념의 역할을 좀더 구체적으로 설명하면 다음과 같다. 첫째, 정치체제의 정통성을 부여하는 역할을 한다. 둘째, 국민을 통합시켜 민중을 동원하는 역할을 한다. 셋째, 조직의 강력한 도구가 되면서 정치 리더십을 조작하거나 강화하는 역할을 한다. 넷째, 공통적으로 소유하고 있는 사람들 간의 의사소통을 용이하게 하는 기능을 한다. 다섯째, 국민들의 소망·이익·감정 등을 나타내는 역할을 한다.

이러한 정치 이념의 역할은 삼국 시대라고 다르지 않았다. 중국은 춘추 시대와 전국 시대를 거치면서 다양한 정치 사상이 개발되고 현실적으로 실현되기도 했다. 이 가운데 대표적인 사상이 공자·맹자를 주축으로 발전된 유가의 정치 사상, 노자·장자의 영향을 받은 도가의 정치 사상, 한비자·순자의 영향을 받아 발전된 법가의 정치 사상이다. 삼국 시대 역시 이 세 가지 주류 사상이 복잡하게 얽혀 있었다. 이밖에 난세였던 만큼 손자·오자를 대표하는 병가의 사상도 치자들에게 영향을 주었다.

본래 진나라의 시황제가 중국 대륙을 통일하면서 전국 시대는 막을 내렸다. 이때 시황제가 받아들인 사상이 한비자가 이론화한 법가 사상이다. 이사(李斯)라는 신하는 이를 구체화해서 시황제 치하에서 실천했다. 법에 의한 통치가 효과적으로 운용되려면 법을 뒷받침하는 권력 구조가 형성되어야 한다. 그러기 위해서는 강력한 군사력과 용의주도하게 구축된 경찰 조직이 필요하다. 진시황제는 법가의 정치 사상을 실현하여 중국 최초의 중앙집권적 정치체제를 수립했다. 하지만 불행히도 진나라는 시황제가 죽자 곧 망하고 말았다.

항우와의 싸움에서 승리한 유방이 한나라를 세우면서 법가 통치 사상에 대한 비판이 일어났다. 법가의 정치 사상을 실천하기 위해서는 강력한 군과 경찰력을 뒷받침할 수 있는 경제력이 필요했기 때문이었다.

이밖에 한나라 초기에 널리 환영을 받았던 정치 사상의 하나는 노자·장자의 영향을 받은 도가 사상이었다. '무위자연'을 주창하는 도가는 당시 전란과 자연재해로 피폐해진 한나라의 국가 정세로 인해 백성들에게 상당히 환영을 받았다. 그야말로 도가 사상이 한나라에서 일세를 풍미하던 때도 있었다.

그러나 외부적 강제력을 부정하는 무위자연 사상이 한나라의 통치 사상이 될 수는 없었다. 결국 법가 사상과 도가 사상의 중간을 걷는 유가 사상이 당시 통치자들에게 매력적인 정치 사상으로 떠올랐다. 한나라가 다시 중앙집권제를 확립한 것은 7대 황제인 무제(武帝) 때로, 중국 역사상 가장 위대한 통치자 중 한 사람이었던 한 무제는 유교를 국교로 삼았다. 이후 중국의 정치 사상은 2천 년간 유가 사상에서 벗어나지 못했다. 이때부터 신해혁명으로 청나라가 망하고 중화민국이 들어설 때까지 유교는 중국인의 공인된 믿음이자, 국가의 통치 사상이 되었다.

무제는 동중서(董仲舒)의 의견을 받아들여 육예(六藝), 즉 역(易)·서(書)·시(詩)·예(禮)·춘추(春秋)·악(樂)을 받아들여 유가 사상을 한나라의 정통 사상으로 인정했다. 즉 효(孝)·제(悌)·충(忠)·신(信)의 가족 도덕을 근간으로 하는 유가 정치 사상이 당시 공동체 내부의 인간 관계를 통치하는 데 합리적인 사상이라고 판단했던 것이다. 촌락 공동체에서는 이미 자연발생적으로 유교적인 윤리나 규범이 지켜지고 있었기 때문이다. 그리하여 무제는 효·제·충·신의 가족 도덕이 지배 정치 이념으로서 기능할 수 있다는 데 착안하여 유교를 국교로 정했던 것이다.

후한 광무제(光武帝)는 교학적 교양이 풍부한 군주였다. 후한은 유교를 국시로 보호해 질제(質帝) 시대에 와서는 낙양의 태학(太學)에 유학하는 자가 3만 명을 넘어섰다. 실로 유교는 국민 전체에 깊숙이 뿌리를 내렸으며, 유교의 규범은 당시 중국인들의 행동 지침이 되었다.

그러나 후한 말기에 유교 학자들이 환관에게 탄압을 받는 사건이 일어났다. '당고의 화'로 알려진 이 사건으로 유교의 지식인들이 환관 통치를 비난하자, 이들에 대한 탄압은 더욱 심해졌다. 환관의 심한 횡포와 이들을 통해서 출세한 선비들을 당시 사람들은 탁류라고 부르면서 조소를 보냈다. 삼국 시대의 장을 열게 된 '황건(黃巾)의 난'이 탁류파 때문에 일어났다고 주장하는 사대부들도 있다. 반면에 이들 탁류파에 저항한 사대부들을 '청류파'라고 불렀는데, 이들 청류파는 유교적 윤리관을 가지고 환관의 전횡을 엄하게 비판했다. 즉 유교적 윤리관과 실력을 갖춘 사대부만이 참여할 수 있는 국정을 환관들이 가로막고 있다고 비판했다. 수도 낙양의 태학생들을 중심으로 당시 정치 상황에 대한 통렬한 비판이 제기되자, 환관측은 가혹한 탄압 정책으로 맞섰다. 이 같은 갈등은 결국 황건의 난으로 이어지면서 삼국 시대의 막을 열게 되었다.

환관의 손자인 조조가 유가를 대표하는 숱한 선비들을 참살한 것과 조조가 법가가 된 것은 결코 우연이 아니다. 즉 혈연을 중시하는 유교의 윤리관에서 보면 혈연 관계가 없는 이상 양자는 무의미한 존재였던 것이다. 원소는 조조를 치면서 진림(陳琳)이라는 학자에게 조조를 성토하는 격문을 쓰게 했다. 그러자 진림은 "조조는 더러운 내시의 자손으로서 원래 아름다운 덕을 갖추지 못했으면서도 교활하게 협행(俠行)을 꾸미며, 어지러움을 좋아하고 화를 일으키기를 즐겨 했다"고 썼다. 조조가 천자를 등에 업고 통치를 하고 또한 막강한 힘을 갖고 있는데도 불구하고, 이처럼 조조는 환관의 손자라는 이유로 항상 조롱당했다.

하루는 공융(孔融)이 천자에게 올린 표문에 예형(禰衡)이라는 젊은 학자를 극찬하면서 추천했다. 조조는 인재에 대한 욕심이 많은 터라 곧 예형을 불렀다. 그러나 예형의 태도가 하도 꿋꿋하자, 조조가 꾸짖듯이 "그대는 무엇을 잘하는가?" 하고 물었다. 그러자 예형은 "나는 천문과 지리에 두루 통하지 못함이 없으며, 세 가지 큰 가르침과 그 아홉 가지 갈래에도 막힘이 없습니다. 위로 임금을 섬기면 요·순에 이르게 할 수 있으며, 아래로 짝하면 그 덕이 공자나 안연(顏淵)에 미칠 수 있습니다. 어찌 속된 무리들과 함께 섞여 비교할 수 있겠습니까?" 하고 답했다. 예형의 불손한 태도에 화가 난 장료가 예형을 죽이라고 말했다. 그러자 조조는 "저 작자가 그래도 헛된 이름이 높아 멀고 가까운 곳에 두루 알려져 있네. 오늘 만약 그를 죽였다면 천하 사람들은 내가 그를 쓰지 못해 그랬다고 말할 것이네. 그렇게 되면 저만 잘난 인물로 추앙받게 만들어 줄 뿐이야. 그래서·일부러 북치기 같은 하찮은 일자리를 주어 그를 욕보이려 한 것이네"라고 답했다.

조조는 목적이 수단을 정당화한다고 믿었다. 천하를 위한 대의 앞에서는 사사로운 은혜는 희생될 수도 있고, 만백성을 학정에서 구하기 위해서는 어떤 수단도 용납된다는 논리를 가지고 있었다. 특히 전국 시대의 혼란을 끝내는 것은 법가와 병가의 통치술이지, 유가식의 통치술이 아니라고 믿었다. 유가의 사대부들은 이러한 조조를 받아들일 수가 없었다. 실로 탁류파와 청류파의 싸움은 삼국 시대 내내 계속되었다. 당시 깊숙이 뿌리내린 유교의 이념과 난세를 통치하는 데 필요한 법가의 이념 간의 갈등이었다. 이 싸움에서 조조는 탁월한 지도자이고, 어찌 보면 현대적인 면에서 혁명적인 지도자였다. 또한 법가의 이념을 실천한 대표적 인물이었다.

현대 사회에서는 칭찬받을 일들이 그 당시에는 비유교적이고 이단적이라고 할 수 있었다. 『논어』에 말하기를 "군자는 무겁지 않으면 위엄이 없다"고 했다. 이렇게 볼 때 조조는 엄청나게 경망스런 사람이다. 또한 유가에서는 검소하게 생활하고, 과욕을 경계하며, 취미는 되도록 우아한 것을 즐겨야 했다. 이 같은 규범에도 조조는 위배되는 인물이었다. 맹자는 "살인을 좋아하지 않는 자"가 왕자가 될 수 있고, "한 가지 불의를 저지르고, 한 사람의 죄 없는 자를 죽여서 천하를 얻는 것은 옳지 않다"고 했지만, 조조는 수많은 사람을 죽였다. 그의 밑에서 일하던 정욱·공융·양수·최염 등 숱한 학자들이 죽임을 당했다. 조조는 인재를 갈구했으나 쓸모가 없어지거나 자기 생각에 반대하면 가차없이 처형했다. 이 같은 조조의 태도와 그가 천자인 헌제를 대하는 태도 때문에 동승·길평 등 숱한 대신들이 조조를 암살하려 했으나 번번이 실패했다. 조조는 이처럼 법가이며 막강한 힘을 갖고 있었지만 황제의 제위를 찬탈하지는 않았다. 그것은 유교의 정치 사상이 삼국을 여전히 지배하고 있었기 때문이다.

제갈공명도 법가 사상을 실천한 통치자 중 한 사람이다. 익주를 정벌한 다음 법정이 공명에게 법을 간단히 해서 민심을 수습할 것을 권했다. 이에 대해 공명은 "나는 이제 법령으로 위엄을 세워 그게 지켜지는 게 오히려 은덕이 됨을 알게 할 것이며, 또 벼슬에는 한도를 두어 벼슬이 오르면 그게 영화로운 것임을 알게 할 것이요 은덕과 영화로움을 아는 게 되살려지면 아래위는 절로 절도가 있게 되게 마련이니 이로써 다스리는 도리는 뚜렷해질 수 있을 것이외다"라고 했다. 이같이 법가를 따르는 공명도 유비가 서거한 후 그 아들 유선을 성실하게 보좌했다. 이 또한 유가적 정치 행위라고 할 수 있다.

당시 대표적인 유가의 행위는 관우에게서 찾아볼 수 있다. 유비가 서주에서 조조에게 패하여 가족을 남겨 둔 채 도망을 쳤을 때, 유비의 가족을 보호하던 관우는 조건부로 조조에게 항복했다. 관우는 원소와의 싸움에서 안량과 문추를 베는 전공을 세워 한수정후(漢壽亭侯)를 제수받았다. 인재를 갈구하는 조조는 관우를 끔찍이 대우했다. 조조는 숱한 재물을 운장에게 하사하는가 하면 각별한 관심을 보였다. 그러나 의형제인 유비가 원소의 진영에 있다는 소식을 듣자, 관우는 주저없이 유비를 찾아서 떠났다. 조조의 장수들은 관우를 죽이라고 권했으나 조조는 "아니다. 그럴 필요는 없다. 옛 주인을 잊지 않을 뿐만 아니라 오고 감이 분명하니 관공이야말로 참으로 장부다. 너희들은 모두 그를 본받아야 한다"며 관우가 유비에게 돌아가는 것을 도와주었다. 실로 관우의 태도는 유가의 가르침을 몸소 실천한 것이라 할 수 있다. 관우가 오늘날까지도 중국뿐만 아니라 아시아권에서 존경받고 인기 있는 것은 동양인의 유교적 이념 때문이다.

제갈공명은 냉엄한 법가이지만, 조조와 달리 아시아에서는 인기 있고 존경받는 인물이다. 이는 비록 공명이 법가적 통치를 하고 마키아벨리적 정치를 했을지라도 유선을 충성스럽게 보좌한 유가의 이념적 생활 방식을 갖고 있었기 때문일 것이다. 반면에 같은 법가인 조조는 재능이 있고, 냉정한 합리주의자이며, 남의 재능을 높이 샀던 인물임에도 그의 생활 방식이 유교 이념과는 상충되기 때문에 오늘날까지도 사람들로부터 높은 평가를 받지 못하는 것이다.

유비는 본래 학문을 좋아하는 사람이 아니었다. 또한 특별히 유학의 발전을 위해 애쓴 흔적도 없다. 어찌 보면 자기만 살려고 한 파렴치한이었다. 또한 병법에 능한 것도 아니고, 지모도 출중하지 못해 마키아벨리가 될 수 없는 인물이었다. 그럼에도 항상 유비의 입을 통해서 나오는 말은 인(仁)이고, 의(義)이고, 예(禮)이면서 한나라 부흥의 대의였다. 그가 제갈공명을 처음 만나서 내세운 대의도 쇠미한 한나라를 부흥시키자는 대의명분이었다. 도망치면서 비록 가족은 버렸어도 백성은 버리지 말아야 한다는 그의 말은 주위 사람들을 감복시키기에 충분했다. 유비가 오늘날에도 아시아인의 사랑을 받는 이유는 그가 위대한 위선자나 촉한을 건국한 인물이기 때문이 아니다. 그가 한 왕실의 종친으로서 한나라의 부흥을 꾀했던 인물로 인식되고 있기 때문이다. 즉, 중국을 지배한 유교의 정치 이념에 합당한 인물이었기 때문이다.

사마의는 출중한 인물로 제갈공명과 실로 대등한 적수였다. 뛰어난 마키아벨리였던 그는 권력을 획득하고 손자인 사마염(司馬炎)이 진나라를 세울 수 있도록 기초를 다졌다. 그러나 그는 제갈공명과 같은 존경도 못 받고 인기도 없다. 이유는 간단하다. 그 역시 조조와 마찬가지로 유교의 정치 이념에 어긋나는 인물이었기 때문이다.

삼국 시대의 사대부나 엘리트들은 청류파 대 탁류파, 유가의 이념 대 법가의 이념에 대한 논쟁을 하고 이를 신봉하기도 했다. 그러나 일반 대중에게 풍미한 정치 이념은 도가의 이념으로부터 야기된 다양한 사상이었다. 어찌 보면 삼국 시대의 장을 연 황건의 난도 도교의 영향에서 비롯된 것이다. 한나라 말에 도가의 가르침이 널리 소개되었지만 정도(正道)를 소개한 것은 아니었고 오히려 신비한 면으로 발전되었다. 실제로 도가는 신선을 구하고 영단(靈丹)을 만드는 방사(方士)들로 변해서 자신을 높이고 '신비화'하는 데 주로 이용되었다. 그 중에서 대표적인 종교 단체가 오두미도였다. 장릉은 곡명산에서 도를 깨쳤다 하고 병을 고치고 귀신을 쫓는다고 하여 많은 신도를 확보했다. 후일 장로(張魯)는 오두미도를 통해서 한중 지방에 세력을 펴고 한때 통치자 노릇을 했다.

도가의 다른 한 갈래의 집단은 태평도였다. 장각(張角)은 남화노선(南華老仙)에서 태평요술이라는 신서를 얻고 이를 익힘으로써 드인이 되었다. 또한 태평경을 읽고 부적으로 사람의 병을 고치는 넙과 천재지변을 막는 법을 익혔다고 하여 많은 민초들이 따랐다. 당시 관리와 도적들에게 시달리고 천재지변과 질병으로 고통받고 있던 백성들이 무리 지어 따르자, 장각은 많은 제자를 두고 교세를 넓혔다. 심지어 어린아이들까지 "푸른 하늘은 이미 죽었으니 마땅히 누른 하늘이 서리라"는 노래를 공공연히 불렀다. 교세는 급히 퍼져 청주·예주·유주·서주·기주·형주·양주·연주 등 여러 주에 걸쳐 확산되었다. 그러자 장각은 "무릇 얻기 힘든 것이 민심이라. 그런데 이제 민심이 우리를 따르니, 만약 이 기세를 타고 천하를 얻지 못한다면 어찌 애석한 일이 아니겠는가" 하고 민중 봉기를 일으켰다. '황건의 난'이라고 불리는 이 민중 봉기는 한때 성공을 거두었으나 결국 제후들에게 진압되었다. 그러나 황건적의 잔당으로 인해 삼국은 오랫동안 고생을 해야 했다.

이 '황건의 난'은 어찌 보면 고통을 당해 온 백성들이 종교적 환상에 빠져 저지른 광기 어린 난같이 보이지만, 어느 시대나 이같이 민중이 봉기할 때는 그 밑바탕에 정치 이념이 민초의 인식 구조를 지배하고 있었다. 한나라 말의 중국은 이미 말했듯이 유가의 정치 이념으로 무장되어 있었기에 황건적의 혁명은 실패했다. 비록 실패한 혁명이긴 하지만, 도가의 정치 이념은 삼국 시대에도 민초들에게 전파되었다.

이처럼 삼국 시대의 대표적 정치 이념은 유가 사상이었다. 물론 난세였던 만큼 조조·조비·제갈공명·사마의 등이 법가의 이념에 따라 통치를 하기도 했지만, 엘리트인 사대부나 민중의 압도적인 정치 이념은 유교에 그 뿌리를 두고 있었다. 정치 이념은 이미 언급했듯이 정권에 정통성을 부여한다. 그 때문에 4대가 삼공을 한 집안의 아들인 원소는 쉽게 패권을 겨룰 수 있는 세력을 키울 수가 있었다. 이에 반해 환관의 후손인 조조는 유가식 정통성을 갖기가 어려워 군사력과 천자인 헌제를 보위함으로써 정통성을 세우려고 했다. 유가적 정치 이념의 측면에서 볼 때, 천자를 모신 것은 조조에게 큰 보탬이 되었다.

한편 조조는 위왕으로서 많은 치적을 남겼다. 관제 확립, 둔전제 실시, 문학의 장려, 현대적 의미의 복지 제도 수립 등 민초들을 위해 많은 정책을 폈다. 그러나 조조는 많은 선비를 죽이는 등 인명을 경시하는 태도를 보였다. 실로 유가의 윤리적 기준으로 볼 때 용서받을 수 없는 일을 저지른 것이다. 분명한 것은 현대 민주주의 정치 하에서도 지도자가 열 가지를 잘했어도 한 가지 잘못 때문에 민중들로부터 격렬한 비난을 받는 수가 있다는 것이다. 그러므로 훌륭한 치적이 많다고 해서 정치인이 사랑을 받고 권력의 정통성을 높이는 것은 아니다.

유비는 특별히 출중한 군주는 못 되었다. 그러나 유가의 사고방식으로 볼 때 실로 정통성이 있는 군주였다. 오늘날에도 이 같은 예는 종종 있다. 미국 대통령이었던 레이건은 어찌 보면 탁월한 대통령은 아니었다. 그러나 그는 미국인들의 엄청난 사랑을 받았다. 반면 클린턴은 유능한 대통령이었으나 국민들로부터 혹독한 평을 받았다. 그가 미국인들의 신념에 어긋나는 행동을 했기에 삼국 시대의 조조와 같은 대접을 받았다고 할 수 있다.

정치 이념은 또한 정치 집단을 결속시켜 주는 기능을 한다. 손권이 오나라를 지키고 결국 황제에 오를 수 있었던 것은 물론 손권 개인이 유능하기 때문이기도 하지만, 유가적 이념이 당시 오나라 호족들의 지원을 받을 수 있었기 때문이다. 나약했던 유비 세력이 성공할 수 있었고, 또한 그의 아들 유선이 무능함에도 불구하고 촉을 오랫동안 통치할 수 있었던 이유 역시 당시 백성들의 유가적 정신 세계에 힙입은 바 크다. 뿐만 아니라 히틀러가 권좌에 오르고 무솔리니가 이탈리아의 통치자가 될 수 있었던 것도 정치 이념 때문이다. 이처럼 정치 이념은 대중을 결속하고 동원하는 기능을 한다. 현대 민주주의적 이념은 케네디 대통령을 지도자로 만들었고, 나치즘이나 파시즘은 히틀러나 무솔리니를 강력한 지도자로 만들었다. 삼국 시대에도 태평도의 신념은 장각을 황건적 집단의 지도자로 만들었다.

정치 이념은 인간들 사이에 의사소통의 기능도 하고, 인간의 소망·이익·감정 등을 표현하는 기능을 한다. 이는 삼국 시대나 오늘날이나 마찬가지다. 삼국 시대에 유가의 이념, 법가의 이념, 그리고 도가의 이념은 사대부들이나 민초들의 의사소통의 도구이자, 집단의 이익 또는 소망을 표현하는 도구였다.

5장

삼국 시대의 정치 행태

　정치 행태는 정치 문화에 따라 각기 다른 형태로 나타난다. 즉 사회 속에서 개인의 행위는 개인의 신념과 현실 인식 방법, 사회의 도덕 규범에 의해 결정된다. 정치학에서는 알몬드 교수와 버바 교수가 정치 문화라는 개념을 정리한 후로 정치 문화라는 말을 보편적으로 쓰고 있다. 인간의 정치 행위는 정치 문화에 의거해 야기되는 행위를 말한다.

　여기에서 정치 행태란 개인이나 집단이 행하는 모든 정치적 행위를 말한다. 오늘날 정당 활동이나 이익 집단의 행동, 이익을 위한 로비, 선거 과정, 언론의 정치적 행동 모두가 정치 행태에 속한다.

　삼국 시대에도 정치 문화가 있었으며, 따라서 다양한 정치 행터가 야기되었다. 이제 다양한 삼국 시대의 정치 행태를 살펴봄으로써 동양 정치에 대한 이해를 돕고자 한다.

1. 인맥 중심의 정치

정치는 흔히 패거리 싸움이라고 말한다. 정치가 혼자서 하는 행위가 아니라 집단 행동의 결과이기 때문이다. 그러므로 정치는 다양한 연결 또는 인맥이 있게 마련이다.

최근 우리 정치의 폐단으로 지연·학연·혈연 등이 거론되면서 이를 없애야 한다는 비판이 제기되고 있다. 물론 지연·학연·혈연 때문에 덕을 보는 사람도 있고, 반대로 피해를 보는 사람도 있다. 우리 사회에서는 이 같은 원시적이고 본능적인 인간 관계가 사회 정의를 파괴하고 사회적 갈등을 야기하기 때문에 없애야 한다고 말하는 것이다.

역설적이긴 하지만 학연·지연·혈연이 정치에서 중요한 역할을 하는 것은 어느 사회에서나 마찬가지다. 일본이나 미국과 같은 선진국에서도 특정한 학교 출신이 요직을 차지하는 경우가 흔하다. 케네디나 부시 대통령 같은 경우는 혈연 관계가 정치에서 엄청난 역할을 했다. 그런가 하면 카터가 대통령이 되었을 때는 조지아 사람들이 대거 정부에 진출했고, 레이건이 대통령이 되었을 때는 캘리포니아 사람들이 대거 중앙정부에 진출했다.

삼국 시대의 정치에서도 인맥의 영향을 무시할 수가 없다. 삼국 시대의 통치자들 중 혈연 관계, 즉 가문을 잘 타고나서 출세한 사람으로는 원소·원술·조조·유표·유장·손권·손책·도겸·마초 등 많이 있다. 원소는 4대째 정승을 배출한 가문에서 태어났고, 원술은 원소와는 사촌 형제이다. 유표는 한실(漢室)의 가까운 종친으로 일찍부터 형주에 자리를 잡았다. 유장 역시 한실의 가까운 종친으로 아버지 때부터 익주에서 기반을 닦았다. 조조는 한나라 창시자인 유방의 심복으로 재상을 지낸 조참(曹參)의 자손이다. 할아버지 조등(曹騰)은 환관으로 환제 때 중상시(中常侍)라는 높은 벼슬을 했고, 아버지 조숭(曹嵩)은 하후씨(夏侯氏)에게서 데려온 양자였다. 조조가 패현에서 황건적을 치기 위한 의병을 일으켰을 때 집안의 사재를 털고 유지의 도움을 받아서 군비를 충당했을 정도로 그의 집안은 막강했다. 또한 당대의 맹장들인 조홍·조인과 같은 친가의 아우들과 하후돈·하후연 같은 본가 집안의 아우들이 그가 정치적 기반을 닦는 데 커다란 역할을 했다. 조조가 여포와 싸우다가 패퇴하여 도망가던 중 말이 창에 찔려 쓰러지면서 생명이 위태로워지자 조홍은 자기 말을 조조에게 주면서 이렇게 소리쳤다. "천하를 위해 이 홍은 없어도 되지만, 형님이 없어서는 결코 안 됩니다. 반드시 목숨을 보중하셔서 크신 뜻을 세상에 널리 펴셔야 합니다." 이같이 조조는 일생 동안 가족의 도움을 받았다.

손권 역시 손견과 같은 카리스마 넘치는 영웅을 아버지로 두고 손책과 같은 용맹스런 영웅을 형으로 두었다. 손권이 장성했을 때 손씨 집안은 이미 강동의 으뜸가는 호족 집안이었다. 이러한 배경은 손권이 집권하고 권력을 안정시키는 데 커다란 역할을 했다. 손권의 형 손책이 허공(許貢)과 그 가족들을 죽였을 때 허공의 가객이 그에 대한 복수로 손책을 죽였다. 손책은 죽기 전에 대신들에게 어린 아우를 부탁하고는 손권에게 다음과 같은 말을 하고 인수(印綬)를 주었다. "만약 강동의 백성들을 몰고 조조와 원소가 다투는 틈을 타 천하를 노리고 싸우는 일이라면 너는 나보다 못하다. 그러나 어진 사람을 끌어들이고 능력 있는 이를 뽑아 그들과 더불어 힘을 다해 강동을 지키는 일이라면 네가 나보다 나으리라. 너는 마땅히 아버지와 형인 내가 이 땅을 마련할 때의 힘들고 어려웠음을 잊지 말고 나를 이어 스스로 큰일을 꾀함에 그르침이 없도록 하라.” 손권은 아버지 손견, 형 손책이 이미 상당히 이루어 놓은 기반을 잘 다스리고 확대해서 오나라를 세웠다. 아마도 이 같은 가족 관계가 없었더라면 손권은 일개 무장에 불과했을 것이다.

진나라의 기반을 세우고 제갈공명과의 대전으로 유명한 사마의 (자 : 仲達) 역시 하내군(河內郡)의 명문 귀족 집안 출신이다. 사마의의 아버지 사마방은 한나라의 정승을 지낸 바 있는 명망가였다. 사마의는 8형제 중 차남으로 태어났는데, 이들 형제가 하나같이 출중해서 명망이 자자했다. 세상 사람들이 이들 형제를 사마 집안의 팔달(八達)이라고 불렀을 정도다. 사마의는 이 같은 집안의 도움과 그의 뛰어난 능력으로 위나라를 쥐락펴락하게 되었다. 그의 아들들인 사마사나 사마소도 집안 덕을 톡톡히 보았다. 사마사나 사마소는 이미 아버지가 세운 권력 구조를 큰 노력 없이 그대로 물려받은 셈이다. 훗날 사마염이 위의 제위를 선양받게 된 데는 실로 방대한 가족의 힘이 절대적이었다.

그런가 하면 모든 위업이 실패로 돌아간 다음 유비를 섬기면서 큰 공을 세운 마초(馬超)도 출중한 아버지 마등(馬騰)을 두었다. 192년 마등과 한수가 군대를 이끌고 장안으로 진입하자 한 왕조는 한수를 진서장군(鎭西將軍)에, 마등을 정서장군(征西將軍)에 임명해 귀환시킨다. 후일 마등은 서주자사가 되기도 하는데, 마등의 동생 마휴(馬休)와 마철(馬鐵)도 각각 봉거도위(奉車都尉), 기도위(騎都尉)라는 직책을 맡았다. 나중에 세력을 키운 마등의 장남인 마초가 한수와 결의를 맺고 조조를 공격해 궁지에 몰아넣자, 조조는 가후의 계략을 받아들여 마초와 한수를 이간질함으로써 마초군을 물리친다. 마초는 조조와의 전투에서 패배하여 여러 곳을 전전하다가 결국 유비에게 귀순한다. 하여간 마초는 잠시 제후가 되었는데, 이는 아버지의 형제들에 힘입은 바 크다고 할 수 있다.

이처럼 위나라의 조조, 오나라의 손권은 형제들과 친족들의 도움으로 나라를 건국할 수 있었다. 사마소의 뒤를 이어 사마염이 진나라를 건국할 때도 집안의 도움이 절대적이었다. 오직 유비만이 가난하고 보잘것없는 집안에서 태어나 촉을 세웠다. 그러나 유비는 조조나 손권에 비해 나라를 세우는 데 훨씬 오랜 세월을 보냈다. 결국 60세가 다 되어서야 나라를 건국하게 되는데, 이는 아마도 유비가 보잘것없는 집안에서 태어났기 때문일 것이다.

정치에서 가족의 중요성은 동양 정치의 독특한 특징으로 서양과는 비교되는 현상이라 하겠다. 동양에서 유비와 같은 인물은 특이하고 예외적인 현상이다. 반면에 케네디나 부시 대통령은 서양에서는 예외적인 인물이다. 워싱턴·제퍼슨·잭슨·링컨·윌슨 등 미국의 위대한 대통령들은 모두 개인의 탁월한 능력 때문에 지도자의 위치에 올랐지, 가문의 덕을 본 사람들이 아니다. 나폴레옹·레닌·히틀러 등 대부분의 통치자들도 개인의 능력에 힘입어 정상에 올랐다. 물론 동양에서도 민주주의 정치가 발달하면서 가문의 영향력이 점차 줄어들고 있다.

현대 사회에서 개인 상속이 가능한 기업들을 살펴보면 동양인들은 자식에게 기업체를 물려주는 현상이 뚜렷하다. 우리 나라의 삼성·LG·현대 등 대기업은 아직까지도 창업자의 자손들이 경영권을 장악하고 있다. 반면에 엑슨 석유 회사, 제너럴일렉트릭, 다임러 크라이슬러 자동차 회사 등 세계적인 대기업에서 창업자의 자손들이 경영권을 쥐고 있는 회사는 하나도 없다. 자식에게 꼭 물려주어야 한다는 가족 의식이 동양인에게 훨씬 강하다는 것을 알 수 있다.

기업과 달리 상속이 안 되는 정치에서도 동양의 경우 집권자의 가족이 막강한 영향력을 행사하고 있다. 장제스 아들은 대만 정부를 계승했고, 마오쩌둥도 부인 장칭〔江靑〕이 막대한 영향력을 발휘했으며, 우리 나라도 김영삼·김대중 대통령의 가족이 막대한 영향력을 행사했다. 부정적이든 긍정적이든 간에 서양에 비해 가족이 막강한 영향력을 행사하는 것은 동양 정치의 특수성이라 하겠다.

학연의 중요성은 삼국 시대에도 여실히 엿볼 수 있다. 어찌 보면 인간은 학교를 통해서 친구 관계를 형성한다. 또한 젊어서 맺은 친구 관계는 일생 동안 영향을 주게 마련이다. 삼국 시대에 촉을 세운 유비는 앞서 말했듯이 집안의 도움은 전혀 받지 못했으나 학연의 도움은 받았다. 그때는 물론 오늘날과 같은 학교 시스템이 발달했던 시대가 아니었다. 학연이란 주로 특정한 선생 밑에서 배우는 동안 함께 공부한 인연이 대부분이다. 당시는 학문을 깨우친 선비들이 고향에서 제자를 모아서 키우거나, 아니면 관직에 있던 선비가 관직을 버리고 낙향해서 제자를 가르치던 교육 제도가 보편적이었다. 가난한 유비가 노식의 문하에 들게 된 것은 어머니의 정성과 집안 아저씨뻘 되는 유원기(劉元起) 덕택이었다. 유비의 비범함을 알아본 유원기는 그의 아들 유덕연(劉德然)과 함께 유비가 15세 되던 해 노식의 문하로 유학을 보냈다. 하지만 유비는 공부를 열심히 하는 학생이 아니었다. 독서를 즐기지도 않았다. 책을 대충대충 읽고 큰 맥락만 이해하고 그만두는 그였으나 주위 문하생들 간에 인기가 있었고 스승인 노식으로부터도 사랑을 받았다. 이 시절이 유비에게 중요한 것은 공손찬과 만날 수 있었기 때문이다. 공손찬은 유비보다 몇 살 위여서 유비와 형제처럼 지냈는데, 이것이 인연이 되어 공손찬은 나중에 유비의 후견인이 된다.

황건의 난이 일어나자, 스승인 노식은 조정의 부름을 받아 황건적을 토벌하기 위해서 임지인 여강(麗江)으로 떠났다. 떠나면서 노식은 후학을 가르치는 정현에게 유비를 추천하는 글을 주면서 유비에게 공부를 계속하라고 이르고 공손찬에게는 요서(遼西)로 돌아가라고 했다. 그러나 유비는 정현에게 가는 것을 포기했다. 결국 유비의 학력은 노식 밑에서 수학한 2년이 전부였다. 그러나 이 짧은 생활에서 공손찬과 맺은 학연은 유비의 인생에 중요한 계기가 되었다.

유비도 황건적을 토벌하는 데 참여하여 공을 세우고 안희현(安熹縣) 현위로 임명되었다. 그러나 유비는 교만한 군 감찰관인 독우(督郵)를 매질한 일로 관가에서 쫓기는 신세가 되었다. 곤경에 처한 유비를 구해 준 사람은 다름 아닌 공손찬이었다. 공손찬은 강경한 표문을 올려 유비가 별부사마(別府司馬)에 임명되도록 해주었으며, 청주자사 전해와 함께 기주목(冀州牧) 원소와의 전투에 참가했다. 이 전투에서 공손찬은 유비의 공을 인정해 평원상(平原相)에 임명할 것을 조정에 건의했다. 또한 공손찬은 유비에게 벼슬길만 주선한 게 아니고 마필이며 병기까지 대주어 유비가 군사를 기르는 데 도움을 주기도 했다. 이들의 돈독한 우정은 공손찬이 원소에게 패배하고 죽게 될 때까지 계속되었다. 공손찬이 죽자 비로소 유비의 홀로서기가 시작되었다.

유비와 제갈공명 간의 수어지교(水魚之交)는 잘 알려진 사실이다. 유비는 늦게까지 독자적인 위업을 이루지 못하고 남의 식객 노릇만 하다가 제갈공명을 얻은 뒤로 처지가 급변했다. 제갈공명의 출중함은 너무나 잘 알려져 있다. 공명이 이처럼 출중한 역할을 하는 데 도움을 준 방통(龐統)·서서(徐庶) 등은 그가 방덕공(龐德公)이란 당시 학문의 대가 밑에서 공부하면서 사귄 친구들이다. 익주를 정벌하다가 전사한 방통은 제갈공명의 추천을 받아 유비의 부군사(副軍師)라는 막중한 책임을 맡게 되었고, 제갈공명도 서서의 천거로 유비와 만날 수 있었다. 또한 공명은 당대의 저명한 학자들인 사마휘·송충·최주평·석도·맹건·방산민 같은 사람들과도 학문적인 교류를 했다.

그런가 하면 조조를 도왔던 허유도 조조와 동문수학했고, 순욱·정욱도 처음에는 학문적인 교류를 통해 알게 된 모사들이었다. 조조는 많은 인재를 등용했는데, 대개 주위의 천거를 통해서였다. 예를 들어 곽가가 유엽을 추천하고, 유엽은 만총과 여건을 추천하는 식이었다. 사람을 추천할 때 많은 경우가 동문수학을 통해서 알게 된 사이였다. 물론 난세에는 남들로부터 들어서 알고 있는 명성 때문에 사람들을 추천하는 경우도 흔하다. 조조가 적벽에서 대진할 때 장간을 주유에게 세작(細作 : 첩자)으로 보낸 것도 장간이 주유와 동문수학을 했기 때문이다.

옛날이나 지금이나 학연이 인간 사회에서 중요한 관계 중 하나라는 것은 틀림없는 사실이다. 서양 사람들에 비해서 동양인들은 안다는 것이 더욱 중요한 인간의 함수 관계가 된다. 정치란 것이 결국 인간들이 모여서 함께 하는 행사인 만큼 상대방을 믿을 수 있다는 것은 아주 중요하다. 학연은 비교적 젊고 순수할 때 맺어지는 인연이기에 비밀스런 행위가 있을 때는 더욱 중요한 요소가 된다. 특히 삼국 시대와 같은 난세에는 사람을 믿기가 쉽지 않으므로 어떠한 경로를 거치든 연을 맺은 사람과 과거의 행위로 믿음을 준 사람을 선택하게 되어 있다. 그 때문에 오늘날에도 동양에서는 학연이 무척 중요한 인간 관계이다. 그래서 우리 나라 부모들이 아이들을 억지로 좋은 학교를 보내려고 애를 쓰는지 모른다. 흔히 말하는 '간판'이라는 졸업장도 중요하지만, 자식이 학교에 다니는 동안 맺는 친구 관계가 중요하기 때문이다. 우리 나라에서는 미국 대통령이 새로 당선될 때마다 그의 친척을 초빙하곤 하는데, 이것 역시 동양인의 정치 문화에서 기인한 것이다.

또한 지역 역시 당시 정치인들에게 중요한 인간 관계의 밑바탕이 되었다. 우리는 지역주의가 정치에 많은 폐단을 가져오므로 이를 없애야 한다고 주장한다. 그러나 지역에 의존하는 정치 관계는 없어지기 어렵다. 특히 우리 동양인들에게는 고향이라는 강한 의식이 있기 때문에 지역 연고는 더욱 중요한 정치적 인연이 되고 있다. 우리 나라의 경우 박정희·김영삼 대통령은 경상도를, 김대중 대통령은 전라도를, 김종필씨는 충청도를 등에 업고 정치적 힘을 발휘했다.

조조의 정치적 기반이 되어 준 것은 패국 일대의 인맥들이었다. 고향의 친가뿐만 아니라 허유·이전·악진 등 그를 도운 인물들이 전부 고향 사람들이다. 조조는 개인적인 힘을 키우기 위해 황건의 난을 핑계로 고향에서 군사를 키우기도 했다. 고향이 중요한 기반이 된다는 것을 잘 알았던 조조는 벼슬길에 나섰다가도 기회만 있으면 패국 초현(譙縣)인 고향으로 돌아와서 친구들과의 교분을 돈독히 했다. 현대 민주주의 사회에서도 지역 기반이 튼튼해야 정치인으로 성공할 수가 있다. 조조가 동탁을 치려고 개인적으로 군사를 모을 때도 부친의 소개로 위홍이라는 거부를 만나서 군자금을 염출한 적이 있다. 갑부 위홍이 대준 돈으로 군사를 모을 때도 하후 형제와 조씨 문중의 인재들도 있지만, 이전·악진 등 고향에서 온 인걸들이 제일 먼저 찾아왔다.

원소는 4대가 정승을 낸 명문가의 자손이다. 그러나 그가 세력을 형성한 것은 그의 고향인 여남군(汝南郡) 일대와 그 인근 지역이었다. 원소는 발해태수로 기반을 구축했으나, 다시 기주를 차지했다. 그가 동탁을 치기 위해 군사를 모았을 때 많은 인재들이 그의 휘하에 몰려들었다. 그 중 안량·문추 같은 탁월한 장수와 심배·봉기와 같은 재사들도 그의 고향 인근에서 모인 사람들이다. 또한 원소가 공손찬을 멸망시키고 영토를 확장했을 때는 기주·유주·병주·청주 등 4개 주가 그의 영향권 아래 있게 되어 당시로서는 가장 큰 세력이 되었다. 비록 인물됨이 모자라고 자식들이 후계 문제를 놓고 다투는 바람에 조조에게 패망하였으나 원소는 지역 연고의 덕을 톡톡히 본 제후였다.

집안 덕을 보지 못하고 나라를 건국한 유비도 실은 고향이 그의 정치적 근거지가 되었다. 유비를 일생 동안 보좌하여 나라를 세우게 만든 장비와 관우도 실은 고향인 탁군(涿郡)에서 만난 지기들이다. 또한 황건의 난이 일어났을 때 군사를 모으는 데 후견인 역할을 했던 거상 장평세·소쌍 등도 고향 사람들이다. 유비를 가르쳤고 또한 공손찬과 연을 맺게 해준 노식도 유비와 같은 고향 사람이다. 이처럼 유비도 처음 군사를 모으고 천하 제패를 위한 첫걸음을 내디딜 때 도와준 사람들은 고향 사람들이었다.

손견도 마찬가지다. 손견은 오군(吳郡) 부춘현(富春縣) 사람으로 17세라는 어린 나이에 고향에서 해적을 무찔러 일찍이 이름을 날렸다. 그는 용맹하고 지혜로웠으며, 어찌 보면 카리스마도 있는 지도자였다. 그러나 그 역시 처음 그의 기반을 닦은 곳은 고향인 오군이었다. 손견이 도적을 무찌를 때나 황건적을 칠 때 모인 군사들은 그의 고향 사람들인 오군 백성들이었다. 또한 그를 충실히 따라서 위업을 이루게 해준 사람들인 조무·황개·한당·정보·오경 등 출중한 무인들도 모두 오군 사람들이었다. 손견의 아들 손책이 영트를 확장할 때 그의 가장 가까웠던 용장인 주유도 같은 고향 사람이었고, 후일 손권을 크게 보좌한 노숙도 손책과 같은 고향 사람이었다. 이같이 손권이 나라를 세우는 데 기여한 많은 인재들이 오군 사람들이었다.

삼국 시대나 오늘날이나 정치인들에게 고향은 이처럼 중요한 정치적 기반이다. 우리는 촌뜨기들이 정권을 쥔다는 말을 흔히 듣는다. 민주주의 국가인 미국과 같은 나라에서도 많은 정치인들이 시골 출신이다. 탁월한 지도자였던 앤드루 잭슨과 에이브러햄 링컨 등 수많은 미국의 대통령이 시골 출신이다. 우리가 아는 풀브라이트 헬름 상원의원도 시골 출신이다.

오늘날 교통과 통신이 발달하면서 지구촌이 하나로 되었다고 말한다. 경제가 발달하그 물자의 상호 의존도가 높아지면서 국가의 기능이 소멸되어 간다고도 말한다. 그러나 정치판에서는 고향을 배경으로 가진 사람들이 성공한다. 일본 역시 오히라·다나카 등 많은 총리들이 시골 출신이다. 우리 나라의 박정희·전두환·김영삼·김대중·노무현 대통령도 모두 시골 출신이다. 미국에서도 카터·포드·클린턴 대통령이 시골 출신이다. 삼국 시대에도 유비·조조·손책·손권 등이 전부 시골을 배경으로 성공했다. 반면 4대가 정승을 지낸 집안의 원소나 원술은 막대한 세력을 갖고도 건국을 하는데 실패했다. 또한 유표·도겸·유장 등 쉽게 성공한 선비들은 모두 실패한 정치인들이다.

도시인들보다 시골 출신이 정치에 성공하는 데는 몇 가지 이유가 있다. 첫째로, 사랑하는 것은 인간의 본능 중 하나이므로 자기 고향 사람을 도와주려는 마음이 강하기 때문이다. 반면에 도시인들은 공동체 의식이 시골 사람에 비해서 약하다. 이 같은 현상은 정치에 더 큰 영향을 준다. 그러므로 우리는 지방색의 병폐를 지적하며 고치자고 주장하나 지방색은 특히 동양인들의 정치 풍토에서 여전히 살아 있다.

둘째로, 시골 사람들은 끈끈한 인간 관계를 쉽게 맺기 때문이다. 반면에 도시인들은 개인의 자아 의식이 훨씬 강해 시골 출신들이 가까운 친구가 더 많다. 이는 정치 지도자에게는 중요한 정치적 기반이 된다.

셋째로, 시골에서 난 사람들은 겸손하고 소박한 성품을 지니게 되는 경우가 많다. 반면에 도시에서 자란 사람들은 좀더 세련되고 교만한 성품을 갖게 되는 경향이 높다. 우리는 흔히 시골 사람들은 엉큼하고 서울 사람들은 까졌다고 말한다. 그래서인지 시골 출신들은 자기를 감추는 훈련을 하게 된다. 자기를 감출 줄 안다는 것은 정치를 하는 사람으로서는 큰 자산이다. 삼국 시대에 성공한 조조·유비·손권이 모두 자기 마음을 감추는 데는 달인들이었다. 반면 실패한 원소와 원술은 자주 화를 내고 변덕을 부렸다.

넷째, 시골 사람들은 순진하고 소박하면서도 때로는 엉뚱한 야망을 갖기 때문이다. 반면에 복잡한 도시에서 자란 사람들은 주위의 심한 간섭 때문에 정신적 자유를 누릴 수도 없지만 엉뚱한 야망을 갖기도 힘들다.

지금까지 살펴보았듯이, 정치에서는 가문·학연·지연 등이 모두 중요하다. 조조·손권·사마의·사마염 등은 가문·학연·지연을 모두 갖춘 인물들이었다. 반면 유비는 지연은 있되 가문과 학연은 별 볼일 없었다. 하지만 유비는 노식 문하에서 2년간 수학하는 동안 사귄 공손찬이 결정적 도움을 주었다. 유비의 예를 보더라도 훌륭한 가문과 학연을 갖춘 정치인은 여러 가지 면에서 유리할 수밖에 없다.

하지만 인물이 출중하면 가문·학연·지연이 설령 별 볼일 없어도 성공할 수 있다. 이 같은 사실은 현대 정치에도 시사하는 바가 크다. 출중한 인물이 있을 때는 우리가 병폐라고 생각하는 혈연·학연·지연이 정치적 힘을 제대로 발휘하지 못하기 때문이다.

2. 종교와 정치

오늘날 종교는 정치에 막대한 영향을 주고 있다. 이스라엘과 아랍 국가의 경우 공식적인 종교가 있고, 이들 종교가 국정에 깊이 개입하고 있다. 민주주의 국가인 유럽과 미국과 같은 나라들에서도 기독교가 정치에 상당한 영향력을 행사하고 있다. 이란은 종교 대표인 아야툴라가 아예 국가를 다스리고 있다. 우리 나라에서도 선거철만 되면 점집들이 문전성시를 이룬다. 또한 사람을 쓰는 데 아직도 관상을 중요시하는 문화가 존재한다. 미국 대통령이었던 레이건도 정상회담 날짜와 같이 중요한 결정을 해야 할 때는 점성술에 의존했다는 말도 있다.

삼국 시대에도 종교는 정치에 큰 영향을 주었다. 삼국 시대의 막을 열었던 것도 종교 단체에 의한 황건의 난이었다. 물론 황건의 난이 일어난 것은 후한이 정치를 잘 못했기 때문이다. 후한 말에 계속된 환관과 외척의 싸움은 왕권을 위축시켰고, 부패한 정치는 통치력을 약화시켰다. 사회 전반에 걸쳐 독버섯처럼 퍼졌던 부정부패는 사회 기강을 무너뜨렸고 국민을 정부로부터 소외시켰다. 난무하는 도적들과 이를 막지 못하는 경찰력 등은 국민의 피해를 가중시켰다. 이 같은 상황이 황건의 난을 야기했던 것이다.

어느 사회나 정치·경제가 부패하고 사회가 불안해져 신변의 위협을 받게 되면 사람들은 흔히 종교에 몰입한다. 후한 말이 바로 그랬다. 세상이 어지러워지자 종교 단체가 기승을 부리더니, 결국 정치적 운동으로 발전하게 되었다. 태평도는 하북에서 일어나 전국으로 확산되었고, 오두미도는 한중을 중심으로 퍼지면서 특히 농민들의 마음을 사로잡았다.

　종교 단체가 정치에 참여할 때는 대개 몇 가지 형태를 취하게 된다. 첫째는 나라가 또는 세상이 망하게 된다는 강박관념을 백성들에게 심어 준다. 둘째는 어지러운 세상, 또는 망한 세상을 구해 줄 선지자가 나타난다고 말한다. 대개 이 선지자로 불리는 사람은 카리스마적 신화를 퍼뜨리게 된다. 선지자는 불쌍한 백성들을 구하는 기적을 일으킬 수 있는 인물로 부각된다. 셋째, 이 같은 종교 단체에 가입하는 사람들은 영생을 누리고 구원을 받지만 나머지는 주멸된다는 식의 사고방식을 심어 준다. 이 같은 이유로 난세에 종교 단체에 몰입하는 백성들은 가난하거나 무식한 사람들이 대부분이다. 또한 이들은 대개가 단순하고 순진한 백성들이다.

　후한 말에 출현한 태평도도 예외적인 종교 단체는 아니었다. 태평도의 교조인 장각(張角)과 그의 형제 장보(張寶)·장량(張梁)은 전국 시대에 조나라 땅 거록현(鉅鹿縣)에서 태어났고 활동했다. 맏형 장각은 수재로 소문이 날 정도로 뛰어난 인물이었으나 과거에는 낙방을 하는 불운한 사나이였기에 사회에 대한 불만이 더욱 컸다. 그에 대한 신화는 그가 약초를 캐러 깊은 산중에 들어갔다가 그곳에서 명아주 줄기로 만든 지팡이를 짚은 남화노선(南華老仙)을 만났다는 데서부터 시작된다. 이 노인 선사는 장각에게 태평요술(太平要術)이라는 책을 주면서 "이 책을 잘 읽고 익혀 세상을 구하고 도를 개척하여 선을 베풀라"고 당부했다고 전해진다. 장각이 이 책을 열심히 읽고 공부하여 당시 창궐하던 전염병으로부터 많은 백성을 구해 주었으며, 비를 부르고 바람을 일으키는 도술까지 깨쳤다는 이

야기가 백성들 사이에 전해지면서 그는 점점 더 신화적 인물이 되어 갔다. 그리하여 10여 년 동안에 신도들이 엄청나게 늘어서 50만 명이 넘었다고 한다. 당시의 인구 밀도로 볼 때 50만이라는 숫자는 실로 엄청난 숫자가 아닐 수 없다.

10년이란 세월 동안 태평도는 평원에서 시작해 기주·청주·연주·예주·서주·사예 등 전국으로 퍼졌다. 이들은 "창천(蒼天)은 이미 망하고 황천(黃天)이 도래한다. 갑자년이 되면 천하가 대길하리라"는 동요를 아이들에게까지 부르도록 했다. 즉 창천은 한나라를 말하고 황천은 태평도에 의한 나라로, 갑자년인 184년에 황천이 도래한다는 것이다. 결국 이들은 수십만 명의 신도를 모아 184년 봉기하고는 "한나라 운명은 이미 다했다. 성인이 세상에 나타났다. 너희는 의인을 좇아 태평 시대를 즐겨라"고 외쳤다. 장각은 스스로를 천공장군(天公將軍)이라 칭하고 두 아우도 각기 장군의 칭호를 부여했다. 이들은 관청을 습격하여 파괴하거나 약탈했으며, 빼앗은 식량을 농민들에게 나누어 주었다. 이처럼 태평도는 가난한 백성들에게 식량을 나눠 주고 지주들을 처벌하여 민초들로부터 인기를 얻었다.

머리에 누런 띠를 맨 이들 황건적은 현령들을 닥치는 대로 살해했다. 그러나 한나라 황제 영제는 환락과 제물만 추구하였고, 환관들은 전쟁에는 속수무책인 사람들이라 어쩔 줄 몰랐다. 이에 외척인 하태후의 오빠 하진 대장군이 전국에 격문을 보내고, 황건적을 토벌하는 최고직을 맡았다. 하진은 백정 출신으로 누이가 태후가 되면서 권력을 쥐게 되었으나 본래가 무능한 인물이었다. 그러나 삼군을 책임진 노식·황보숭·주전 등은 유능한 인재였으며, 또한 조조·원소·손견·유비·원술·도겸 등 많은 제후들이 합세하여 도움을 주었다.

기세 좋게 봉기한 황건적은 초기에는 승승장구했으나 제후들으 관군이 들이닥치면서 세력이 급격히 줄게 되었다. 이들에게는 중요한 약점이 있었다. 첫째, 이들의 기세는 컸으나 전부가 전쟁 경험이 없는 오합지졸이라는 점이다. 둘째, 이들에게는 전쟁을 지휘할 수 있는 유능한 장군이 없었다. 결국 장각이 그해 8월에 병으로 죽자, 황건적은 우두머리를 잃게 되었다. 또한 10월에는 장량, 11월에는 장보가 전사함으로써 황건적의 봉기는 실패로 끝나고 말았다. 그러나 황건적은 이후에도 20여 년간 흩어져서 전국 곳곳에서 끈질기게 활동하다가 막을 내렸다.

황건적은 종교를 등에 업고 거대한 조직으로 성장하여 정치적 목표를 설정하고 봉기했다. 이러한 시도가 실패하면서 민초들의 혁명은 좌절되었다. 그러나 황건의 난은 한나라가 망하는 데 결정적 역할을 했다. 어찌 보면 태평도라는 종교 단체가 삼국 시대의 문을 열었다고 할 수 있다. 실로 국가나 권력이 붕괴되는 데 종교가 중요한 역할을 하는 것은 예나 지금이나 마찬가지다.

당시 종교를 빙자해서 정치적 영향력을 발휘한 또 다른 종교는 오두미도로 한중 지역에서 세력을 떨쳤다. 오두미도의 수령은 풍현 지방의 장로라는 자로 장릉의 손자이자 장형의 아들이었다. 장로는 조부와 부친을 계승하여 천사도(天師道)를 전파했다. 이들은 병을 치유해 주고 쌀 다섯 말을 보시로 내게 했다고 해서 오두미도란 별명을 갖게 되었다. 장로는 스스로 사군이라 칭하면서 한중 일대에 관리를 두는 대신 제주(祭酒)라 불리는 도술을 연마한 신자가 지배하도록 했다. 제주는 신자들을 통솔하게 의사(義舍)들을 두고 쌀과

고기를 놓고 지나가는 사람들에게 먹이도록 했으나 필요 이상으로 탐하는 자에게는 술수를 부려 병이 들게 했다. 또한 형법을 너그럽게 하여 한중을 안정된 지역으로 만들었다.

후한 왕조는 한중이 멀기도 하고 험준한 지역이라서 세력이 못 미치자, 오두미도의 수장인 장로를 진민중랑장에 임명하고 한녕태수로서 공물만을 헌상하는 의무를 부과했다. 세력이 커지자 장로는 정치적 야심이 생겨 익주의 유장과도 다투게 되었다. 마초와 방덕 같은 장수를 수하에 거두고 익주를 정벌하려 한 것이다. 이것이 계기가 되어 익주 유장의 요청으로 유비가 군을 이끌고 서촉에 와 장로와 대치하게 되었다. 유비는 장로의 모사인 양송에게 뇌물을 주어 마초를 고립시킨 후 마초에게 항복을 받는 한편, 오히려 유장의 익주를 정벌하여 서촉의 기반을 닦았다.

조조는 장로의 세력이 날로 커지는 것을 우려해 한중을 공격했다. 이때 조조는 가후의 제안을 받아들여 뇌물로 양송을 매수해서 장로를 무찌름으로써 30여 년간이나 이곳에 세력을 갖고 있던 오두미도는 종말을 맞게 되었다. 재미있는 것은 조조가 자기와 싸운 장로가 도망가면서 군량이 있는 창고나 관물을 파괴하지 않고 잘 봉해 놓고 도망간 것을 갸륵하게 여겨서 그를 용서해 주고 관직을 주었다는 것이다. 반면에 적과 내통하고 공을 세운 양송이 큰 벼슬이라도 받을까 기대했는데 오히려 조조는 그를 보고 말했다. "너는 주인을 팔아 영화로움을 사려 한 놈이다. 나의 사람들이 너를 본받을까 실로 두렵구나. 저놈을 저자 거리에 끌고 나가 목을 베어라!"

한중을 장악한 조조는 오두미도의 조직을 군현제로 고쳤다. 각 군에 태수를 세우고 도위를 둔 것이다. 그리고 태위와 도위는 되도록 한중 사람들 중에서 뽑았다. 이 같은 일을 마치고 조조는 서촉을 정벌하지 않고 병사들을 쉬게 한다는 명목으로 회군했다. 이로 인해 유비는 촉의 기반을 닦을 기회를 갖게 되었다.

태평도나 오두미도에서 볼 수 있는 것처럼 종교 단체도 세력이 커지면 정치 세력으로 전환되는 것은 흔히 있는 일이다. 기독교도 로마 교황청을 통해 유럽 정치에 크게 관여하던 때가 있었다. 그런가 하면 오늘날 이란에서는 시아파 회교도가 정권을 잡았고, 이라크에서는 시아파와 수니파 간의 경쟁이 완전히 정치화되었다. 인도에서 힌두교, 파키스탄에서 회교도, 태국에서 불교도의 정치적 영향력은 대단하다. 미국과 같은 선진국에서도 남침례교의 영향력을 무시할 수가 없다.

결국 시대적인 차이가 있고 표출되는 양상이 조금씩 다르기는 하지만, 종교와 정치는 떼려야 뗄 수 없는 관계가 있음을 알 수 있다. 문제는 종교가 정치에 긍정적인 역할을 하기보다 부정적인 역할을 하는 때가 엄청나게 많다는 사실이다. 종교인들이 정치에 가입할 때 이들은 흔히 신이나, 또는 다른 절대자들이나 애매모호한 존재들에게만 책임을 느낄 뿐 국민들에 대하여 책임감을 느끼지 못하는 것이 일반적이다. 아야툴라 호메이니가 수많은 사람들을 처형하면서도 알라에게만 복종하면 된다고 한 것은 대표적인 사례라 할 수 있다. 결국 보이지 않는 절대자들을 핑계 삼아 자기 마음대로 권력을 행사하는 것이 종교인들이 흔히 벌이는 정치 행태이다.

이 같은 역사를 잘 알았던 미국의 토머스 제퍼슨 대통령은 종교와 정치 사이에 벽을 쌓아야 한다고 일찍이 주장했다. 그 때문에 제퍼슨이 대통령 자리에 으르는 것을 걱정하는 종교인들이 상당히 많았다. 나아가 많은 종교인들이 제퍼슨을 공개적으로 비난했다. 하지만 미국인들은 이 같은 우려를 없애기 위해서 헌법 개정안 1조에 국가는 종교를 만들지도 않고 특정 이념을 국민에게 강요하지 못한다고 분명히 규정하고 있다. 특히 현대는 다원 사회이기에 특정한 종교적 믿음을 갖는 것은 개인적인 신념으로 끝나야지, 이것이 조직화되어 정치에 간여하면 많은 문제가 생길 수 있다. 미국인들은 이를 경험했기에 종교와 정치의 분리를 헌법에 명시한 것이다.

삼국 시대에는 종교라고 할 수는 없지만 민간 신앙으로서 관상·점성술·역술·꿈의 신화 등이 정치인들 사이에 종종 이용되었다. 정치인들은 무지한 백성들이 과장된 미신을 믿지 못하도록 노력하면서도 미래를 예언하는 다양한 기법을 사용했다. 중국에서 관상학은 이미 춘추전국 시대에 발달했고 삼국 시대에도 널리 사용되었다. 조조는 세상이 뜻대로 되지 않자 답답해져서 당시 유명한 관상가인 허자장을 찾아갔다. 허자장이 조조에게 말했다는, "당신은 치세에는 능신이 될 것이고, 난세에는 간웅이 될 것이요"라는 고사는 오늘날까지 잘 알려져 있다. 난세의 간웅이라는 말에 조조는 성을 내는 대신 크게 웃으며 흡족해했다. 어찌 보면 관상을 통해 자기 운명을 내다보았을지도 모르겠다.

한편 조조는 사마의를 높이 평가해서 관직에 불러들여 중용했다. 그러나 조조는 사마의를 속으로 믿지 않았다. 사마의의 상(相)이 몸을 돌리지 않은 채로 뒤를 볼 수 있는 낭고상(狼顧相)이기 때문에 언젠가는 배반할 수 있는 사람이라고 보았기 때문이다. 그래서 조조는 사마의를 중히 쓰되 그에게 병권은 절대로 주지 않았다. 그러나 조조의 당부에도 불구하고 조조가 서거한 후 조비·조예 등은 사마의에게 병권을 주었다. 훗날 사마의는 이를 기반으로 쿠데타를 일으켜 위나라를 뒤엎고 진나라를 창건하기에 이른다.

관우가 장사군(長沙郡)을 쳤을 때 위연(魏延)이 내부에서 반란을 일으켜 황충(黃充)을 구하고 태수 한현(韓玄)을 죽이는 공을 세웠다. 이로써 관우는 장사군을 쉽게 얻을 수 있었다. 관우가 위연을 유비에게 소개하자 제갈공명은 위연을 즉각 참하라고 진언했다. 이유를 묻는 유비에게 제갈공명은 위연이 "그 녹을 먹으면서 그 주인을 죽였으니 이는 불충이요" 하면서 "위연의 상을 보니 뒤통수에 반골이 있습니다. 오랜 뒤에는 반드시 주공을 버릴 사람이라 미리 죽여 화근을 없애자는 것입니다"라고 했다. 물론 유비의 만류로 위연은 생명을 구하고 촉한의 맹장으로서 크게 활약했다. 그러나 우연인지 몰라도 제갈공명이 오장원(五丈原)에서 서거한 뒤, 전군을 이끌고 후퇴할 때 양의가 사령관이 된 데 대해 불만을 품고 위연은 반란을 일으키고 촉군의 퇴로를 막았다. 이에 마대가 방심한 위연의 목을 쳐서 반란을 수습했다. 어떤 사람들은 위연이 반란을 일으킨 것은 소견이 좁은 양의와의 권력투쟁에서 위연이 졌기 때문이라고 한다. 그러나 묘한 것은 제갈공명의 관상평이 들어맞았다는 사실이다.

관상 이상으로 삼국 시대에 미래를 예측하는 데 사용된 것은 점괘였다. 점괘는 삼국 시대의 모든 영웅과 호걸들을 비롯해 백성들이 사용했던 보편적인 방법이었다. 심지어 제갈량과 같은 당대 최고의 현자도 사용했다. 점괘를 보는 방법은 여러 가지가 있다. 역학을 이용한 사주, 땅의 지형을 이용한 풍수, 천문을 사용한 점성술 등이 그것이다.

조조가 이각과 곽사를 물리치고 천자의 어가(御駕)를 호위해서 낙양으로 왔을 때, 수도인 낙양은 오랜 전란으로 피폐해 있었다. 이때 태사령(太史令)으로 있으면서 천문을 잘 보는 왕립이란 사람이 있었다. 왕립은 천문을 본 후 말하기를 "금(金)과 화(火)가 바뀌는 형국이니 반드시 새로운 천자가 나게 될 것이요" 하면서 "내가 보기에 한(漢)의 기수는 곧 다할 것이요, 진과 위 땅에 반드시 흥하는 이가 있을 것이외다"라고 하였다. 조조가 곽가를 불러 낙양에서 허도(許都)로 천도할 뜻을 전하고 의견을 묻자, 곽가는 이렇게 대답했다. "한은 화덕(火德)으로 천하의 주인이 되었고, 주공께서는 토명(土明)에서 몸을 일으켰습니다. 거기다가 허도는 토에 속하는 곳이니 그곳에 자리를 잡으시면 반드시 흥성하시게 될 것입니다. 화는 토를 낳고, 토는 목을 기르니 이것은 바로 동소와 왕립의 말에 합치됩니다." 이 말을 듣고 조조는 허도로 천도할 것을 결심했다.

원술이 남양에서 풍족해지고 전국옥새도 수중에 있어 제호를 정하고는 여럿을 모아 의견을 물었다. 일부는 이에 반대했으나 원술은 역술에 의해 자기가 천자에 오름을 설명했다. "우리 원씨는 원래 진나라에서 나왔고 진은 또한 대순의 후예다. 5행으로 따지면 토(土)에 해당하니 내가 화(火)에 해당하는 한을 이으면 그것은 토로 화를 잇는 게 되어 이치에도 맞다. 또 참결에 이르기를 한을 대신할 자는 로고라 하였는데, 내 자가 공로이니 토는 곧 도(道)와 통하는 바라 정히 그 참결에 들어맞는다"고 하였다.

원소와 조조가 관도에서 대결할 때 원소의 모사인 저수(沮授)는 하늘의 천문을 보고 원소에게 불리함을 감지하고서 원소에게 고하였다. "방금 천문을 보니 태백성(太白星)이 거꾸로 유성(柳星)과 귀성(鬼星) 사이로 흐르며 그 빛이 두우(斗牛)가 갈라지는 곳으로 들었습니다. 갑작스레 치고 들까 두려운 형상이라 주공을 뵙고자 한 것입니다." 이는 천문을 브고 조조가 곧 오소(烏巢)에 쌓아 둔 원소의 군량과 치중을 공격할 것을 예견하고 고한 것이나 원소는 이를 무시함으로써 화를 피하지 못했다.

손권이 여동생을 유비에게 시집 보내려고 여범(呂範)을 형주의 유비에게 중신아비로 보냈다. 당시 손권과 유비는 형주 땅을 둘러싸고 갈등이 심했던 시기였다. 손권의 중신아비로 여범이 방문하자, 이를 꺼림칙하게 생각하는 유비에게 공명은 그 혼사를 찬성하면서 다음과 같이 말했다. "여범이 온 뜻은 제가 이미 알고 있었습니다. 그래서 가만히 점괘를 뽑아 보았더니 크게 길하고 이로운 징조가 보였습니다." 이 같은 공명의 점괘를 받아들인 유비는 동오(東吳)로 가서 손권의 여동생과 혼약을 맺게 되었다.

장굉(張紘)이 손권에게 수도를 말릉(抹陵)으로 옮기고 이름을 건업으로 고치라는 글을 올릴 때에도 풍수지리의 역을 이용하였다. "제가 살펴건대 말릉은 그 산천에 제왕의 기운이 서려 있는 땅입니다"라며 손권에게 천도하기를 권했던 것이다. 손권은 이를 수락하고 건업으로 수도를 옮겼다.

위에서 말한 몇 가지 예에서 보듯이 삼국 시대에도 관상·술·점성술·풍수지리·점괘, 특히 50개의 점괘를 사용하는 점 등을 사용해서 정치적 결정을 하는 일이 빈번했다. 이밖에도 당시 중국에서는 의술을 비롯해서 선술(仙術)·점술(占術)·환술(幻術) 등 인간의 재주라고 생각할 수 없는 기이한 기술을 총칭하여 방술(方術)이라고 부르며, 그것에 종사하는 사람들을 방사(方士) 혹은 방술사(方術士)라고 불렀다.

당시의 대표적인 환술사는 좌자(左慈)였다. 좌자는 조조의 연회에서 다른 지역에서 나는 물고기를 대령하기도 하고, 있지도 않은 생강을 만들기도 했다. 후일 조조는 좌자를 죽이려고 애썼으나 죽일 수가 없었다. 다른 한 명의 점술가는 관노로, 그는 수명이 다한 사람의 생명을 연장시켜 주기도 했다. 관노의 유명한 얘기를 들은 사마소는 관노의 아우를 통해 관노와의 만남을 간곡히 청했다. 그러나 관노는 자신의 아우에게 내 수명은 47세면 다할 것이라며 사마소와의 대면을 거절했다. 관노의 아우가 형에게 명이 짧은 것을 어찌 아느냐고 묻자, 관노는 "나는 이마에 생골이 없고, 눈에는 수정이 없으며 코에는 양주가 없어. 때문에 다리의 천근, 등의 삼갑, 배의 삼입도 모두 빠져 있어, 말하자면 단명상이다. 게다가 태어난 때는 인년(寅年)이고 게다가 월식이 있던 밤이었다. 하늘에는 일정한 법칙이 있고 사람은 그 법칙을 거역할 수 없어"라고 대답하였다. 관노는 다음해 48세가 되던 해에 세상을 떠났다.

이같이 다양한 점술 중에서 삼국 시대의 대표적인 점은 인물 감식과 왕필(王弼)의 역학이었다. 특히 당시 지식인들 사이에서는 관상술에 관한 논쟁이 분분했다. 도가적 신비 사상에 비판적인 왕필은 『주역약례(周易略例)』를 펴내 "의를 얻으면 상을 잊는다", 즉 진리를 파악할 수 있으면 괘의 상징 따위는 잊어도 좋다고 역설하기도 했다. 이같이 한편에서는 노자학을 논리적으로 설명하려고 한 반면, 다른 한편에서는 신비한 도가의 역술을 이용하는 사람들이 많았다. 따라서 『삼국지』를 읽으면 삼국 시대 백년 내내 점술에 의한 정치적 결단의 모습을 볼 수가 있다.

　종교는 동서양을 막론하고 정치에 막대한 영향을 준다. 특히 동양 정치에서 다양한 민간 신앙인 관상학·역술·풍수지리·환술 등은 아주 중요한 위치를 차지하고 있다. 물론 서양에서도 점성술이나 아리스토텔레스가 지었다는 인상학의 후예인 상(相)의 관찰이 인간의 행위를 예측하는 데 사용되기도 한다. 일설에 따르면 미국의 레이건 대통령도 어떤 일을 결정하기에 앞서 점성가인 조안 딕손과 의논했다고 한다. 또한 미국의 연방수사국은 범죄형을 연구할 때 관상학을 사용한다고 한다. 서양에도 노스트라다무스 같은 예언자가 있다.

　그러나 동양인에게는 미래를 예견하는 갖가지 방법들이 생활화되어 있다. 우리 나라를 보더라도 대학 입시철이나 선거가 있을 때는 점집들이 문전성시를 이룬다. 사업 동업자나 정치 파트너를 결정하는 데도 이러한 방법들이 종종 사용된다. 삼국 시대나 오늘날이나 점을 치는 사람들이 정치 과정에 상당수 참여하는 것도 동양 정치 문화의 특수한 점이라고 하겠다.

　하지만 오늘날과 같은 민주주의 사회에서는 이러한 결정을 합리적이라고 하기가 어렵다. 그렇다고 제갈공명 같은 탁월한 재상이 중요하게 생각했던 점성술을 간단히 무시하기도 어렵다. 과학 문명이 아무리 발달했다고 해도 오늘날의 정치인이 2천 년 전에 생존했던 제갈공명보다 훌륭하고 지혜롭다고 단정할 수 있겠는가 의심스럽다. 우리는 아직도 플라톤과 아리스토텔레스를 공부하고 노자·공자·묵자를 공부하면서 우리 스스로를 비판한다.

　이처럼 삼국 시대에 중요하게 생각했던 관습의 상당 부분은 으

늘날에도 여전히 중요하다. 종교나 민간 신앙이 삼국 시대에 정치
의 중요한 요인이 되었다면 오늘날의 정치에도 중요한 요인이 될
수 있다는 말이다.

3. 배신의 정치

인간의 행위 중 배신처럼 인간을 괴롭히는 행위도 없다. 그래서 우리는 배신자를 미워한다. 공자는 사람들에게 임금에게 충성하고 부모에게 효도하고 어른을 공경하고 벗을 사귈 때 신의로써 대하라고 가르쳤다. 현대 사회에서도 신의는 중요한 인간 규범이다. 사업을 하는 데도, 국가와 국가 간의 관계에서도 신의는 중요한 자산이다. 뿐만 아니라 정치인과 시민 사이에도 신의가 필요하다. 지도자와 국민들 사이에서도 신의와 믿음이 있어야 한다. 한마디로 국가나 사회가 정상적으로 운영되는 데 가장 중요한 규범 가운데 하나가 구성인들 간의 믿음이라는 것이다.

그러나 정치 과정이나 인간 관계에서 흔히 볼 수 있는 행위 중 하나가 다름 아닌 배신 행위다. 특히 정치판에서 배신 행위는 아주 빈번하게 일어난다. 삼국 시대에도 배신 행위는 수없이 일어났다. 어찌 보면 난세였기에 배신 행위가 더 많았을 수도 있다. 삼국 시대는 유가를 대표하는 충의지절이 더욱 강조되었던 반면, 배신의 정치 역시 더욱 보편화되었던 모순의 시대였다.

삼국 시대의 문을 연 황건의 난도 원래 서기 184년 3월 5일에 전국에서 봉기하기로 되었으나 태평도 내부에 변절자가 생겨 낙양의 총연락관 마원의(馬元義)가 체포·살해되면서 2월로 앞당겨졌다. 역설적으로 황건적 봉기의 마지막 최대 결전도 배신으로 인해 막을 내렸다. 무예가 출중했던 엄정은 장각의 아우 장보의 신임을 톡톡히 받았다. 특히 그는 처음 군사를 일으킬 때부터 장각 3형제의 손발로 싸워 온 인물이었기에 장보는 그를 조금도 의심하지 않았다. 그러나 엄정은 황건적이 양성에서 관군과 대치하고 있을 때 투항하기로 결심하고 자정이 넘기를 기다려 장보의 침실로 들어갔다. 주위에 지키는 자들이 있었으나 장보가 가장 신임하는 엄정이라 별로 의심하지 않고 길을 내주었다. 엄정은 장보의 침상 곁에 이르기 무섭게 칼을 빼들어 깊은 잠에 빠진 장보의 목을 쳤다. 엄정은 피가 뚝뚝 돋는 장보의 목을 높이 쳐들고 똑바로 성문을 나가 관군 사령관인 주전의 막하에 투항해 버렸다. 이렇게 해서 황건의 난은 가장 믿는 자의 배신으로 그 막을 내리게 되었다.

한나라 명제 때는 환관과 외척의 갈등이 격심했다. 하태후의 오빠인 하진 대장군이 궁으로 쳐들어온다는 소식을 접한 환관 곽승은 환관의 우두머리인 건석에게 다가가 칼로 찔러 죽였다. 그리고는 머뭇거리는 다른 환관들을 달래서 하진에게 투항했다. 그로 인해 환관의 세력은 일시에 와해되었다.

삼국 시대 여포의 배반은 너무도 유명한 이야기다. 여포가 처음 배반한 사람은 그의 주인 정원이었다. 동탁이 소제를 폐위하고 진류왕을 천자로 옹립하려는데 정원이 반대하고 나섰다. 동탁이 정원을 치려 했으나 범 같은 장수인 여포가 정원을 보호하고 있었다. 이에 동탁은 여포의 고향 친구인 이숙과 그 유명한 적토마를 여포에게 보내 그를 꼬드겼다. 여포는 금은보화와 적토마에 눈이 멀어 결국 아버지와 같은 정원을 죽이고 동탁에게 투항했다. 동탁은 여포를 극진히 대접하고 그를 양자로 삼았다. 여포는 동탁의 오른팔이 되어 동탁의 정권 유지에 크게 기여했으나, 이번에는 동탁을 배신했다. 자사 왕윤이 초선이라는 미인을 이용해 동탁과 여포를 이간질하는 데 넘어간 것이다. 동탁을 대신해서 여포를 회유했던 이숙도 동탁을 배신했다. 그러나 동향인 데다 여포를 도왔던 이숙은 여포에 의해 목이 달아난다. 실로 배신의 연속이다. 물론 정사(正史)에는 초선이라는 여인이 등장하지 않는다. 그러나 여포가 동탁의 애첩을 농락하다가 들켜서 동탁의 노여움을 샀다고 하고, 헌제의 밀명을 받고 동탁을 주멸했다는 기록이 남아 있다.

분명한 것은 여포는 용맹하긴 해도 심지가 깊지 못해 쉽게 배신했던 인물이라는 사실이다. 그 후 유비가 패배해서 갈 곳이 없는 여포를 거두어 소패성을 내주었을 때, 여포는 유비가 원술의 부하 장수인 기령과 전쟁을 치르기 위해 서주를 떠난 틈을 타 서주성을 빼앗는다. 이번에는 은인인 유비를 배신한 것이다.

서주성을 차지한 여포는 그도 모자라서인지 다시 한 번 더 배반하기에 이른다. 여포가 서주를 빼앗고서 미안했던지 자기가 기거했던 작은 성인 소패를 유비에게 주자, 여포와 유비의 동맹 가능성을 우려한 원술이 조 20만 석을 여포에게 보내며 유비 공격을 눈감아 달라고 요청하자 이를 승낙한 것이다. 하지만 그는 결국 부하의 배신으로 생명을 잃고 만다. 서주의 토박이로 유비가 서주의 주인이 되는 데 일조했던 진등과 진규 부자가 여포의 서주 점령에 불만을 품고는 여포와 원술 사이를 이간질시킨 후 여포가 전투에 나가 서주성을 비웠을 때 조조군에게 서주성을 바쳤던 것이다. 진등의 꾀에 빠져 밤중에 자기들의 군사와 싸우다가 패퇴하던 여포를 그의 부장인 송헌과 위속이 붙잡아 조조에게 바침으로써 파란만장하던 여포의 배신의 역사는 막을 내린다. 일생 동안 남을 배신하던 여포는 결국 자신도 배신을 당하게 된 것이다.

헌제 때 조조의 권력이 비대해지면서 조조를 죽이려는 음모가 자주 있었다. 그 중 대표적인 사건이 국구(國舅 : 왕비의 아버지)인 동승에 의해 야기된 사건이다. 헌제는 조조를 없애 달라고 혈서를 써서 옥대 속에 감추고 이를 동승에게 전했다. 이에 동승은 마등·유비·왕자복 등과 함께할 것을 결의하고 연서(連署)를 했다. 동승은 조조를 죽일 기회를 엿보았으나 워낙 경계가 삼엄한 터라 결의를 이행하기가 어려웠다. 다행히 조조의 주치 의관인 길평이 동승의 뜻을 따르기로 약속하고 조조를 독살할 계획을 세우게 되었다.

그런데 문제가 생기고 말았다. 고민을 하던 동승이 병을 얻어 집에 머무르던 중, 하루는 후원을 걷다가 으슥한 곳에서 자기가 부리는 가노 진경동과 애첩 운영이 밀회하는 것을 보게 되었다. 동승은 두 눈에 불이 이는 듯했다. 화가 난 동승은 이들을 죽이라고 명령했다. 그러나 주위의 강력한 만류로 동승은 진경동과 운영을 각각 40대씩 매질하게 한 후 가두었다. 그런데 그곳에서 도망친 진경동이 연정에 눈이 멀고 복수심에 차서 주인을 배반하고는 조조를 찾아가 동승의 모의를 고해 바쳤다. 이 사건을 계기로 조조의 주치 의관인 길평은 물론이고 국구 동승의 가족은 전부 몰살당했다. 조조는 헌제의 부인인 동승의 딸을 폐비시켰을 뿐만 아니라 참수해 버렸다. 또한 왕자복과 오자환의 가족들도 모두 참수되었다. 마등과 그의 가족도 훗날 조조에게 참수되었으며, 동승의 음모에 가담했던 유비는 조조의 철천지 원수가 되었다.

한때 막강했던 원소도 가까운 참모의 배신으로 멸망을 재촉하게 되었다. 학문과 지모를 두루 갖춘 허유는 조조와 동문수학한 사이였으나 원소의 참모가 되었다. 관도대전에서 조조와 원소가 대결했을 때 허유는 조조의 대군이 관도에 몰려 있으므로 수도인 허도에는 군사가 별로 없으리라고 생각했다. 그 틈을 타 허도를 기습하면 대승할 것으로 판단, 원소에게 허도를 기습할 것을 간언했으나 원소는 이를 받아들이지 않았다. 또한 조조의 진중에 식량이 떨어져서 허창의 순욱에게 식량을 빨리 보내 달라는 요청서를 입수하고는 원소에게 보이며 조조군의 식량이 떨어졌으니 허창을 공격하면 조조가 허창을 구하려고 퇴군하게 될 것인데, 이 때 전면전을 하면 승리할 것이라고 간언했다. 그러나 이 또한 받아들여지지 않자, 허유는 앙심을 품고는 조조에게 투항해 버렸다. 허유는 원소의 허실을 전부 고함으로써 조조는 중요한 정보와 원소의 작전을 모두 알게 되었다. 결국 원소는 조조에게 패해서 기주로 회군할 수밖에 없었다.

원소와의 전쟁에서 조조는 호구관(壺口關)을 공격했으나 성이 높은 데다 그곳 장수인 고간이 높은 성에 의존해 방어에만 전념하기 때문에 성을 공략하기가 어려웠다. 이에 조조는 모사 순유의 의견을 받아들여 과거 원소의 부하로 조조에게 투항한 여광과 여상을 몰래 고간에게 보냈다. 고간에게 간 여광과 여상은 자신들은 본래 원소의 수하로 어쩔 수 없이 조조에게 항복했으나 박대를 받아 다시 탈주했다고 고했다. 고간은 이들을 받아들이고 이들의 계책대로 한밤중에 성밖으로 군사를 몰고 나가서 조조군을 공격했다. 그러나 미리 준비하고 있었던 조조의 반격으로 고간은 패배하게 되었다. 뒤늦게 배신당한 것을 알고 여광과 여상을 찾았으나 이들은 이미 도망친 뒤였다. 결국 고간은 사람을 지나치게 믿다가 생명까지 잃고 말았다.

관우가 조조와 손권의 군사에게 협공을 당해 맥성에 갇히게 되었을 때의 일이다. 관우는 요하를 서촉으로 보내 구원을 요청했다. 상용에 도착한 요하는 유비의 양자이며 상용의 지휘관인 유봉에게 급히 군사를 파견해 줄 것을 요청했다. 유봉이 망설이고 있을 때 맹달이 관우가 유봉을 유비의 자식으로 생각지 않는다고 이야기해 관우를 위해 파병하지 못하도록 막았다. 결국 맹달의 배신으로 관우를 구할 수 있는 기회를 놓치고 만 것이다.

맹달은 본래 익주의 주인인 유장을 섬기다가 유장의 인물됨이 모자란다고 생각하고 장송·법정과 더불어 유장을 배반하고 유비에게 투항했다가 이번에는 관우를 배반하고, 결국 조조에게 투항한 인물이다. 자신에게 투항한 맹달을 조조는 요직에 썼다. 조비가 새 군주가 된 뒤에도 그의 배려로 맹달은 상용태수가 되었으나, 조비가 죽은 후 조예는 그를 별로 중요한 인물로 생각하지 않았다. 이에 불만을 품은 맹달은 제갈공명과 짜고서 위나라를 배신하여 후면에서 공격하기로 모의했으나 사마의에게 발각되어 처형당했다. 결국 배신에 배신을 거듭하던 맹달도 지혜로운 사마의의 작전에 말려들고 만 것이다. 재미있는 것은 배신을 거듭한 맹달이 자신의 심복인 금성태수 신의와 상용태수 신탐에게 배신당했다는 사실이다. 이들은 촉에서 도망올 때 함께 온 부하들이라 믿었으나 결국 그도 배신당했던 것이다.

강유가 최후의 결전을 해보기도 전에 촉나라 황제인 유선은 위나라 장군인 등애에게 항복해 버렸다. 이에 분개한 강유는 다른 위나라 장수인 종회에게 거짓으로 항복하고는 촉나라의 재건을 위하여 고심하다가, 막강한 힘을 지닌 종회에게 위를 배반하고 촉을 차지하라고 권했다. 종회는 이를 받아들여 위를 배반하고 반란을 꾀했으나 부하들의 배신으로 생명을 잃고 말았다.

조환은 위나라의 마지막 황제였다. 신하인 가충이 사마염에게 황제를 폐위시키고 제위에 오를 것을 권했다. 이때 황문시랑 장절이 황제 조환을 대신해서 이의 불가함을 역설했다. 그는 조조와 같이 동서를 평정하고 권위를 획득한 사람도 제위를 찬탈하지 않았다고 가충과 사마염에게 강변을 했다. 이에 대하여 사마염은 "이 나라는 원래 대한의 것이다. 그런데 조조가 천자를 끼고 제후를 호령하다 마침내 스스로 위왕이 되어 한실을 찬탈했다. 우리 아버지, 할아버지는 3대에 걸쳐 위를 도와 오늘이 있게 했다. 위가 천하를 얻은 것은 결코 조씨가 잘해서 그리 된 것이 아니고 실은 우리 사마씨의 힘이었다. 온 세상이 모두 그 일을 알고 있는데 내가 왜 그런 위를 물려받지 못한단 말이냐?" 하고 조환을 폐위시키고 스스로 황제에 올랐다. 조환은 45년 전 할아버지 조비가 한에 대해 한 짓을 그대로 당한 셈이다. 결국 조비는 한 헌제를 배신했고, 조환은 사마염에게 배신을 당해 제위를 잃었다.

삼국 시대의 배반의 역사를 살펴보면 여러 가지 유형이 있음을 알 수 있다. 첫째, 배반을 하는 가장 중요한 요인은 이해 관계 때문이다. 여포가 정원을 죽이고 동탁에게 간 것이나, 여포가 유비를 배반한 것 모두 자기의 이해와 맞아떨어졌기 때문이다. 진경동이 동승을 배반한 것도 애인 운영을 뺏기 위해서였다. 그러나 조조는 주인을 배반한 진경동을 죽였다. 조조는 앞서 말했듯이 한중을 정벌할 때 주인 장로를 배반한 양송을 처형했다. 이같이 조조는 주인을 배반한 사람은 살려 두지 않았다. 남을 배신하는 사람은 나도 배신한다는 철저한 위기관리 의식이 있었기 때문이다. 반면에 조조는 진궁과 도망치다가 아버지 친구인 여백사의 집에 머무르다 여백사와 온 가족을 죽인 일이 있다. 이때 조조는 "나는 천하를 배신해도 천하는 나를 배신할 수는 없다"는 유명한 말을 남겼다. 맹달이 유장을 배반한 것이나 유비를 배반한 것도 이해 관계가 상충되었기 때문이다. 즉 요하의 요청에 따라 군사를 일으켜도 원체 먼 곳에 있고, 막강한 손권과 조조의 군에서 관우를 구할 길이 없기에 그를 배신할 수밖에 없었던 것이다. 결국 이것이 화를 초래하여 맹달은 촉을 떠날 수밖에 없었다. 삼국 시대는 난세이고 격동하는 시대였다. 이 시대에 배반은 인간사에 매우 보편적인 현상이었다. 이 시기 배반은 대부분 이해 관계 때문에 일어났다.

둘째, 특정 인물에 대한 실망감 때문에 배신하는 경우가 종종 있다. 진궁이 조조를 따르다가 그를 배신한 까닭은 인간적으로 실망했기 때문이었다. 특히 서주를 친 후 아버지의 복수를 한다고 너무나 많은 사람을 무자비하게 죽이는 것을 보고 진궁은 개탄을 했다. 결국 진궁은 조조가 서주를 치러 간 사이 장막과 결의하여 조조의 고향에서 반란을 일으키고 여포를 지도자로 영입했다. 후일 여포가 조조의 포로가 되었을 때 비꼬는 조조에게 진궁은 "여포는 아둔하기는 하지만 너같이 잔인하지는 않다"고 면박을 주기도 했다. 허유가 원소를 배반한 것도 원소에 대한 실망감 때문이다. 허유가 훌륭한 계책을 내놓는데도 원소가 받아들이지 않고 계속 망설이자 실망하여 원소를 배반했던 것이다. 난세였던 삼국 시대에는 이처럼 주인을 바꾸는 경우가 많았다. 실망스런 지도자를 오래 섬기면 그 해가 자기에게 닥치게 마련이다. 그러므로 실망을 주는 상전을 배신하는 것은 흔한 일이었다.

셋째, 대의를 위해서, 또는 명분 때문에 배신하는 경우가 종종 있다. 자신을 거두어 주었고 주위에서 죽이라고 권고했음에도 이를 거절한 조조를 유비는 배신했다. 유비가 조조를 배신하고 동승의 모의에 가담한 것은 한나라를 지켜야 한다는 대의명분 때문이었다. 진규와 진등 부자가 여포를 배반한 것도, 여포가 나쁜 사람이고 믿지 못할 사람이라는 이유도 있지만 여포가 서주를 부당하게 유비에게 빼앗았다는 명분 때문이었다.

넷째, 개인의 역할과 상황에 따라 배신하는 경우도 빈번했다. 법정·장송이 유장을 배신하고 유비의 편을 든 데는 이유가 있다. 당시는 난세였고 장요·조조·손권 등이 익주를 점령하려고 호시탐탐 기회를 엿보고 있었다. 그러나 익주의 주인이었던 유장은 나약하고 무능해서 언젠가 익주는 남의 손에 넘어갈 수밖에 없었다. 이 같은 처지에서는 어쩔 수 없이 익주를 위해서 현명한 새 주인을 찾아야 했다. 그들의 배신은 이런 와중에 야기된 어쩔 수 없는 선택이었다. 엄정이 자기 상관인 장보를 죽이고 항복한 것도 어쩔 수 없는 상황에서 야기된 배반이라 할 수 있다. 황건적은 이미 도처에서 패퇴하고, 지도자인 장각까지 병사했다. 싸워 봤자 죽을 것은 뻔했다. 이런 상황에서 본인도 살고 따르는 많은 신도들도 살리는 방법은 장보 한 명을 죽이고 항복하는 것 외에 달리 선택의 여지가 없었다.

유비가 오나라를 공격했을 때 육손의 전략에 말려들어 참패했을 때의 일이다. 이때 장군 황권은 퇴각하려 했으나 위나라의 공격과 오나라의 공격에 접하여 어쩔 수 없이 위나라에 항복하고 말았다. 후일 이를 두고 신하들이 황권이 배반했으니 그 가솔들을 참하라고 유비에게 진언했다. 이에 대해 유비는 황권이 나를 배신한 것이 아니고 내가 황권을 배신하게 만들었다고 하면서 황권의 가솔을 잘 보호하라고 명령했다. 이같이 상황에 따라 어쩔 수 없이 주인을 배신할 때가 있다.

다섯째, 거짓으로 배반하는 경우가 종종 있다. 방통이 조조에게 항복해서 손권·유비를 치는 계책의 하나로 수군을 도와주기로 한 것이나 오나라의 장수 황개가 조조에게 항복한 것은 모두 전략적 필요에 따른 거짓 항복이다. 여상과 여광이 거짓으로 원소군에 항복하여 이를 믿은 고간을 망하게 만든 것도 마찬가지 경우다. 이같이 삼국 시대에는 거짓으로 항복하는 경우가 무척 많았는데, 이는 오늘날의 이중 간첩 작전과 비슷하다.

성인들은 인간의 배반이 사회에 혼란을 가져오고 인간을 더욱 사악하게 만든다고 생각했기 때문에 이를 막으려고 했다. 공자는 임금을 충성으로 섬기고, 부모에게 효도하고, 벗을 사귀되 믿음으로 사귀라고 가르쳤다. 수많은 선인들의 가르침 덕분에 우리는 배신이란 인간 관계에서 나쁜 행위로 인식하게 되었다.

그러나 배신 혹은 배반이라는 인간 행위는 지금도 계속되고 있다. 현대 정치에서도 양상은 좀 다르지만 배반이라고 말할 수 있는 현상이 계속 일어나고 있다. 자기가 속한 정당을 탈퇴하고 다른 정당으로 가는 행위도 분명 배신 행위다. 정치 지도자들 사이에 약속한 바를 언론에 엉뚱하게 유포하는 것도 배신 행위가 될 수 있다. 주식회사의 비밀을 빼내어 돈을 받고 경쟁사에 팔아넘기는 것도 배신 행위다. 국가의 기밀을 다른 나라에 넘기는 것 또한 배신 행위다. 또한 현대 사회에서 간첩, 또는 이중 간첩을 널리 이용하는데 이것도 일종의 거짓 배신에 해당한다.

　이같이 삼국 시대나 오늘날이나 사람들은 배신 행위를 잘못된 행동으로 생각하지만 너무나도 흔하게 일어나는 현상이다. 어찌 보면 정치 지도자들이 유세 기간에 약속하고 집권하면 실천하지 않는 것도 국민에 대한 일종의 배신 행위다.

4. 연극에 능했던 정치인들

우리는 정치인들이 연극을 잘한다는 말을 자주 한다. 또한 정치인은 거짓말쟁이라는 말도 자주 한다. 연극 배우와 거짓말쟁이는 일맥상통하는 데가 있다. 훌륭한 배우는 특정 역할을 마치 실제 인물과 같이 행동함으로써 청중을 속인다. 선거철이 되면 공직 후보들은 수많은 사람들과 악수를 나눈다. 서양인들은 어린아이를 껴안기도 하고, 모르는 사람들과 포옹도 하고 때로는 키스까지 한다. 이같이 현대 정치인들은 많은 사람들을 상대로 연극을 해야 한다.

삼국 시대의 정치인들도 그들 특유의 연극을 했다. 세력을 확장한 장수가 형주의 유표와 손을 잡고 가후를 모사로 삼아 허도를 넘보고 있다는 보고를 들은 조조는 15만 대군을 일으켜 육수로 진군했다. 엄청난 군세에 놀라 장수는 싸워 보지도 않고 조조에게 항복해 버렸다. 그리고 성안에서 매일 조조를 위해 잔치를 벌였다.

그런데 놀기 좋아하고 호색한이었던 조조가 장수의 죽은 숙부의 부인을 취하였다. 굴욕적으로 항복한 것만 해도 속이 상하는데, 장수는 숙모까지 조조에게 빼앗기자 화가 나 조조가 안심하고 여색을 즐기는 밤을 틈타 조조의 영채에 불을 지르고 공격을 가했다. 이 공격으로 조조는 간신히 목숨만을 건져 그곳에서 탈출할 수 있었다. 그러나 추씨 부인을 비롯해 조조의 많은 부하들이 생명을 잃게 되었을 뿐만 아니라 조조의 큰아들 조앙이 죽고 그의 조카인 조안민도 살해당했다. 또한 언제나 조조를 호위하던 전위도 장수의 군대에 목숨을 잃었다. 정신을 차리고 군세를 정비한 조조의 군대는 장군 우금의 민첩한 지휘로 장수군을 무찌르고 이 지역을 다시 평정했다. 조조는 공을 세운 군사들의 상벌을 명확히 처리한 후, 자기를 위해 죽은 장군 전위를 위해서 크게 제사를 지내고 전위의 혼을 위로했다. 조조는 술을 친히 치고 흐느껴 울면서 장수들에게 말했다. "내가 비록 맏아들과 조카를 잃었으나 그리 괴롭고 슬프지 않다. 지금 우는 것은 오직 전위를 위해서이다." 이를 본 장수들은 사랑하는 자식이나 조카보다 전위의 죽음을 더 슬퍼하는 조조에 대하여 감탄하고는 충성을 맹세하게 되었다. 이 사건으로 인해 조조의 정처인 송씨는 조조와 의절하고 다시는 보지 않았다. 조조인들 장자를 잃은 고통이 얼마나 컸으랴마는 전위의 죽음만 슬퍼하는 연극을 했다. 이는 실로 천하를 얻기 위한 조조의 연극이 아닐 수 없다.

장수가 다시 군사를 일으켜 남양 일대를 괴롭힌다는 보고를 받고, 조조는 다시 군사들을 이끌고 장수를 찾아 나섰다. 때는 초여름이라 보리가 한창 익고 있었다. 그런데 이상하게도 보리를 수확하는 사람이 보이지 않았다. 왜 그런지 알아보니, 약탈에 시달린 백성들이 군사들이 온다는 말을 듣고 모두 피해 버린 탓이었다. 이에 조조는 장졸들에게 행군 중 보리를 밟는 자는 목을 벤다고 선언했다. 그런데 날아가는 비둘기에 놀란 조조의 말이 보리밭으로 뛰어드는 바람에 조조는 자신이 내린 명령을 자신이 범하고 말았다. 이에 조조는 "내가 스스로 법을 정해 놓고 이제 스스로 어겼으니 죄를 받지 않고 어떻게 무리를 다스릴 수 있겠는가?"며 칼을 뽑아 스스로 자기 목을 베려 했다. 그러자 놀란 신하들이 달려들어 이를 제지했다. 이때 곽가가 법이라도 지휘하는 지존에게는 적용되지 않는다고 『춘추』를 인용해서 말했다. 이에 조조는 투구를 벗고 자신의 머리칼을 잘라 땅에 던지며 "비록 목을 남겼으나 이 머리칼로 내 목을 대신하리라!"고 외쳤다. 이를 본 장졸들은 보리밭을 절대 범하지 않았고, 백성들은 몰려 나와서 보리를 베었다. 실로 대단한 조조의 즉흥 연기이다.

유비도 연극에는 아주 능통한 인물이다. 유비·관우·장비가 조조에게 반연금·반식객으로 있을 때의 이야기다. 여포를 무찌른 후 조조는 유비를 강제로 허도로 데리고 와서 철저하게 감시하고 있었다. 그러나 조조에게 맞서기로 결심한 유비는 헌제의 혈서 유지를 받들어 국구 동승이 조조를 제거하려는 음모에 비밀리에 가담하기로 했다. 이때 유비는 조조의 의심을 피하기 위하여 뒤뜰에 있는 채소밭을 이용하기로 결심했다. 유비는 씨앗을 구해 밭에 심고 물을 주는 등 농사일에 몰두했다. 영락없이 순박한 농부가 된 유비의 모습을 보고 그의 깊은 뜻을 헤아리지 못한 관우와 장비가 불평을 늘어놓았다. 세작을 놓아 유비를 감시하던 조조는 농부가 된 유비를 보고 몹시 만족스러워했다.

하루는 조조가 급히 유비를 불렀다. 유비는 동승과의 모의가 폭로되었을까 우려하면서 조조의 부중으로 갔다. 그러나 유비를 본 조조는 "현덕, 농사를 배우는 일은 쉽지 않소. 어떠시오? 할 만하오?" 하면서 유비를 반겼다. 조조는 유비와 술을 한잔 하기 위해 불렀던 것이다. 술이 거나하게 취하자, 조조는 유비에게 영웅이 누구라고 생각하느냐고 물었다. 난처해진 유비는 당시의 제후들인 원소·손권·유표 등의 이름을 말했다. 그러자 조조는 머리를 흔들며 그들은 전부 졸부라고 폄하했다. 유비가 이들 외에 다른 사람들은 모르겠다고 답하자, 조조는 문득 유비를 물끄러미 쳐다보더니 "무릇 영웅이란 가슴에는 큰 뜻을 품고 배에는 좋은 지모가 가득한 사람으로 우주의 기운을 머금고 하늘과 땅의 뜻을 토해 내는 자요"라고 하면서 유비를 손가락으로 가리키고 "지금 천하의 영웅이라던 오직 현덕과 여기 이 조조가 있을 뿐이오"라고 말했다. 이에 속마음을 들킨 것 같아 유비는 깜짝 놀라서 무의식중에 젓가락을 떨어뜨리고 말았다. 때마침 소나기가 쏟아지며 벼락이 쳤다. 속마음을 들킨 것 같아 놀랐던 유비는 얼른 벼락을 핑계 대며 "좀전의 천둥소리가 얼마나 무시무시하던지 그만 이렇게 수저를 떨구고 말았습니다" 하고 둘러댔다. 이에 조조는 "장부도 뇌성을 두려워하는 것이오?" 하면서 유비에 대한 의심을 풀었다. 유비의 절묘한 연극에 조조는 수저를 떨어뜨린 까닭에 대한 의심과 유비 자체에 대한 의심을 풀게 되었던 것이다. 이같이 뛰어난 연극 덕분에 조조가 유비에 대해 방심하였기에 후일 유비는 조조의 손아귀에서 벗어날 수 있었다.

　『삼국지』에는 유비가 우는 모습이 자주 나온다. 그만큼 유비가 대중 앞에서 연극을 많이 했다는 이야기다. 유비가 제갈공명을 얻으려고 삼고초려했다는 것은 너무나도 잘 알려져 있다. 서서와 스경 선생에게 공명의 얘기를 듣고 두 번이나 관우·장비와 더불어 와룡장에 들렀으나 만나지를 못했다. 세 번째야 겨우 만난 유비는 공명과 함께 천하 대세를 논하게 되었다. 이 자리에서 공명은 유비에게 천하를 세 쪽으로 나누게 되는 천하 '삼분계'를 유비에게 진언했다. 유비는 공명에게 반해서 함께 일할 것을 간곡히 청했다. 당시 유비는 49세였고 공명은 겨우 27세의 젊은 나이였으나 유비는 무릎을 꿇고 간절히 애원을 했다. 그러나 공명은 정치를 하지 않겠다며 완곡히 거절했다. 애원하고 애원하던 유비는 "선생께서 나가시지 않으시면 저 고통 받는 수많은 백성들은 어찌하겠습니까?"라며 눈물을 주르륵 흘렸다. 이내 유비의 소매와 옷깃은 눈물로 흥건히 젖었다. 이에 공명은 감복하여 유비에게 견마지로(犬馬之勞)를 다할 것을 맹세하고 유비를 따르게 되었다. 이처럼 유비의 연극은 제갈공명이 유비를 따르게 만들었다.

혹자는 제갈공명이 야심이 많은 인물이라 유비를 따르게 된 것이라고 말한다. 이유인즉 당시 조조에게는 이미 순욱·정욱·곽가 등 최고의 명사들이 구름같이 몰려 있고, 손권에게도 장소·장굉 등 많은 선비가 보좌를 하고 있어 자신이 들어설 틈이 없었으므로 유비에게 합류했다는 것이다. 이유야 어찌되었건 공명은 유비의 참모로서 천하를 쟁패하는 데 크게 기여하게 되었다.

유비가 다시 조조에게 패하여 도망칠 때 상산 조자룡이 유비의 외아들 아두를 구출하여 품에 안고 조조의 무리를 헤치고 유비에게 도망친 고사는 너무나도 유명한 이야기다. 이때 조자룡이 아두를 유비에게 받쳐 올리자, 유비는 아두를 받자마자 땅에 내던지며 소리쳤다. "이 보잘것없는 것아, 너 때문에 하마터면 훌륭한 장수 하나를 잃을 뻔하였구나!" 혹자는 이때 아두가 땅에 떨어지면서 뇌에 손상을 입어 후일 군주가 되었을 때 가끔 이상한 짓을 하게 되었다고 주장하기도 한다. 어쨌든 이를 본 조자룡은 감복하여 "비록 땅바닥에 간과 뇌를 쏟고 죽은들 운이 어떻게 주공의 은의(恩義)에 답할 수 있겠습니까?"라며 울었다. 실로 유비의 탁월한 연극은 주위 사람들을 감복시켜, 이들로 하여금 목숨을 바쳐 자신을 보좌하도록 만들었다. 유비인들 외아들인 아두가 중요하지 않았겠는가마는 유비의 순간적인 기지와 이에 상응하는 연극은 천하를 얻는 데 분명 보탬이 되었다.

유비가 형주를 점령하고 있을 때 오나라의 노숙이 사신으로 와서 빌려 준 형주를 약속대로 돌려 달라고 핍박하자, 제갈공명은 유비에게 연극을 하도록 진언했다. 노숙이 유비에게 "오늘 제가 오후(吳侯)의 명을 받고 이리로 온 것은 순전히 형주의 일 때문입니다. 황숙께서는 이 땅을 빌려 가신 지 오래되었으나 아직도 돌려주지 않고 계십니다. 이제 양가가 혼인으로 맺어졌으니 서로의 낯을 봐서라도 어서 빨리 돌려주셔야 마땅하지 않겠습니까?"라고 했다. 그러자 유비는 목놓아 엉엉 울기 시작했다. 당황한 노숙이 우는 이유를 묻자, 제갈공명은 유비의 난처한 처지를 노숙에게 설명했다. 듣고 있던 유비는 자신의 처지가 슬퍼서 더욱 가슴을 치며 통곡했다. 난처해진 노숙은 공명과 해결 방법을 모색하겠다고 유비를 글래기에 이르렀다. 이렇게 해서 유비는 난처한 입장을 모면할 수 있었다.

익주의 장송이 유장의 인물됨이 모자란다고 생각하고 익주를 조조에게 바치려고 갔다가 매만 맞고 돌아가는 것을 유비가 길목을 지키고 있다가 장송을 맞이하였다. 유비는 3일 동안 장송을 위해 연회를 크게 베풀고 그를 환대하였다. 장송이 떠나는 날에도 큰 잔치를 벌여 환송하면서 그동안 머물러 준 장송에게 감사의 마음을 나타냈다. 유비는 떠나는 장송에게 술을 가득 부어 주면서 "이제 헤어지면 언제 다시 만나 높으신 가르침을 듣게 될지" 하면서 말끝을 흐리더니 이내 눈물을 주르르 흘렸다. 이에 감동한 장송은 유비에게 서천을 치라고 진언하면서 서천의 지리를 자세히 수록한 지도와 함께 익주의 모든 정보를 알려 주었다. 또한 법정·맹달과 더불어 안에서 유비를 위해 내응할 것을 약조했다. 유비는 한마디도 하지 않고 연극만 하면서 장송 스스로 유비에게 익주를 치라고 진언하도록 만든 것이다. 장송은 "제가 주인을 팔아 영달을 구하는 것은 아니나 이제 명공을 만났으니 하는 수 없이 마음속을 털어놓아야겠습니다. 유장이 비록 익주의 주인이라고는 해도, 생각이 밝지 못하고 마음이 약해 어진 이를 뽑아 쓸 줄 모르고 재주 있는 이도 부릴 줄 모릅니다" 하면서 유비에게 익주를 치도록 간곡히 청했던 것이다. 실로 유비는 명연기자인 셈이다.

오나라의 파양태수 주방이 고을을 들어 위의 양주 사마 대도독 조휴에게 거짓으로 항복했을 때의 일이다. 본래 주방은 위나라 병사를 오나라 깊숙이 진주하게 하여 쳐부술 생각으로 거짓 항복하였다. 그는 조휴에게 오를 물리칠 수 있는 일곱 가지 계책을 써서 보냈다. 조휴는 주방의 글을 받고 조예에게 표문을 올렸다. 표문을 받은 위 황제 조예가 결정을 하지 못하고 있을 때, 사마의는 비록 의심은 가지만 기회를 잃을 수 없다고 진언했다. 이에 조예는 대도독 조휴에게 동오로 진군할 것을 명령했다. 위의 대도독 조휴의 군이 환성에 이르렀을 때, 주방이 성에서 달려 나와 조휴를 맞이했다. 조휴는 주방에 대한 자신의 생각을 솔직히 말했다. "얼마 전 족하(足下)의 글을 받으니 거기서 말하고 있는 일곱 가지 일이 모두 이치에 닿는 듯했소. 이에 천자께 말씀드려 크게 군사를 일으키고 세 갈래로 길을 나누어 오게 되었소. 만약 이번에 강동을 얻게 된다면 족하의 공이 적지 않을 것이오. 하지만 사람들 중에는 족하가 꾀 많은 사람이라 그 말을 믿을 수 없다는 이가 더러 있소. 내 생각에는 족하가 결코 나를 속이지는 않을 것 같으나 왠지 마음에 걸리는구려."

그러자 주방이 슬피 울더니 갑자기 뒤따르는 자의 칼을 뽑아 제 목을 찌르려고 했다. 놀란 조휴가 주방을 얼른 말렸다. 주방은 칼을 든 채 조휴에게 "이는 누군가가 우리를 이간질시키려는 술책에 의한 짓인데, 이제 내가 의심을 받고 있고 속마음을 보여 줄 수는 없고 하니 생명을 끊어 결백함과 충성심을 보여 주겠다"며 다시 자기 목을 찌르려 하였다. 조휴는 황망히 주방을 끌어안으며 사과했다. 그러자 주방은 칼로 제 머리칼을 잘라 땅바닥에 던지며 소리쳤다. "나는 충심으로 공을 기다려 왔는데 공은 나를 우스갯감으로 삼으셨구려. 이제 부모가 내려주신 머리칼을 잘라 내 충성된 마음을 드러내보일 뿐이오." 이에 감복한 조휴는 큰 잔치를 베풀고 주방을 달랬다. 실로 주방의 대단한 연기가 아닐 수 없다. 결국 주방을 믿게 된 조휴는 오나라 군에게 크게 패하고 도망쳐야 했다. 이 패전으로 작전이 어긋나자 사마의는 어쩔 수 없이 동오에서 퇴군해 버렸다. 한 사람의 연극이 큰 전쟁을 승리로 이끈 것이다.

위나라 조방 황제 때의 일이다. 조방은 여덟 살이란 어린 나이에 제위에 올랐다. 이때까지 조씨 일문이 정권을 쥐고 있었는데, 특히 조진의 아들 조상은 사치와 향락에 빠져 있고 황제를 제 마음대로 움직였다. 그러나 조상을 위시해서 조씨 가문이 두려워하는 이가 한 사람 있었다. 바로 사마의였다. 사마의는 나라에 많은 공을 세웠고 따르는 무리들도 많았다. 이에 위협을 느낀 조상은 세작을 놓아 항상 사마의 가문을 감시했다. 사마의는 이를 알고는 병을 핑계로 두문불출했다. 이러한 사마의를 염탐하기 위해서 조상은 청주자사로 가는 이승에게 문안하는 체하며 사마의를 찾아보고 그 허실을 살펴보도록 했다.

이승이 왔다는 전갈을 받은 사마의는 자기 동정을 살피기 위해 왔다는 것을 눈치채고는 두 아들에게 자기를 염탐하려는 것이니 조심하라고 일러 두었다. 그리고 자기는 머리를 산발한 채 두 시녀의 부축을 받아 이승을 맞이했다. 이승이 사마의에게 가까이 가서 절하고 황제로부터 청주자사로 임명되어 부임지로 가기 전에 문안 드린다고 말했다. 이에 사마의는 능청을 부리면서 "병주는 삭방에 가까운 곳이니 잘 지켜야 하네"라고 답했다. 이승이 사마의의 말을 교정해 주자, 사마의는 히죽히죽 웃으면서 "자네 지금 병주에서 오는 길이라고 하지 않았나?" 하고 딴청을 부렸다. 이승이 다시 고쳐 주었으나 사마의는 계속 딴청을 부렸다. 딱하게 생각한 이승은 결국 청주자사라고 붓글씨를 써서 보여 주었다. 그제서야 사마의는 자기가 귀가 먹어 잘 듣지 못한다고 말하고, 약사발을 받아서는 옷에 줄줄 흘리면서 약을 마셨다. 그리고는 딸꾹질을 하면서 처량한 목소리로 이승에게 부탁을 했다. "나는 이미 늙은 데다 병까지 무거우니 아침에 죽을지 저녁에 죽을지 모르는 몸일세. 비록 아들 둘이 있으나 못나기 짝이 없으니 자네가 잘 가르쳐 주게. 그리고 대장군 조상을 뵙거든 그 아이들을 잘 돌봐 달라 하더라고 전해 주게." 실로 기가 막히는 사마의의 연극이 아닐 수 없다. 이승은 이 연극에 속아넘어가 조상에게 본 대로 보고하였다. 조상은 사마의가 곧 죽게 된다고 생각하고는 안심하고 병권을 나눠 가진 형제들과 다섯 심복까지 모조리 데리고 황제와 함께 먼 곳으로 사냥을 떠났다. 이 틈을 타 사마의는 수도에서 쿠데타를 일으키는 데 성공할 수 있었다. 결국 사마의의 출중한 연기 덕분에 사마의 가문은 권력을 손에 쥘 수 있었던 셈이다.

촉 왕조 말기, 황호라는 환관이 황제 유선의 총기를 흐리고 국정을 좌지우지했다. 대장군 강유가 위를 치고 있을 때 뇌물을 받은 황호가 염우로 대장군을 대치하려고 강유를 불러들였다. 그러나 위나라 장수 등애가 원체 싸움을 잘한다는 말을 듣고 염우는 대장군이 되는 것을 포기했다. 군을 철수시킨 후 이 사실을 알게 된 강유는 황호를 죽여 없애야겠다고 결심하고 황제 유선을 만나려고 궁으로 들어갔다. 유선은 강유를 맞아 일개 환관을 과대평가하지 말라고 말한 다음, 뒤에 숨어 있는 황호에게 대장군 강유가 용서했으니 나와서 용서를 빌라고 했다. 이에 황호는 강유 앞에 엎드려 울며 빌었다. "저는 다만 폐하를 따르며 잔심부름이나 할 뿐 나라 일에는 간섭한 적이 없습니다. 장군은 다른 사람의 말만 듣고 저를 죽이려 하지 마십시오. 제 목숨은 장군의 손에 달렸으니 부디 가엾게 여겨 주시기 바랍니다." 황호는 다시 머리를 땅에 찧으며 눈물을 줄줄 흘렸다. 이미 유선이 용서를 한 데다 황호가 애절히 빌자, 강유는 분한 마음을 억누를 수밖에 없었다. 실로 황호는 출중한 연기 덕에 목숨을 건질 수 있었다.

삼국 시대 정치인들을 보면 각 사람마다 특별히 잘하는 연기가 있음을 알 수 있다. 그 유형을 살펴보면 첫째 울기를 잘하는 정치인이 있는가 하면, 둘째 성내는 연기를 잘하는 정치인이 있다. 셋째 탁월한 웃음 연기로 자기를 잘 감추는 형이 있는가 하면, 넷째 황당한 표정의 연기를 잘하는 정치인도 있다. 다섯째, 위기가 닥쳐

도 자신만만한 표정의 연기를 잘해서 위기를 관리하는 정치인이 있
다. 유비는 우는 연기, 조조는 성난 사람, 사마의는 너털웃음, 손권
은 황당한 표정, 제갈공명은 자신만만한 표정의 연기를 특별히 잘
했다. 이처럼 삼국 시대의 정치인들은 연극에 능했다. 어떤 이는
문명인일수록 연극을 잘하고, 야만인일수록 본능적인 행동을 잘한
다고 했다. 지금까지 보았듯이 정치인은 어느 정도 연극이 필요하
며 또한 연극을 잘해야만 한다.

군주 시대였던 삼국 시대에도 훌륭한 연극이 필요했는데 요즘
같은 복잡한 민주주의 시대에는 정치인들의 연극이 더 필요하게 마
련이다. 20세기를 놀라게 만든 독일의 아돌프 히틀러 역시 아주 탁
월한 연극인이었다. 파시스트를 성공시킨 베니토 무솔리니 또한 그
러했다. 미국의 프랭클린 루스벨트 대통령은 라디오에 잘 맞는 연
기를 훌륭하게 해냈고 케네디 대통령은 텔레비전 시대에 적합한 연
기인이었다.

물론 삼국 시대 정치인들은 훨씬 제한된 관객을 대상으로 연기
한 반면, 요즘 같은 대중민주주의 시대에는 정치인의 연극 무대가
훨씬 넓어졌다. 이에 따라 정치인의 연기 내용도 달라지게 마련이
다. 가수들이 오페라에서 노래 부르는 방법과 록을 노래하는 방법
은 다르듯이, 군주 시대의 정치인들과 대중민주주의 시대 정치인
들의 연기 방법은 다르게 마련이다.

그러나 분명한 것은 옛날이나 지금이나 정치인들은 연기력이 탁
월해야 한다는 것이다. 특히 국가가 위기에 처하거나, 국가가 엄청
난 동원력을 필요로 할 때 정치인에게는 탁월한 연기력이 필요하
다. 민주주의 국가에서는 선거로 공인을 선출하기 때문에 선거 기

간 정치인의 탁월한 연기력이 때로는 당선과 낙선을 결정하기도 한
다. 우리 나라에서 노두현 대통령은 눈물의 특효를 봤고, 박정희
대통령은 성난 표정의 연기가 탁월했다. 이승만 대통령은 웃음의
정치를 잘했고, 김영삼 대통령은 자신만만한 표정 연기, 김대중 대
통령은 황당한 표정 연기를 잘했다.

5. 말의 정치

흔히 정치인들은 말조심해야 한다고 한다. "밤 말은 쥐가 듣고 낮 말은 새가 듣는다"는 속담도 있다. 또한 "말은 내 입을 떠나면 세상이 전부 듣는다"고 한다. 특히 정치인에게는 말 한마디가 엄청난 영향을 준다. 우리 시에도 "말로써 말이 많은 세상이니 말 말까 하노라" 하기도 했다. 삼국 시대의 정치에서도 말은 중요한 요소였다.

말의 정치에는 여러 형태가 있다. 첫째는 말로 상대를 이간질하여 득을 보는 것이고, 둘째는 말로 아첨하여 마음을 사는 것이다. 셋째는 불필요한 비판을 함으로써 화를 자초하는 경우이다.

삼국 시대 초기, 말로 영토를 획득한 경우가 있다. 당시 기주라는 넓은 땅을 다스리는 사람은 한복이라는 무능력한 제후였다. 원소는 이 땅을 무척 갖고 싶어했다. 원소는 꾀를 내서 기주의 이웃을 통치하던 공손찬에게 몰래 편지를 보냈다. "기주는 땅이 넓고 기름지며 백성이 많으나 한복은 능히 다스릴 만한 그릇이 되지 못하외다. 먼저 공손 태수께서 동북에서 기주로 군사를 내시면 저도 서남에서 협공을 하겠소이다. 기주를 차지한 뒤에 태수와 내가 나누어 다스린다면 그곳의 수백만 백성들에게도 복덕이 될 것이오." 그리고는 한복에게도 공손찬이 기주를 칠 것이라는 글을 몰래 보냈다. 서신을 받은 공손찬은 곧 기주를 치기 위해 군사를 동원하는 등 준비에 박차를 가했다. 이 소문은 공손찬이 기주에 진군도 하기 전에 나돌아 결국 한복의 귀에도 들어가게 되었다. 한복은 원소의 말이 맞았다는 사실에 더욱 놀랐다. 놀란 한복은 모사인 순심의 말을 듣고 곧 원소에게 사른을 보내 도움을 청하면서 기주를 함께 통치하자고 제안했다. 기다렸다는 듯이 원소는 곧 군대를 기주의 성 안으로 진주시킨 후 속셈을 드러냈다. 원소는 스스로 기주목이라 칭하고 한복을 분위장군으로 삼은 뒤, 부하인 전풍·저수·허유·봉기에게 기주를 다스리는 일을 나누어 맡게 했다. 그야말로 한복의 기주 땅을 말 한마디로 전쟁 없이 뺏은 셈이다. 그제서야 한복은 후회했으나 소용이 없었다. 잘못하다가는 오히려 생명까지 잃을까 걱정되어 가족도 버린 채 도망쳐 버렸다. 실로 원소는 기름지고 넓은 땅을 말로 이간질시킴으로써 싸움도 안 하고 얻은 것이다. 반면 한복은 남의 말을 믿다가 망하고 말았다.

한나라 조정이 동탁의 부하였던 이각과 곽사에 의해 통치되는 비운을 다시 맞게 되자, 젊은 헌제는 탄식을 일삼게 되었다. 이에 헌제 밑에 있던 양표는 투기심을 이용하여 이각과 곽사를 싸우게 한 다음, 산동의 조조를 불러들여 나라를 통치할 것을 진언하였다. 본래 곽사의 아내는 투기심이 무척 많은 여인이었다. 양표는 곽사가 이각의 부인과 정을 통한다는 소문을 퍼뜨려 곽사의 아내 귀에 들어가게 만들었다. 질투심에 눈이 뒤집힌 곽사의 아내는 확인하지도 않고 밤늦게 집에 돌아오는 남편을 의심했다. 곽사의 아내는 이각의 성품이 음흉하고 어떤 일을 저지를지 모른다고 이각과 그의 아내에 대해 온갖 험담을 했다. 결국 곽사는 이각을 치기로 마음먹었다. 그런데 이 소문이 이각의 귀에도 들어가서 이각도 군사를 일으키게 되었다. 결국 여자의 질투로 인해 이각과 곽사가 싸우게 되었고, 이 틈을 타 조조는 정권을 잡기에 이르렀다. 여기서 중요한 것은 헛소문으로 인해 이러한 사태가 야기되었다는 것이다.

삼국 시대에 큰 공을 세웠음에도 말을 잘못해서 목숨까지 잃은 대표적 인물은 허유다. 허유는 본래 조조와 어렸을 때 친구 사이였다. 원소의 세력이 급성장할 때 원소의 모사가 되었으나 관도대전에서 원소가 자기 의견을 듣지 않자 조조에게 투항했다. 그가 제공한 정보 덕분에 조조는 원소를 무찌를 수 있었다. 일등 공신인 셈이다. 그러자 허유는 아주 거만해졌다. 조조가 여러 장수들을 거느리고 기주성 안으로 들고 있을 때 허유를 만났다. 허유는 성문을 가리키며 큰 소리로 "아만아, 네가 나를 믿지 못했으면 어찌 이 성문으로 들 수 있겠느냐?"고 외쳤다. 이는 지존인 조조의 위엄을 전혀 고려하지 않은 경박한 태도였다. 또한 자기 공을 지나치게 추켜세우는 방자한 태도였다. 부하들의 불끈하는 마음을 조조는 달래면서 웃었지만 심기는 매우 불편했다.

그러던 어느 날, 성을 들어가던 허유가 허저와 마주쳤다. 허유는 다시 경박한 입을 열어 "내가 없었더라면 너희들이 어찌 이 문을 멋대로 드나들 수 있었겠느냐?"고 말했다. 실로 원소의 땅을 정벌하는 데 많은 장수들의 노고가 있었지, 어찌 허유의 정보 하나뿐이겠는가마는 이처럼 허유는 말을 함부로 하였다. 이에 화가 난 허저가 "우리가 천번 만번 죽을 고비를 넘겨 가며 피를 뒤집어쓰고 빼앗은 성이거늘 그게 무슨 소린가?"며 허유를 꾸짖었다. 그러자 허유는 다시 "너희들은 모두 하잘것없는 필부에 지나지 않는다. 말한들 알아듣겠느냐?"며 냉소했다. 이에 화가 난 허저는 칼을 뽑아 허유의 목을 내리쳤다. 실로 말을 잘못하여 생명까지 잃은 경우다.

평소 말조심 잘 하고 말수가 적은 유비 역시 말실수로 고생한 적이 있다. 유비가 형주에 몸을 의탁하고 있을 때, 형주의 주인인 유표는 후계자 문제로 고민하고 있었다. 유표에게는 전처 소생인 유기와 후처와의 사이에 난 유종이라는 아들이 있었다. 채씨 부인의 아우인 채화와 채중이 병권을 쥐고 있는 등 당시 형주는 후처인 채씨 문중에 의해 통치되다시피 하고 있었다. 그런 까닭에 유표도 유기보다는 후처의 소생인 유종을 자기의 후계자로 점찍고 있었다.

하루는 빈객이 된 유비가 유표와 술을 마시면서 치세에 대한 담소를 하게 되었다. 문득 유표가 둘째 아들인 유종을 자기의 후계자로 세우는 것에 대해 물었다. 이에 대해 유비는 생각 없이 자기 의견을 유표에게 말했다. "예로부터 맏이를 제치고 그 아래로 후사를 삼는 일은 나라를 어지럽히는 지름길이 되어 왔습니다. 만약 채씨 집안 사람들의 권세가 무겁다면 조금씩 줄여 나가면 되지 않겠습니까? 잔정에 빠져 어린 아들을 후사로 세우셔서는 아니 될 것입니다." 유비는 솔직하게 말했으나 유표의 마음은 이미 유종에게 기울어져 있었다. 이때 병풍 뒤에서 유비의 얘기를 들은 채씨 부인이 발끈했다. 이 사실이 채씨 문중에 알려지자, 이들은 유비를 죽이려는 모의를 했다. 이후 유비는 생명의 위협을 받게 되었고, 결국 형주의 권력은 둘째 아들인 유종에게로 넘어갔다.

유비는 유표와 술잔을 나눌 때 또 한 번의 말실수를 했다. 유비가 화장실에 앉아서 자기 신세를 생각하니 너무나 한심해서 눈물을 흘리게 되었다. 얼른 눈물을 닦고 술자리에 다시 돌아오니, 유표가 유비의 얼굴에 눈물 자국이 있는 것을 보고는 어찌된 연유인가 물었다. 유비는 "세월은 가는데 허벅지의 살은 찌고 늙기는 하고 이루어 놓은 것은 없어 울적했다"고 답했다. 이에 유표는 조조와 유비와의 영웅론을 상기시키면서 "조조마저도 자네가 최고의 영웅으로 손꼽았는데 공업을 이루지 못한 게 무슨 걱정이 되는가?" 하고 되물었다. 유표가 이처럼 좋은 말로 유비를 위로하자, 술을 마구 마시던 유비는 그만 취하고 말았다. 취중에 불쑥 치솟는 호기로 유비는 "만약 이 유비에게 의지할 바탕만 있다면 하찮은 무리들이야 걱정할 것도 없고 이 좁은 섬 같은 땅에서 머물 필요도 없다"며 본심을 드러냈다. 이 말을 들은 유표는 유비를 야심 없는 호인으로만 본 자신의 판단이 잘못되었음을 깨닫고 유비를 경계하게 되었다. 이 얘기를 엿들은 채 부인은 더욱 유비를 폄하하면서 제거하라고 부추겼다. 평소 말조심하고 실수를 하지 않는 유비도 술에 취하자 본색을 드러내는 말실수를 한 것이다. 유비가 형주에서 외톨이가 되고 생명마저 위협받게 된 데는 이와 같은 말실수가 한몫 했다.

　조조 밑에 있던 공융은 공자의 20대손으로 한때는 존경받던 제후였다. 그러나 조조에게 입바른 소리 하다가 미움을 받고 생명까지 잃었다. 조조가 형주의 유표와 유비를 치기 위해 남정을 의논할 때 공융은 유표와 유비가 모두 한실의 종친이고 잘못이 없으니 이를 치면 명분을 잃게 되고, 또한 강동의 손권과 합세하면 위험하다고 지적하면서 명분 없는 전쟁을 말렸다. 화가 난 조조는 유표와 유비는 천자의 명을 거역한 역적들이라고 호통을 치면서 공융을 내쫓았다. 이에 분개한 공융은 조조의 관저에서 나오면서 "지극히 어질지 못한 것으로 지극히 어진 것을 치려 함이니 어찌 패하지 않으랴!" 하고 혼잣말로 탄식했다. 이때 공융의 말을 들은 자가 극려에게 고해 바쳤고, 평소에 공융을 미워하던 극려는 이 말을 조조에게 고했다. 이 말을 들은 조조는 몹시 노해서 노수란 자를 시켜 공융을 탄핵하게 했다. 그리하여 공융은 대역죄인이 되어 그의 일가는 모두 참수당하고 공융의 머리는 저자 거리에 내걸리게 되었다. 공융은 강직하고 훌륭한 선비였으나 이처럼 윗사람이 듣기 싫어하는 말을 자주 하다가 생명을 잃었다.

조조가 사람을 많이 죽였다는 것은 너무나도 잘 알려진 얘기다. 한번은 적벽대전에서 전투를 앞두고 싸우기도 전에 승리감에 도취된 조조가 한밤중에 신하들을 모아 놓고 술을 마시며 시를 지어 노래를 불렀다. 조조가 걸출한 시인이라는 것은 잘 알려진 사실이다. 조조가 자신이 지은 시도 흥이 나서 노래를 부르자, 조조의 무장·문신들도 따라서 불렀다. 한참 흥이 나서 노래를 부르는데, 유복이 큰 소리로 가사의 내용이 불길하다면서 노래를 중지시켰다. 창을 들고 노래하던 조조가 게슴츠레한 눈으로 유복을 쳐다보면서 "내 노래 중에 어디가 불길하단 말인가?" 하고 물었다. 유복은 눈치 없이 제 곧은 의견만 믿고 이렇게 대답했다. "날은 밝고 별 드문데 까막까치 남으로 나네, 나무를 세 번 둘러봐도 의지할 가지 하나 없구나란 구절이 바로 불길한 소립니다." 이 말을 들은 조조는 흥을 깨는 유복을 향해 들고 있던 창을 내던졌고, 유복은 그 자리에서 숨지고 말았다. 유복은 조조를 오랫동안 섬겨 여러 가지로 공이 많은 선비였으나 불필요한 충고를 하다가 생명을 잃었다.

장송이 익주를 장로로부터 보호하고 걸출한 새 주인을 모시려고 조조를 찾았을 때의 얘기다. 장송이 유장을 설득해 사신으로 허도에 도착하여 조조에게 면회를 청했으나, 조조는 바쁘다는 핑계로 만나 주지 않았다. 한참을 기다리다가 양수의 주선으로 조조를 만나게 되었으나 장송의 심사는 이미 뒤틀어져 있었다. 장송을 부를 때 조조는 장송의 기를 꺾으려고 장졸들에게 화려한 옷을 입히고 각기 창과 칼을 쥐게 하고 사열식을 했다. 조조는 한껏 호기를 부리면서 장송에게 "그대의 서천에서도 일찍이 이 같은 영웅들을 보았는가?" 하고 물었다. 배알이 꼬인 장송은 냉정한 태도로 "우리 촉에서는 일찍이 이처럼 대단한 군사를 본 적이 없습니다. 다만 인의로 백성을 다스리는 걸 보아 왔을 뿐입니다"라고 조조의 무력에만 의존하는 통치법을 비꼬아 말했다. 화가 난 조조는 다시 "나는 천하의 쥐새끼 같은 무리들을 풀이나 지푸라기쯤으로도 안 본다. 나의 대군이 이르면 싸워서 이기지 않음이 없고 쳐서 빼앗지 못함이 없었다. 나를 따르는 자는 살고 나를 거스르는 자는 죽게 됨을 그대는 알고 있는가?"라고 쏘아붙였다.

이에 장송은 빈정거리는 태도로 답했다. "승상께서 군사를 몰아 이르신 곳마다 싸우면 반드시 이기시고 치면 반드시 빼앗으신 것은 저도 잘 압니다. 지난날 복양에서 여포를 치실 때며, 완성에서 장수와 싸우실 때며, 적벽에서 주유와 부딪치셨을 때며, 화용도에서 관우를 만나셨을 때며, 그리고 동관에서 수염을 자르고 입을 옷을 벗어 던지실 때와 배를 뺏어 타고 화살을 피하며 위수를 건너실 때가 그렇습니다. 이는 모두 하늘 아래 승상께 맞설 자가 없음을 보이는 게 아니겠습니까?" 이는 전부 조조가 패전한 가슴 아픈 선례만 언급한 것으로, 장송이 조조를 비꼰 것이다. 이에 더욱 화가 난 조조는 장송을 참수하라고 명했다. 그러나 주위에서 사신을 참수하는 것은 불가하다고 적극 말리므로 조조는 장송을 죽도록 패주고 내쫓으라고 명령했다. 장송은 죽도록 맞고 목숨만 겨우 보존해서 허도를 떠났다. 여기에서 조조가 이미 천하의 상당 부분을 얻었기에 교만해진 것은 사실이나 협상을 하러 간 사신인 장송의 태도도 문제라 할 수 있다.

　조조가 한중에서 유비와 대치해서 싸울 때 조조는 유비의 군에게 계속 패했다. 결국 야곡에 영채를 세우고 방어를 하는데, 여러 날 대치하고 있던 조조는 답답하기 짝이 없었다. 앞으로 나가자니 마초의 군대가 가로막고 있고 물러가자니 촉병이 비웃을 터였다. 실로 진퇴유곡이었다. 그때 저녁 식사로 닭국을 먹던 조조는 닭갈비를 보고서 한심한 생각이 들었다. 닭갈비는 살이 없어 먹기가 힘들지만 그렇다고 버리자니 아까운 부분이다. 바로 한중이 기름지고 드넓은 중원이긴 하지만 물자가 풍부한 강남에 비해 볼 것이 없고 그렇다고 남에게 주기는 아까운 땅이었다. 이런 땅에서 힘든 싸움을 하고 있는 자신이 새삼 한심하게 느껴졌던 것이다. 조조가 이 같은 생각을 하고 있을 때, 하후돈이 들어와서 오늘 밤에 쓸 구호를 알려 달라고 했다. 조조는 무심코 계륵(닭의 갈비)이라고 말했다. 하후돈은 조조에게 들은 계륵을 암호로 각 군영에 전했다.

　그러자 행군 주부인 양수가 수하들에게 철군하기 편하도록 짐을 싸두라고 명령을 내렸다. 짐을 싼다는 말을 전해 들은 하후돈이 놀라서 양수에게 그 이유를 물었다. 양수는 하후돈에게 조조가 계륵이라는 암호를 쓰게 된 심경을 풀이해서 얘기하고 곧 퇴각 명령이 내려질 것이라고 설명했다. 그 말을 듣고 탄복한 하후돈은 자기 부하에게도 짐을 싸라고 명했다. 때마침 그곳을 지나가던 조조가 진중 부하들이 부산히 짐 싸는 것을 보고 하후돈에게 어찌된 일인지 문책을 했다. 하후돈은 양수가 헤아린 대로 조조에게 말했다. 그러자 조조는 발끈 성을 내면서 양수를 불러 터무니없고 요망한 말을 지어 냈다고 소리치고 참수했다. 결국 천하의 재사 양수는 지나친 헤아림과 이에 대한 부주의한 발설로 생명을 잃은 것이다.

그러나 조조군은 양수의 헤아림과 같이 결국 한중을 포기하고 중원으로 물러났다. 조조는 양수의 지나친 헤아림에 대해 평소 못마땅하게 생각하던 터였다. 과거에도 여러 차례 그는 조조의 심기를 건드리곤 했다. 그러던 차에 양수의 주책없는 말을 듣고는 화가 나서 그를 죽여 버렸던 것이다. 조조는 오기로 유비와 다시 싸우다 패하고 한중에서 퇴각하면서 양수를 죽인 것을 후회하고는 후하게 장사 지내 주도록 명했다. 남의 마음을 너무 읽을 줄 아는 재능도 때로는 해가 된다는 것을 보여 주는 예인 셈이다.

유비가 마침내 한중을 정복하고 한중왕이 되었다. 당시 요하는 유비에게 관우가 죽게 된 것은 유봉과 맹달이 관공을 돕지 않았기 때문이라면서, 이들을 처벌할 것을 청했다. 이에 제갈공명은 유봉과 맹달을 먼저 떼어놓을 것을 한중왕에게 권했다. 이때 유비의 신하 중에 맹달과 무척 가까운 팽양이 이 급보를 알리려고 맹달에게 서신을 띄웠다. 이 글이 마침 마초의 부하에게 차단되어 마초가 읽게 되었다. 의심스러운 생각이 든 마초는 팽양의 집을 찾았다. 아무 것도 모르는 팽양은 마초에게 술 대접을 했다. 마초는 술에 취한 팽양에게 "지난날 한중왕께서는 공을 몹시 두텁게 대접했는데, 요즈음은 점차 야박해지니 도대체 무슨 까닭이요?" 하고 은근히 부추겼다. 그러자 팽양은 "그 늙은 것이 벌써 정신이 흐트러져 함부로 사람을 대하고 있소. 내 반드시 그 갚음을 할 작정이외다"라고 속마음을 털어놓았다. 마초는 곧 유비에게 이를 고해 바쳤다. 붙잡힌 팽양은 그제서야 자신의 입이 너무 가벼웠음을 뉘우쳤다. 이처럼 팽양은 취중에 입을 잘못 놀려 참형당했다. 물론 이 얘기를 전해 들은 맹달은 유비에게 사직서를 전하고 조비가 황제가 된 위나라로 투항하였다.

지금까지 말조심을 하지 않아 죽음을 자초했던 사례를 몇 가지 소개했다. 이처럼 피해를 주는 말을 보면, 첫째 상대방을 이간질시키기 위한 말이다. 남을 이간질하기 위한 말은 대개 처음에는 목적을 달성한다. 그러나 시간이 지나면 부메랑 효과로 인해 이간질한 사람이 오히려 화를 당하게 되는 수가 자주 있다.

둘째는 아첨하는 말이다. 물론 인간은 아첨을 하면서 살게 마련이다. 아첨이 긍정적인 결과를 낳기도 한다. 그러나 지나친 아첨은 주위 사람들의 이마를 찌푸리게 만들고, 나아가 친구를 잃게 한다. 아첨을 듣는 사람도 처음에는 좋아하지만 너무 자주 들으면 그 진의를 의심하게 마련이다.

셋째는 불필요한 비판이다. 이러한 말은 화를 자초하는 경우가 많다. 우리는 선비는 바른말을 해야 한다고 가르쳤다. 또한 군자는 바른말을 귀담아 들어야 한다고 말한다. 그래서 왕에게 직언하는 사람들을 충신이라고 칭송한다. 그러나 현실정치에서 올바른 비판을 받아들이는 통치자는 드물다. 권력이 비대해지면 비대해질수록 통치자는 남의 비판을 듣지 않으려는 경향이 있다. 이 같은 통치자들의 행태 때문에 충언을 하는 신하들과는 멀어지고, 간신이 득세하게 되는 것이다. 우리는 『삼국지』를 통해 직언이나 비판을 하던 신하들이 참수당한 사례를 수없이 볼 수 있다. 환관이 자주 정치 무대에서 득세한 것도 바로 통치자들이 직언을 듣기 싫어해서 나타난 정치 현상이다.

이 같은 현상은 현대 민주주의 하에서도 자주 볼 수 있다. 특히 정권 말기나 문제 있는 정권일수록 직언이나 비판을 듣기 싫어하는 통치자가 많다. 결국 많은 통치자들이 개혁이나 혁명이라는 명분을 내걸고 다양한 비판을 막으려고 한다. 현대 민주주의 국가에서도 "측근이다", "가신이다", 또는 "현대판 내시다"라는 말을 자주 들을 수 있다. 가신이나 측근은 대개 통치자의 의중을 잘 살펴서 통치자가 싫어하는 말은 하지 않는 경우가 많다. 삼국 시대나 지금이나 권력 주변에서 성공한 사람이 되기 위해서는 불필요한 비판을 자제할 수 있는 능력을 키워야 한다. 흔히 통치자들이 솔직한 말을 해보라고 할 때 이를 액면 그대로 받아들이고 솔직히 이야기하다 화를 당하는 경우를 자주 볼 수 있다. 따라서 통치자를 위해서 일할 때는 현실을 간파하는 직언을 해야 한다. 이때 통치자가 직언을 받아들이게 말하는 것도 일종의 기술이다. 그러기 위해서는 타이밍을 잘 맞출 필요가 있다. 하지만 통치자에게 직언할 수 있기 위해서는 통치인의 신임이 전제되어야 한다.

넷째, 확실히 알지 못하고 또한 확인하지도 않고 아는 척하고 발설하다가 화를 자초하는 경우다. 김위가 조조를 제거하고 유비를 모셔서 천하를 보위하려 할 때 친구인 어림군 대장인 왕필을 죽이기로 했다. 김위는 성안에 불을 지르고 왕필에게 활을 쏘았다. 부상을 당해 급해진 왕필은 김위의 집을 찾아서 몸을 피하려고 대문을 두드렸다. 이때 김위의 아내가 문 두드리는 사람이 누구인지 확인도 하지 않고 "벌써 왕필을 죽이고 돌아오시는 길입니까?" 하고 소리쳤다. 그제서야 왕필은 김위가 주범의 한 명이라는 사실을 깨닫고 조조에게 고해 이들을 붙잡아서는 처형했다. 김위의 아내는 상대가 누군지 확인하지도 않고 떠들다가 멸문지화를 당했다.

우리는 확인되지 않은 사실에 대해서 함부로 말하는 것을 삼가야 한다. 그럼에도 확인되지 않은 사실을 함부로 사실인 양 말하는 정치인을 너무나 많이 볼 수 있다. 나중에 사실이 밝혀져 무책임한 발언을 한 정치인이 감옥에 가기도 한다. 정치인은 자고로 말을 조심해야 한다. 우리 나라에서도 대통령이나 국무위원이 말을 함부로 해서 곤욕을 치르는 것을 자주 볼 수 있다. 요즘은 미디어가 엄청나게 발달해서 실로 내 입에서 나가면 천하가 곧 알게 되는 사례가 너무나 많다. 따라서 말조심을 하는 것이 정치인이 가져야 할 첫 번째 소양이 되었다.

민주주의 국가에서는 통치자들이 말을 해야 한다. 정치인은 훌륭한 말로 카리스마를 더해 가는 경우가 많다. 몇 가지 예를 들어 보자. 미국 독립전쟁 따 워싱턴 대통령에 대한 이야기다. 전쟁이 끝나갈 무렵 대륙의회에 대한 불만이 고조된 가운데 장교들과 사병들이 의회로 쳐들어갈 준비를 하고 있다는 소식을 듣고, 당시 군사령관인 워싱턴은 불만에 찬 군을 막고 서서 민간 정부에 군이 도전하는 것은 스스로의 자유를 버리는 행위라고 역설하면서 본래 위치로 돌아가라고 호소했다. 그러나 반란을 일으킨 군인들의 불만은 좀체 누그러지지 않았다. 무기력함을 느낀 워싱턴이 반란의 부당함을 지적한 한 의원의 편지를 주머니에서 꺼내 읽으면서 말했다. "여러분, 제가 안경을 좀 써야겠습니다. 조국을 위하여 전쟁을 하다 보니 이제 머리는 백발이 되었고, 눈은 장님이 될 정도로 침침해졌습니다……." 이 말에 그곳에 모였던 수백 명의 장교와 사병들은 엉엉 울고 말았다. 결국 군대의 쿠데타는 일어나지 않았다. 후일 제퍼슨 대통령은 이 일을 언급하며 워싱턴이 아니었으면 미국의 자유는 수호되지 못했을 것이라고 술회한 바 있다.

남북전쟁이 거의 끝나갈 무렵인 1865년 3월 대통령에 재선된 링컨은 취임사에서 남부인들에 대한 북군의 보복을 우려하며 "아무에게도 원한을 가져서는 안 되고, 모든 사람들에게 자애로운 마음을 가져야 한다"는 연설을 했다. 그의 연설은 많은 사람들을 감동시켰다. 또한 링컨은 게티스버그 전투의 승리를 축하하는 연설에서 "오늘 우리가 모여서 내가 하는 연설은 곧 잊혀져 버리겠지만 이곳에서 자유를 위해 생명을 잃은 사람들은 영원히 기억된다"면서 "국민에 의한, 국민이 하는, 국민을 위한 정부는 지상에서 영원히 사라지지 않는다"고 하였다. 그러나 역사의 아이러니는 게티스버그에서 자유를 위해 싸우다 숨진 사람들은 다 잊혀졌어도 링컨이 한 이 유명한 연설은 전 세계인들이 아직도 생생히 기억하고 있다는 것이다.

프랭클린 루스벨트 대통령이 1933년 3월 취임할 당시 미국은 극심한 경제공황으로 실업자들이 떼지어 거리에서 항의하고 있었다. 루스벨트는 취임사에서 "우리가 두려워해야 할 유일한 두려움은 두려움 자체다"라면서 미국인들은 두려움으로부터 해방되어야 한다며 용기를 북돋아 주었다.

윈스턴 처칠이 1940년 5월 처음 보수당의 수상으로 당선되었을 때 영국은 독일의 나치들과 한창 전쟁 중이어서 영국민들은 고통을 당하고 있었다. 이때 처칠은 의회에서 "제가 여러분들께 드릴 수 있는 것은 피와 노고와 눈물과 땀뿐입니다"라는 유명한 연설을 했다. 그의 연설은 영국민들이 나치 독일과 싸울 것을 더욱 결의하게 만들었다.

1961년 1월 20일 케네디 대통령은 취임사에서 다음과 같은 연설을 했다. "만일 자유로운 사회가 많은 가난한 사람들을 도와줄 수가 없다면, 그 자유로운 사회는 소수의 부유한 사람들도 구제할 수가 없습니다. ……그러므로 나의 사랑하는 미국 시민 여러분, 여러분의 국가가 여러분을 위해서 무엇을 할 수 있는가를 묻지 말고 여러분이 국가를 위해서 무엇을 할 것인가를 물어 주십시오." 케네디는 이 말로 미국인들의 이상을 하나로 만들 수 있었다.

위의 경우에서 보듯이 말을 잘 하면 통치자에게 큰 힘이 될 수 있다. 통치자뿐만 아니라 기업을 위해서 일하는 사람, 자선단체를 위해서 일하는 사람, 정부를 위해서 일하는 사람 모두 말을 상황에 맞게 잘 한다면 상대방에게 좋은 인상을 심어 줄 수가 있다.

삼국 시대에 말을 잘못해 화를 입은 경우도 많았지단, 적절한 말로 상대를 감복시킨 예도 많다. 조조가 유비에게 "천하에서 영웅은 그대와 나뿐이오"라고 했을 때, 유비는 자기 연극이 탄로난 것 같아서 섬뜩하기도 했지만 한편 조조에게 감사하는 마음도 들었으리라고 짐작된다.

수어지교(水魚之交)의 고사는 너무나도 유명하다. 유비가 젊은 제갈량을 삼고초려해 데려다 놓고는 매일 그를 융숭히 대접하면서 그와 대화를 나누었다. 이에 평생을 유비를 쫓아다니던 관우와 장비는 자기들을 제쳐놓고 공명을 이같이 대접하는 데에 화가 치밀어서 불평을 털어놓았다. 불평을 하는 이들에게 유비는 "공명과 나는 말하자면 물과 물고기와 같은 사이야. 물고기는 물 없이는 살아갈 수가 없지. 이 점을 잘 헤아려 주기 바라네"라고 했다. 이 절묘한 표현은 관우와 장비의 입을 막았다.

손책이 강동에서 한참 군대를 일으킬 때, 어릴 때의 친구이자 명
문가의 자손이고 병법·무용·식견 등 모든 것에 탁월하며 인물도
잘생긴 주유에게 편지를 썼다. 주유는 병사들을 이끌고 옛 친구의
군대를 맞았다. 손책은 매우 기뻐하며 "자네가 와주면 나는 범에
날개가 달린 격일세" 하고 말했다. 실로 친구를 감동케 하는 말이
아닐 수 없다.

여포가 서주를 점령하고 자신의 지위를 인정받고 싶어 진등을
수도로 파견했다. 그러나 진등은 조조를 보자 오히려 여포를 치
라고 권했다. 조조는 이를 받아들이고 진등과 그의 아버지 진규
에게 벼슬을 내렸다. 이들이 정작 여포를 위해서는 아무 소득 없
이 빈손으로 돌아오자, 화가 난 여포가 진등에게 이를 따졌다. 그
러자 진등은 얼른 둘러대기를, 조공이 "아니, 네 말은 틀리다. 이
를테면 매를 기르는 것과 같아서 허기지게 해두면 도움이 되지만
배가 부르면 날아가 버리는 게 여포 장군이야"라면서 앞으로 여
포가 더 큰 공을 세울 때 더 높은 벼슬을 준다고 했다고 전했다.
이 말을 들은 여포는 만족해서 화를 풀었다.

삼국 시대나 오늘날이나 말은 잘 하면 약이 되고 잘못하면 화를
부른다. 특히 정치인들은 더욱 그러하다. 삼국 시대나 전제주의 정
치체제와 달리, 민주주의 체제 하에서는 정치인이 말을 해야만 한
다. 그러므로 말을 잘 가려서 하는 것도 정치인의 재능이라 할 수
있다. 현대 정치인은 말을 하기에 앞서 깊이 생각할 필요가 있다.

6. 유언비어의 정치

유언비어는 인간 사회에 언제나 존재했으리라고 생각된다. 인간은 흔히 가십을 입에 잘 올린다. 이것은 보통 하나의 애깃거리로 끝나지만 정치 세계에서는 치명적인 타격을 입힐 수 있다. 삼국 시대에도, 유언비어를 정치적 목적을 위해 유포하는 경우가 흔했다.

하태후의 아들이 황제가 되자, 하태후의 오빠 하진이 대장군이 되어 병권을 쥐게 되었다. 당시 환관과 외척 간의 싸움이 격심했는데, 그 와중에 하진이 동태후를 독살시켜 죽인 사건이 일어났다. 이 기회를 놓치지 않고 환관들은 하진이 동태후를 독살하였을 뿐만 아니라 대위(大位)까지 넘보고 있다면서, 하진이 환관을 죽이려는 이유는 환관들이 충성으로 사직을 보존하려고 애쓰기 때문이라는 소문을 고의적으로 퍼뜨렸다. 십상시들이 퍼뜨린 소문은 엄청나게 부풀려져 낙양성 안에 널리 퍼졌다. 실로 귀 뚫린 자치고 그 소문을 듣지 않은 자는 아무도 없다고 할 수 있을 정도였다. 당시 하진의 수하에 있던 원소도 이 고약한 소문을 듣고는 그 진원지를 조사해 하진에게 보고하면서 환관 세력인 십상시를 전부 처형할 것을 권했다. 그런데 하진이 머뭇거리는 사이에 환관들이 재빨리 손을 썼다. 환관들은 하진의 아우 하묘(何苗)에게 엄청난 뇌물을 보내는 한편, 하진이 유언비어의 진원지도 제대로 파악하지 못하고 애꿎은 십상시를 전부 죽이려 하는 부당한 짓을 한다고 고변하였다. 하묘는 환관들의 참소를 그대로 누이 하태후에게 전했다. "형님은 새 성상을 도와 너그럽고 어진 정사를 펼 생각은 않으시고, 사람 죽이는 일에만 힘을 쏟고 계십니다. 지금은 또 아무 까닭 없이 십상시를 모조리 죽여 없앨 것을 꾀하고 있으니 그것은 바른 나라를 어지럽히는 일이 될 뿐입니다." 십상시들이 하진에 대한 고약한 유언비어를 만들어 퍼뜨린 후, 이를 죄주려고 하던 하진을 오히려 하태후한테 고변하여 죄를 뒤집어씌우는 짓을 한 것이다. 하태후가 판단력이 흐려져서 십상시의 편을 드는 바람에 하진은 결국 십상시에게 살해된다. 결국 유언비어를 이용한 정치는 외척인 하진 가족과 환관들이 모조리 죽임을 당하는 결과를 야기했고, 동탁이 후한 정권을 쥐게 되는 계기가 되었다.

조조가 복양성(僕陽城)에 있는 여포를 칠 때의 일이다. 조조는 여포를 얕본 나머지 복양성 안에 있는 전씨라는 대부호의 말을 믿고 야음을 틈타 성안으로 진주했다. 그때 갑자기 성안에서 불길이 일었다. 그제야 여포의 꾐에 빠진 것을 깨달은 조조는 이전과 악진의 도움을 받아 성에서 간신히 빠져나올 수 있었다. 조조는 정신을 차린 후, 성안에서 조조가 불에 타죽었다고 소문을 내도록 했다. 성안에서 불을 만나 혼이 난 조조였기에 그럴싸한 소문이었다. 조조가 죽었다는 말은 곧 세작들에 의해 복양성 안에 있는 여포의 귀에도 들어갔다. 조조가 온몸이 불에 데어 본진에 도착하자마자 숨을 거두었다는 유언비어였다. 간밤 전투에서 조조가 꼭 죽게 되어 있던 처지라 여포는 이를 더욱 믿게 되었다. 여포는 조조의 예측대로 군사를 점검하고는 성에서 나와 조조의 진채가 있는 마릉산으로 진격해 왔다. 여포의 군사가 마릉산을 반쯤 지났을 때, 갑자기 북소리와 함성이 일면서 복병이 밀어닥쳤다. 함정에 빠졌음을 간파한 여포는 즉각 퇴군을 하여 복양성 안으로 도피했다. 혼이 난 여포는 다시 성을 나와서 공격할 엄두를 내지 못하고 지키기만 했다. 조조는 헛소문을 이용해 큰 전과를 거둔 셈이다.

손책이 유요를 쳐부수고 우저를 되찾은 다음 말릉으로 돌아가 설례가 지키는 성을 공격할 때의 일이다. 성곽이 견고하고 만만치 않아 공격하면 군사를 많이 잃을 수 있기에 손책은 유요가 이미 패망했음을 알리고 항복을 권유하기 위해 성벽 아래로 달려가 설례를 찾았다. 설례는 활 잘 쏘는 장수에게 손책을 쏘게 했다. 화살을 맞은 손책이 그만 말에서 떨어졌다. 다행히 부하 장수들이 손책을 구해 영채로 돌아왔다. 손책은 얼른 꾀를 내어 자기가 화살에 맞아 죽었다는 거짓 소문을 퍼뜨리게 했다. 손책의 진채에 곡성이 울려 퍼지자 설례의 세작이 손책의 죽음을 설례에게 알렸다. 세작의 말을 들은 설례는 기뻐하며, 적장이 죽었으니 적을 무찌르는 것은 문제 없다고 생각하고 그의 장수 장영과 진회에게 모든 군사를 몰고 성밖으로 나가 공격할 것을 명령했다. 자신도 일군을 몰고 성을 나가 손책의 진을 공격했다. 그런데 얼마 되지 않아 사방에서 손책의 복병이 물밀듯이 뛰쳐나왔다. 또한 죽었다던 손책이 "이놈들, 손책이 여기 있다. 얼른 항복하지 못하겠느냐?"고 고성을 지르며 설례의 군을 공격해 왔다. 결국 장수인 장영과 진횡은 전사하고 설례의 군은 전부 섬멸되었다. 이처럼 손책은 자기가 죽었다는 소문을 내서 적을 안심시킨 후 적군을 무찔렀다.

적벽대전 때의 일이다. 압도적인 조조군과 오군이 대치할 때 오군의 총사령관은 주유였다. 조조는 약세인 손권·유비 연합군에게 싸우기보다는 항복하라고 권유하기 위해 주유와 동문수학한 장간(蔣干)을 주유 진영에 파견했다. 주유는 장간이 사신으로 온다는 전갈을 받고 이는 분명 세작으로 온 것이라 짐작했음에도 장간을 위해 큰 잔치를 베풀었다. 주유는 잔치 중에 칼을 뽑아 태사자에게 주고는 오늘 연회장에서 정치를 논하는 사람은 죽이라고 명령했다. 이에 장간은 주유에게 항복을 설파할 기회도 갖지 못하고 술만 마실 수밖에 없었다. 주유는 장간을 이 사람 저 사람에게 소개하기도 하고 또한 군영 이곳저곳을 구경시키면서 조조의 목을 곧 잘라서 장간에게 보여 주겠다고 호기를 부렸다. 장간은 몹시 마음이 불편했지만 어쩔 수 없이 주유를 따를 수밖에 없었다. 술에 만취한 주유가 장간을 보고 친구를 오랜만에 만났으니 자기 영채로 가서 함께 자자며 장간을 데리고 갔다.

영채에 도착한 주유는 곧 침상에 쓰러져서 코를 골며 잠이 들어 버렸다. 불안한 장간은 잠든 주유의 장막에서 이것저것 서류를 뒤지다가 문득 조조의 수군 사령관 채모(蔡瑁)와 장윤(張允)이 주유에게 보낸 밀서를 발견했다. 밀서에는 다음과 같이 씌어져 있었다. "저희들은 비록 조조에게 항복하였으나 벼슬과 봉록을 탐낸 것이 아니라 형세에 몰려 어쩔 수 없이 그렇게 된 것입니다. 지금 북군의 진채 안에서도 이미 북군을 지치게 만드는 일을 하고 있으며 되도록 빨리 조조의 목을 잘라 휘하에 바치려고 애쓰고 있습니다. 오래잖아 내가 보낸 사람이 가게 될 것인데 곧 소식 주시고 행여라도 의심치 마십시오. 먼저 이렇게 답장을 대신합니다." 깜짝 놀란 장간은 이 편지를 옷 속에 얼른 감추었다. 그런데 문득 주유가 잠꼬대를 하면서 "자익, 내 며칠 안에 자네에게 조조 그 역적 놈의 목을 보여 줌세"라고 중얼거렸다. 장간은 채모와 장윤이 주유와 내통하고 있음을 확신하고는 주유가 자는 동안 오나라에서 도망쳤다. 그러나 채모와 장윤이 보낸 편지는 주유가 만든 가짜이고, 주유의 잠꼬대는 이 헛소문을 장간에게 알려 조조에게 전하려는 계획된 행동이었다. 물론 장간은 이 밀서를 조조에게 전해서 채모와 장윤의 목을 베게 만들었다. 이 같은 계책으로 주유는 수군을 훈련시키는 데 익숙한 채모와 장윤을 제거할 수 있었다.

본래 조조의 군대는 북쪽 사람들이 많고 대륙의 군대이기에 수전에 무척 약했다. 그런데 채모와 장윤은 본래 형주의 유표 아래 있었기 때문에 수전에 능했다. 조조는 이들이 한번 배신한 사람들이라 마음에 들지는 않았지만 수군을 훈련시키기 위해서 어쩔 수 없이 쓰고 있던 상황이었다. 반면에 상대적으로 열세에 놓여 있던 오나라의 주유는 장강의 지리적 이점을 이용해서 수군으로 조조군을 칠 작정이었다. 그런데 채모와 장윤이 조조의 수군을 훈련시키는 것을 보고는 이들을 제거하기로 마음먹었다. 주유는 장간을 이용해 결국 의심이 많은 조조를 거짓 편지와 거짓 소문으로 속여 채모와 장윤을 죽이는 데 성공함으로써 수군의 걱정을 덜 수 있었다.

또한 적벽대전 때의 일이다. 방통이 조조에게 거짓으로 항복하고는 배와 배를 철쇄로 연결하면 배가 흔들리는 것을 막을 수 있다고 연환계(連環計)를 알려 주었다. 그리고는 동오로 돌아가서 많은 사람들을 항복시키기 위해 조조 진중을 떠날 채비를 할 때였다. 배를 타려는데 문득 누가 소리를 치면서 방통을 꾸짖었다. "너희가 실로 간이 커도 이만저만이 아니로구나! 황개는 고육계(苦肉計)를 쓰고 감택은 거짓 항서(降書)를 올리더니, 이제 너는 예까지 와 연환계를 일러 주고 가는구나. 모조리 태워 없애려는 수작이지? 하지만 안 된다. 너희들이 비록 모질고 독한 솜씨를 부려 조조는 속였을지언정 나를 속이지는 못하리라!"

방통이 놀라서 보니 자신과 동문수학한 옛 친구 서서였다. 서서는 오나라의 작전을 간파하고 있었으나 유비와의 옛 정을 생각해서 입을 다물고 있었다. 그러나 전쟁에서 조조군이 패하면 서서도 혼이 나겠기에 이곳에서 빠져 나갈 계략을 방통에게 물었다. 방통은 웃으면서 마등과 한수가 북쪽에서 조조를 치려 한다는 헛소문을 사용하라고 권했다. 서서는 곧 가까운 사람 몇을 몰래 불러 마등과 한수가 쳐들어온다는 헛소문을 퍼뜨리게 했다. 이 헛소문은 순식간에 조조의 진중에 퍼졌고 조조의 귀에도 들어갔다. 한 장수가 서량(西凉)의 마등과 한수가 모반하여 수도인 허도로 쳐들어오고 있다고 조조에게 보고했다. 놀란 조조는 "내가 남쪽으로 군사를 내면서 마음속으로 가장 걱정한 게 바로 마등과 한수였소. 군중에 떠도는 말이 비록 참인지 거짓인지 가려 낼 길은 없지만 그들을 막을 계책을 세우지 않을 수 없구려" 하면서 누가 가서 마등과 한수의 군을 막을 것인가를 물었다. 이때 소문을 퍼뜨린 장본인인 서서가 자원했다. 서서의 능력을 믿고 있는 조조는 기뻐하며 서서에게 군마를 주고 이들을 막으라고 떠나 보냈다. 이렇게 천하의 재사인 서서도 유언비어를 퍼뜨려 자신을 사지에서 구할 수 있었다.

유비가 서천을 칠 때의 일이다. 당시 용맹스럽기로 천하에 이름을 떨친 맹장 마초가 조조에게 패망하여 유랑하다가 한중의 장로에게 의탁하고 있었다. 서천의 유장이 유비와 맞서 싸울 때 유장은 영토를 나누어 주겠다고 약속하면서 장로에게 구원을 요청했다. 이에 장로는 마초를 보내 후미에서 유비군을 치도록 명했다. 마초는 유비군의 상장인 장비와 격투를 벌였으나 전쟁은 뜻대로 되지 않아 그저 대치만 하게 되었다. 반면에 유비와 제갈량은 마초의 군대를 섬멸하는 것도 중요하지만 용맹스런 마초를 자기들 편으로 만들고 싶었다. 마초를 얻기 위해서 제갈량은 금은보화를 싸서 막료인 손건을 통해 장로가 가장 신임하는 모사 양송(楊松)에게 보냈다. 양송은 본디 뇌물을 무척 좋아하는 위인이었다. 양송은 마초가 믿지 못할 사람이니 전투에서 빨리 귀환시키도록 장로에게 진언했다. 양송의 말이라면 무엇이든지 듣는 장로는 곧 마초보고 돌아오라고 명령을 내렸다. 마초는 전투에서 승리하지 못한 터라 급히 귀환하라는 명령에 망설이고 있었다. 이에 양송은 "마초는 서천을 빼앗아 스스로 촉왕이 되려 한다. 그렇게 하여 아비와 자식의 원수를 갚으려 들 뿐 한중의 신하 노릇을 할 마음은 없다"는 유언비어를 퍼뜨렸다. 귀환을 안 하고 주저하는 마초를 보면서, 한중왕이 되고 싶어 하던 장로는 양송이 퍼뜨린 마초에 관한 유언비어를 믿게 되었다. 걱정이 된 장로는 양송에게 좋은 방법이 없는지 물었다. 그러자 양송은 장로에게 마초가 적어도 서천을 뺏고 유장의 목을 베고 유비의 형주군을 무찌를 수 있으면 천천히 돌아와도 좋다고 전하도록 제언했다.

이 같은 통보를 받은 마초는 불만이 있었지만 어쩔 수 없이 귀환하기로 결정했다. 마초가 군사를 물려 되돌아온다는 말을 듣자, 양송은 이번에는 또 다른 유언비어를 퍼뜨렸다. 즉 "마초가 군사를 되돌려 오는 것은 반드시 딴 뜻이 있어서일 것이다. 마초가 돌아오면 한중에는 큰 난리가 난다"는 악랄한 유언비어였다. 이에 놀란 장로는 아우인 장위에게 모든 곳을 엄히 방위해서 마초의 군이 돌아오지 못하게 했다. 결국 진퇴양난이 된 마초는 제갈량이 보낸 세작에게 설득당해 유비에게 투항하고 말았다. 실로 유언비어만 믿고 경솔하게 행동하다가 장로는 당대의 명장인 마초를 잃게 된 것이다.

승상이 된 제갈량이 위나라를 치기 위한 북벌을 계획할 때 가장 마음에 걸리는 사람이 사마의였다. 이때 마속(馬謖)이 제갈공명에게 사마의를 제거할 수 있는 방법으로 유언비어를 이용할 것을 제안했다. 공명은 즉시 이를 이행했다. 공명은 몰래 허도와 업군(鄴郡)에 사람을 보내서 사마의가 역적질을 한다고 헛소문을 퍼뜨렸다. 이와 함께 가짜 방문(榜文)도 성문에다 써붙였다. 방의 내용은 대개 다음과 같았다. "지금 제위에 오른 황손 조예는 이렇다 할 덕행이 없으면서도 함부로 스스로 높였으니 이는 태조의 뜻을 저버림이나 다름이 없다. 이제 나는 천명을 받들고 사람들이 바라는 바에 따라 진사왕을 받들어 세우고자 한다. 오늘로 군사를 일으키니 이 글이 이르는 곳은 모두 새로운 임금의 명에 따르도록 하라. 따르지 않는 자는 마땅히 그 구족(九族)을 멸하리라!" 조예가 이들 유언비어와 방을 보고 놀라서 신하들과 의논하는데, 태위 화흠(華歆)이 일찍이 사마의가 옹·양 두 주를 맡으려 한 것은 반역을 꾀하기 위한 것이라고 고했다. 또한 태조인 조조가 사마의에게는 반역의 상이 있으니 병권을 주지 말라고 했던 말을 조예에게 상기시켰다. 여러 신하들이 사마의를 참하라고 제언했으나 대장군 조진이 격렬히 말렸다. 조예는 사마의를 죽여 없애는 대신 사마의로부터 병권을 빼앗고, 직책 또한 모두 회수한 후 시골로 낙향시키는 것으로 소문과 방문에 의한 사건을 마무리했다. 결국 천하의 모사 사마의가 마속이 지어낸 유언비어로 삭탈관직되는 신세가 되고 만 것이다. 그러나 제갈공명의 침공으로 다급해진 조예는 후일 사마의를 재등용하게 된다.

사마소가 군사를 일으켜 서촉을 정벌하려고 준비하면서 종회를 새로이 사령관으로 임명했다. 종회는 청주·예주·연주·형주·양주 다섯 주의 군마를 모아 공격을 준비했다. 종회는 촉을 공격한다는 사실을 알리기가 싫어 동오를 친다는 거짓 소문을 퍼뜨리게 하는 한편, 다섯 주의 군사들로 하여금 동오를 치기 위한 배를 만들게 했다. 동오를 친다는 소문에 놀란 사마소가 종회에게 지상으로 진군해서 서촉을 쳐야 하는데 배를 주조하는 의도가 무엇이냐고 종회를 추궁했다. 이에 대하여 종회는 사마소에게 "먼저 떠들썩하게 동오를 친다는 소문을 퍼뜨리면 동오는 제 발등의 불이 급해 함부로 움직이지 않을 것입니다"라고 말했다. 서촉을 공격한다는 사실이 알려지면 서촉이 동오에게 구원을 요청할 수도 있어 미리 동오를 친다는 헛소문을 퍼뜨린다는 이야기였다. 또한 동오를 친다는 헛소문 때문에 서촉의 방비가 소홀한 틈을 타서 서촉을 치겠다는 것이었다. 종회의 계책에 사마소는 감탄하면서도 종회를 더욱 감시하게 되었다.

실로 소문은 무서운 것이다. 삼국 시대에도 유언비어는 지대한 정치적 영향력을 발휘했다. 소문이 생기는 이유는 여러 가지가 있다. 첫째는 상대방을 해치기 위하여 고의적으로 만들어서 퍼뜨리는 가장 보편적인 유언비어이다. 이는 질투심이나 불만으로 인해 만들어 낸 것이 일반인들에게 마치 사실처럼 알려지는 경우라 하겠다. 특정인을 해치기 위해 고의로 조작한 유언비어는 정치에서 흔히 사용되는 방법이다. 둘째, 오해로 인해 헛소문이 퍼지는 경우이다. 상대방을 오해하여 짐작으로 내린 결론을 남에게 말한 것이 퍼지면서 야기되는 소문이다. 셋째, 상대방에 대한 과대평가, 또는 찬양하기 위해서 한 말이 소문이 되어 신화를 창조하는 경우이다. 이는 황제나 통치자들을 선전하기 위한 수단으로 종종 이용되곤 한다. 실제 유언비어는 통치자나 개인의 카리스마를 강화하는 역할을 한다.

하지만 유언비어는 나라나 정권을 망치기도 한다. 삼국 시대에도 악의적인 소문으로 상대방을 망치는 경우가 너무 많았다. 불필요한 소문에 지나치게 의존하다가 훌륭한 신하를 죽이거나 내쫓는 일이 빈번했던 것이다.

현대 정치에서도 유언비어는 통치자를 괴롭히기도 하고, 통치자의 카리스마를 키워 주기도 한다. 특히 우리 나라에서는 선거철만 되면 유언비어가 무성하게 나돈다. 나중에 이 유언비어가 거짓이라는 것이 드러나기도 하지만, 선거 당시에는 후보자의 당락에 엄청난 영향을 준다. 따라서 국민의 현명한 판단이 요구된다.

7. 서열의 정치

　인간 관계에서 서열은 중요하다. 현대 민주주의 사회도 서열 파괴를 외치면서도 어쩔 수 없이 서열을 인정하는 모순을 안고 있다. 안정된 사회일수록 서열이 자연스럽게 형성되고 혼란한 사회일수록 서열 때문에 갈등을 겪는다.

　서열은 여러 가지 이유로 매겨진다. 인간 사회에서 가장 자연스럽게 형성되는 서열 관계는 출생 순서에 따른 것이다. 누가 먼저 태어났느냐에 따라 형님과 아우가 된다. 공자도 자연 질서의 중요성을 인정해서 장유유서(長幼有序)를 강조했다. 서열은 결혼이나 가족 관계에 의해 형성되기도 한다. 나이 어린 여인을 형수님이라 부르고, 나이 어린 사람을 삼촌이라고 부르기도 한다. 서열은 법에 의해 정해지기도 한다. 군주제 사회에서나 민주주의 사회에서나 가장 중요한 통치 수단은 법에 의한 질서의 유지이다. 법은 특정인에게 권위를 부여한다. 특정인이 잘났든 못났든 간에 법에 의해 부여받은 권위에는 복종해야 한다. 이 같은 질서가 유지되지 못하면 사회는 혼란에 빠질 수밖에 없다. 서열은 또한 권력에 의해 생기기도 한다. 권력을 쟁취하면 많은 사람들이 복종하게 된다. 물론 가장 원시적인 형태의 권력은 개인의 물리적인 힘이다. 그러나 사회가 복잡해지면서 권력의 원천도 여러 가지로 발전해 왔다. 인간 사회의 서열은 금전 관계에 의해 매겨지기도 한다. "화가 나면 출세를 해라"든지 "돈이면 제일이다"라는 말들이 돈의 중요성을 말해 준다. 실제로 돈은 인간에게 엄청난 힘을 부여한다. 그 중에서도 사회의 서열을 만들어 주기도 한다. 서열은 또한 특정한 재능이나 업적으로 인해 생긴 신화에 의해 매겨지기도 한다. 즉, 인간의 카리스마가 서열을 결정짓는다는 말이다.

이처럼 서열은 인간 관계에서 중요하다. 어찌 보면 정치적 투쟁은 이 서열을 결정짓는 싸움이라 할 수 있다. 따라서 지혜로운 지도자는 이 서열 관계를 잘 운영할 줄 알아야 한다. 그렇지 못하면 하극상으로 인해 나라를 망칠 수도 있다. 삼국 시대에도 이 서열의 정치는 중요했다. 서열을 둘러싼 싸움과 하극상으로 말미암아 나라를 망치기도 했기 때문이다.

나라가 위기에 처해 있거나 전쟁시에는 지휘의 서열이 분명해야 한다. 동탁을 치기 위해 17로의 제후들이 모였을 때의 일이다. 남양태수 원술, 기주자사 한복, 예주자사 공주, 연주자사 유대, 하내태수 왕광, 진류태수 장막, 동군태수 교묘, 산양태수 유유, 제북상 포신, 북해태수 공융, 광릉태수 장초, 서주자사 도겸, 서량태수 마량, 북평태수 공손찬, 상당태수 장양, 장사태수 손견, 발해태수 원소는 실로 후대 삼국 시대를 화려하게 장식한 제후들이다. 이들의 군세는 대단했고 군졸도 많았다. 그러나 군졸들은 여기저기서 모여든 오합지졸에 지나지 않았다. 이같이 다양한 지역의 군졸이 모이면 늘 질서가 문제된다.

이에 하내태수 왕광이 말했다. "이제 우리는 대의를 받들어 모였소이다. 그러나 군사들은 각기 이끄는 이가 다르고 떠나온 곳이 달라 힘을 합치기 어렵소. 먼저 맹주를 세우고 모두 그 영을 받기로 하면 좌우로는 연결이 되고 상하로는 질서가 있어 비로소 단합된 힘을 보일 수 있을 것이오. 진병(進兵)은 그 뒤의 일이외다." 이 말이 있자, 조조는 "옳으신 말씀이요. 실은 제가 여러분을 한자리에 모이게 한 것도 그 때문이었소이다. 여기 원본초(袁本初)는 4세 3공의 가문으로 오래 거느려 온 관리들이 많고, 또 한(漢)의 이름난 재상의 후예이기도 합니다. 우리 맹주로 모자람이 없으리라 여겨 감히 추천합니다"라고 응수했다. 실로 예나 지금이나 가문이 좋으면 덕을 보는 정치인이 많다. 원소는 여러 번 사양하다가 주위의 적극적인 권유로 맹주가 되는 것에 응했다.

『삼국지』를 읽은 사람들은 알겠으나, 이 제후들의 모임에서도 유비·관우·장비는 서열이 낮아 주위의 괄시를 받아야 했다. 제후들의 연합군이 동탁의 장수 화웅에게 계속 패했을 때, 관우는 화웅과 한판 겨루겠다고 나섰으나 원술은 관우는 일개 아장인 유비의 마궁수라는 이유로 막았다. 그러나 조조의 설득으로 관우가 간신히 화웅과 일전하는 기회를 얻게 되었다. 물론 관우가 화웅의 목을 베는 공을 세워 화를 풀었다. 관우가 화웅을 베었다는 것은 역사적 기록이 없고 『삼국지연의』에서만 볼 수 있는 영웅담이다. 그러나 여기서 이야기하고자 하는 것은 정치 사회엔 서열이 중요하다는 것이다. 보통 상대방을 사회적 지위에 의해 평가하는 것이 다반사지만, 관료화되어 있는 정치 사회에서는 계급이 더 중요하다는 것이다. 원소는 3공을 배출한 집의 후손이라 17로군과 같이 거대한 군의 수장도 쉽게 되지만, 돗자리를 짜던 유비는 공을 많이 세워도 서열이 높아지기가 어렵다.

17로군이 맹주를 내세우고 서열을 짰지만 조직이 엉성한 서열이라 공동의 적인 동탁을 무찌를 수 없었다. 한 예로 손견이 공격을 하는데 식량 조달을 맡은 원술은 손견이 공을 세울까 봐 두려워 식량을 제때 공급하지 않아 손견이 패하게 만들었다. 한편 손견은 낙양성에서 우연히 전국옥새를 입수하게 되는데, 제대로 서열이 선 조직이라면 그 새를 맹주인 원소에게 바쳐야 했다. 그러나 손견은 은근히 딴 욕심이 생겨 병을 핑계로 군대를 이끌고 고향으로 돌아갔다. 결국 조직과 서열이 엉망이 된 17로 제후의 동맹은 동탁과 결전도 하기 전에 붕괴되고 말았다. 실로 정치 서열은 통합된 조직이 뒷받침되어야 제 기능을 다할 수 있다.

원소는 자식들의 서열을 잘못 다루어서 집안이 패가망신한 대표적인 경우다. 원소에게는 아들이 넷 있었다. 장남인 원담은 생각이 깊고 인정이 많아 따르는 사람이 많았다. 그러나 원소는 잘생긴 막내아들 원상을 특히 사랑했다. 원소의 처 유씨도 원상을 각별히 사랑했다. 원소 자신이 미남이었기에 원상을 자신의 분신으로 여긴 모양이다. 이 같은 원소의 태도로 말미암아 대신들도 장남을 지원하는 신평·곽로파와 원상을 옹호하는 심배·봉기파로 분열되었다. 더 큰 문제는 원소가 후계자를 완전히 정하고 세상에 공표하기도 전에 죽어 버렸다는 사실이다.

원소는 죽기 전 원담을 청주자사로 멀리 보냈다. 모사인 저수가 "장자를 밖으로 내보내서는 안 된다"고 만류했으나 원소는 듣지 않았다. 원소가 죽자, 심배와 봉기는 급히 원소의 유지(諭旨)를 위조해서 원상을 후계자로 옹립했다. 원담은 이에 불응해 자신을 거기장군이라 칭했는데, 모사 신평과 곽로가 원담 편에 가담했다. 결국 원씨 집안은 심배·봉기가 옹립한 원상파와 신평·곽로가 지원하는 원담파로 나뉘어서 서열 투쟁을 벌이게 되었다. 그래도 조조가 원소의 영토를 정복하기 위해 쳐들어왔을 때 원씨 형제들은 공동으로 대처해서 이를 막았다. 그러나 조조의 군대가 물러나자 이들의 싸움은 다시 시작되었다. 원상이 싸움에서 유리해지자, 원담은 조조에게 항복하고 구원을 청했다. 이에 조조가 원담을 도와 원상을 치면서 이번에는 원상이 불리해졌다. 그러자 원상은 유주자사인 둘째 형 원회에게 도망가서 기회를 엿보았다. 하지만 이번에는 원회의 부하인 조촉과 장남의 배신으로 공격을 받고 패퇴하게 되었다. 궁지에 몰린 원상과 원회는 요서의 오환족(烏丸族)에게로 도망가 의지하게 되었다. 하지만 조조가 오환족 토벌에 나서자 다시 도망쳐 요동의 공손강에게 의지했다. 원상은 공손강을 죽이고 그의 군대를 접수하여 조조를 공략하려 했으나 공손강이 이들을 숨겨 주는 것이 이롭지 못하다고 판단하여 두 사람의 목을 베어 조조에게 바침으로써 짧은 생을 마감한다.

곽가는 죽기 전에 조조에게 이들을 치지 말라면서, 만일 이들을 공격하면 원씨 형제와 공손강이 함께 조조군에 대항해서 싸우겠지만 그대로 놔두면 자멸할 것이라고 말했다. 조조는 곽가의 선견지명이 들어맞는 것을 보고 젊어서 죽은 곽가에 대해 더욱 애통해 했다.

한편 승리한 원담은 조조에게 반역을 꾀했으나 조조의 공격을 받아 결국 패하고 말았다. 싸움에 진 원담이 유표에게 구원을 청했지만, 유표는 유비의 간언을 받아들여 원담의 요구를 거절했다. 결국 원담은 조조의 장군 조홍에게 토벌당해 목숨을 잃는다. 실로 원소의 현명하지 못한 서열 파괴는 형제들간의 골육상쟁을 불러왔을 뿐만 아니라 원씨 가문의 세력을 뿌리째 잃게 만들었다.

형주의 주인이었던 유표 역시 형제들간의 서열을 제때 정하지 못해 하극상을 초래하고 기업(基業)을 잃어버린 경우다. 본래 유표에게는 전처 소생인 장성한 유기와 젊은 후처인 채씨에게서 얻은 열네 살밖에 안 된 유종이 있었다. 문제는 당시 형주의 실력자가 채씨 문중의 사람들이었다는 데 있었다. 유표의 신하들은 대부분 장남인 유기가 유표의 자리를 물려받을 것으로 생각하고 있었다. 당시 중요한 식객이던 유비도 차남의 계승이 골육상쟁을 불러온 원소의 예를 들면서 유표에게 장남인 유기에게 자리를 물려줄 것을 간언했다. 이로 인해 유비는 채씨 문중의 공격을 한 몸에 받았다.

하지만 유표의 유약한 마음과 결단성 결여는 형주 세력을 양분시켰다. 결국 병이 든 유표는 큰아들 유기를 기다리다 보지도 못하고 죽고 말았다. 하지만 채씨 부인과 채화·채중 등 형제가 유표와 외부와의 관계를 차단하였기에 유표의 죽음은 제때 알려지지 않았다. 채씨 세력은 유표의 유서를 변조해 어린 유종을 계승자로 만드는 하극상의 쿠데타를 일으켜 정권을 잡았다. 채씨부인은 가짜 유서로 자기가 낳은 아들 유종을 형주의 주인으로 세운 뒤에야 유표의 죽음을 알렸다. 유기를 옹호하던 유비 세력이 이를 따지려고 하자 채씨 세력은 어린 유종과 이들의 대면을 막았다.

이들의 싸움이 시작되었을 때, 조조는 대군을 이끌고 형주를 치기 위해 남하하고 있었다. 앞에는 조조의 군, 뒤에는 유기와 유비의 군이 진을 치자 협공당할 것을 우려한 유종과 채씨 세력은 싸워보지도 않고 형주를 조조에게 바쳤다. 이리하여 유표가 반생에 걸쳐 힘들여 이룩한 위업이 못난 자식 때문에 하루아침에 남의 손에 넘어가게 되었다.

조조는 항복한 유종의 장수 채모와 장윤에게 형주의 군마와 곡식에 대해 보고하라고 명했다. 이에 채모와 장윤은 "마군이 5만에다 보군 15만, 수군 8만을 합쳐 모두 28만이 됩니다. 곡식과 돈은 태반이 강릉에 있고 그 나머지는 각처에 흩어져 있는데 또한 1년은 넉넉히 견딜 만합니다"라고 보고했다. 조조는 또한 싸움배는 얼마나 되느냐고 물었다. 이에 채모는 크고 작은 배를 모두 합쳐 7천 척이 넘는다고 대답했다. 위의 수치들은 『삼국지연의』에 의해 과장되었다고 하더라도 분명 유표가 애써 키운 형주의 능력은 상당한 것이었다. 조조는 이와 같은 힘을 가졌음에도 싸워 보지도 않고 항복한 유종이 가소로웠던지 유종과 채씨 부인을 나중에 전부 죽여 버렸다. 결국 유표가 형주의 후계 구도를 제때 매듭짓지 못하고, 또 서열을 파괴한 유종의 하극상으로 인해 형주는 멸망하고 만 것이다.

정치에서 서열을 분명히 정하는 것은 매우 중요하다. 유비가 삼고초려로 제갈량을 군사(軍師)로 모셔 왔을 때 관우와 장비는 구관이라 해서 신참내기 공명을 깔보면서 유비에게 불복했다. 이에 유비는 수어지교라는 명분을 내세우며 이들을 달랬으나 텃세 때문에 이들의 불만은 쉽게 사그라지지 않았다. 이때 조조군이 형주로 쳐들어왔다. 유비는 공명에게 군사 지휘권을 일임하고는 모든 사람들이 보는 앞에서 권위를 상징하는 보검과 패인(牌印 : 주를 맡은 장관의 옥패와 도장)을 끌러 내주었다. 공명은 박망성의 지리를 살피고 각 장수들에게 전투 배치를 명하고 난 다음에 주군인 유비에게 "주공께서는 한 떼의 군사를 이끌고 뒤에서 돌보시다가 필요할 때만 나가도록 하십시오. 모두가 계책에 충실히 따를 것이며 결코 터럭만한 실수라도 있어서는 아니 됩니다"라고 명령했다. 이것을 본 관우가 아니꼬와서 공명은 어디에 있을 것이냐고 묻자, 공명은 여기에 있겠다고 대답했다. 이에 장비는 기가 막힌 듯이 "우리들이 모두 나가서 적과 싸우는 동안 선생은 집 안에서 가만히 앉아 있겠다는 말이구려. 그것 참 좋겠소이다그려"라며 빈정거렸다. 이에 공명은 "주공의 보검과 패인이 여기 있다. 감히 명을 어기는 자는 목을 베리라!"고 호통을 쳤다. 이에 유비도 두 아우에게 결코 영을 어겨서는 안 된다고 호통을 쳤다. 장비와 관우는 할 수 없이 임전으로 출전했다.

이처럼 신참이 조직에 처음 기착했을 때 구참들의 반항이 있게 마련이다. 그럴수록 서열을 분명히 하여 지휘 체계를 바로 세워야 한다. 이 경우 유비는 신참인 공명에게 힘을 실어 줌으로써 공명이 전투를 지휘할 수 있도록 만들었다. 이것이 바로 서열의 정치이다.

적벽대전에서 손권에게도 이 같은 일이 있었다. 정사(正史)에 따르면 주유를 좌도독에, 정보를 우도독에 임명했다고 되어 있다. 이때 노장층과 소장층 간에 알력이 있었다. 황개·한당·정보 등은 손견 때부터 오나라를 따르던 구신이었으나, 주유는 손책이 스카우트한 젊은 장수였다. 따라서 우도독에 임명된 정보가 주유의 명령을 따르지 않을 수 있었다. 이를 걱정한 손권은 자신의 권위를 상징하는 패검을 빼서 책상 모서리를 칼로 찍으며 명령에 복종치 않는 자는 이같이 이 칼로 치라고 명하고 패검을 주유에게 주었다. 주유는 그 칼을 차고 모든 장군들을 배치하는 명령을 내렸다. 젊은이가 사령관이 되자 은근히 불만을 가졌던 정보는 집에서 병을 핑계로 주유가 지휘하는 첫 조회에 나오지 않고 대신 아들을 보냈다. 그러나 주유의 군령이 엄하고 통솔력이 탁월한 것을 목격한 아들의 말을 듣고 곧 주유의 영채로 가서 사과를 하고 주유의 명을 받았다. 손권은 이처럼 권위를 상징하는 패검을 주유에게 주고 군의 서열을 분명히 함으로써 주유가 전투를 용이하게 지휘할 수 있도록 했다. 이같이 조직에는 서열이 아주 중요하다.

조조가 적벽대전에서 패하고 도주하면서도 세 번 웃었다는 고사는 잘 알려진 이야기다. 조조는 적벽대전에서 주유를 비웃다가 두 번이나 장비와 조운의 군대를 만나서 혼이 나고 도망치다가 화용도에 이르렀다. 기진맥진한 잔병들을 데리고 화용도에 이른 조조는 또 웃으면서 "사람들이 모두 주유와 제갈량이 아는 것이 깊고 꾀가 많다 하지마는 내가 보기에는 별것 아닌 무리들이다. 만약 이곳에다가 일단의 군사만 숨겨 놓았더라면 우리는 꼼짝없이 사로잡히고 말았을 것이다"라고 말했다. 그때 갑자기 포향 소리가 나더니 군마가 뛰쳐나오는데 자세히 보니 적장 관우가 지휘하는 군대였다. 조조는 너무나 놀라서 의리가 두터운 관우에게 살려 보내 달라고 애원했다. 의리가 강하고 과거에 조조로부터 엄청난 후은(厚恩)을 받은 관우는 조조군이 도망치는 것을 눈감아 주었다. 관우는 과거를 생각해서 출진을 만류한 제갈량에게 군령장을 써놓고 출전한 터였다. 대노한 제갈량은 빈손으로 돌아온 관우를 군령을 어긴 죄로 참형하라고 명령했다. 이에 유비는 무릎을 꿇고 제갈량에게 관우의 목숨을 살려 줄 것을 빌었다. 유비와 모든 장수들의 간곡한 요청에 제갈량은 마지못해 관우의 목숨을 살려 준다.

이 이야기는 간단해 보이지만 유비 진영의 서열을 알 수가 있다. 본래 관우는 무척 교만한 인물이었다. 나이도 젊고 신참인 제갈량에 대해 유비의 말 때문에 겉으로는 복종하고 있지만 속으로는 늘 반항하고 있었다. 그런데 이 사건을 계기로 제갈량과 관우의 서열이 분명해진다. 유비도 이를 계기로 조직 내의 서열을 분명히 정비할 수 있었다.

위왕에 오르고 싶었던 조조는 이에 반대하는 순욱을 죽게 만들고 최염을 처형했다. 반대 세력이 없어지고 모든 대신들이 천자에게 조조를 위왕에 봉할 것을 표문으로 올리자, 조조는 세 번 사양하다 위왕의 작위를 받았다. 그런데 왕위 계승자인 태자를 봉하는데 문제가 생겼다. 조조가 업군에 위왕의 궁궐을 세우고 태자의 일을 의논할 때 본처인 정부인에게는 자식이 없었다. 첩인 유씨에게서 맏아들 앙을 보았으나 장수와의 전쟁 중에 잃었다. 하지만 역시 첩인 변씨와의 사이에 아들 넷을 두었다. 맏이가 비, 둘째는 창, 셋째는 식, 넷째는 웅이었다. 이에 조조는 자식이 있는 변씨를 높여 왕비로 세웠다. 그러나 세자 책봉에 문제가 생겼다. 조조가 셋째 아들인 식을 매우 사랑하여 그를 세자로 세우고 싶었던 것이다(조식은 영리하고 글을 잘 썼으므로 뒷날에는 건안칠자의 한 명으로 기림을 받았다). 이 때문에 형제들간에 갈등이 빚어졌는데, 다른 사람들과 마찬가지로 조조의 신하들도 조비 편과 조식 편으로 나뉘어 세자 책봉 전열에 가담하게 되었다. 조창은 조창대로 지방에서 대군을 지휘하며 은근히 욕심을 품고 있었다. 조식은 양수가 도와주어 아버지의 마음을 사는 법을 배웠고, 장남인 조비는 조조가 신임하는 가후에게 도움을 청했다. 출중한 모사였던 가후는 조비가 해야 할 일들을 자세히 일러 주었다. 이리하여 왕위 계승을 위한 본격적인 서열 싸움이 시작되었다.

조조가 멀리 싸우러 가게 되면 아들들이 모두 배웅을 했는데, 그때 조비는 언제나 말과 글로 조조의 공덕을 기리면서 자기의 정을 드러냈다. 말과 글로써뿐만 아니라 행동으로도 마음을 나타내려고 애썼다. 조조가 어려운 전쟁에 나갈 때는 눈물을 흘리며 절하고 배웅하여 보는 이마다 조비의 효성이 지극함을 찬양하게 되었다. 동시에 조비는 아버지를 가까이에서 모시는 사람들을 몰래 매수했다. 그리하여 뇌물을 받은 이들은 기회가 있을 때마다 조비의 덕을 칭송했다.

어느 날 조조는 가까운 모사인 가후를 불러 후사에 대해 의논했다. 그러나 가후는 아무 말이 없었다. 답답해진 조조가 가후에게 재차 묻자, 가후는 조조에게 원소의 집안을 생각하고 있는 중이라고 말했다. 원소가 막내아들을 후계자로 삼으려다 형제들간에 골육 상쟁이 일어나 결국 원씨 집안이 망했던 일을 상기시키는 것이었다. 이 같은 간접 화법을 사용하는 가후를 쳐다보면서 조조는 다음부터는 직접 화법으로 말하라며 껄껄 웃으면서 맏아들 조비를 세자로 삼았다. 결국 후계를 둘러싼 투쟁은 맏아들 조비의 승리로 끝났다. 지혜로운 조조로 인해 후계자 문제는 이렇게 매듭지어졌지만, 자식들 간의 권력투쟁은 나중에 조씨 문중의 세력을 약화시키는 결과를 초래한다. 어찌 보면 이때부터 시작된 조씨 문중의 싸움은 후일 사마씨가 정권을 장악하게 되는 간접적인 계기가 되었을지도 모른다. 어쨌든 조씨 문중의 서열 싸움은 이것으로 일단락되었다.

유비가 관우의 죽음과 장비의 비명횡사를 개탄해서 동오를 칠 때의 일이다. 물론 『삼국지연의』도 유비가 아우인 관우의 복수를 위해 오나라를 정벌하러 나섰다고 적고 있다. 그러나 유비가 동오를 칠 때 명분은 아우의 복수를 한다는 것이었으나, 실제로는 잃어버린 형주를 되찾기 위해서였을 가능성이 높다. 형주는 사방에서

적을 대응해야 하는 위치에 있기도 하지만 동시에 육지나 수로를 거쳐 위나라를 칠 수도 있고 오나라를 칠 수도 있는 지정학적 요지이다. 그렇기 때문에 유비는 서촉을 정벌하러 가면서 가장 믿는 관우에게 형주의 방어를 맡겼던 것이다. 하지만 관우가 오나라의 손권에게 형주를 잃자, 유비는 지정학적으로 중요한 거점을 다시 되찾기 위해 오나라와의 전쟁을 감행했으리라고 짐작할 수 있다. 결국 삼국의 지정학적 서열을 다시 회복하기 위해 큰 전쟁을 일으켰던 것이다. 이때 손권은 엄청난 유비의 군대를 막을 일이 걱정이었다. 그래서 장비를 죽인 범강·장달을 묶어서 유비에게 보내고 관우에게 뺏은 형주를 돌려주며, 도망간 유비의 손씨 부인을 돌려보내겠다고 제안했다. 그러나 유비는 이를 단호히 거절했다.

손권은 나라를 지키기 위해서는 적벽대전 때와 마찬가지로 훌륭한 지휘관이 필요했다. 이때 여러 사람들의 천거를 받아들여 젊은 육손을 사령관으로 임명했다. 다시 젊은 장군이 사령관이 되자, 노장들은 불만이 많았다. 즉 서열 문제가 다시 골칫거리로 등장한 것이다. 손권은 다시 주유 때와 마찬가지로 제단을 세우고 모든 대신과 장수들이 모인 가운데, 육손을 제단 위로 오르게 하고 대도독 우호군 진서장군(鎭西將軍)과 누후(樓侯)로 봉했다. 또한 자신이 차고 있던 보검과 대도독의 인수를 내리며 강동 여섯 군 81주와 형·초의 모든 군사를 거느리게 했다. 이같이 손권은 모든 사람들이 보는 앞에서 육손의 서열을 분명히 했다.

사마소는 촉을 정벌할 때 등애와 종회를 함께 사령관으로 임명했는데, 이것이 두 사람의 싸움을 야기했다. 어찌 보면 등애가 먼저 성도를 점령하여 촉을 정벌하는 데 큰 공을 세웠으나 종회

역시 강유의 항복을 받아내는 등 나름대로 큰 공을 세웠다. 결국 서열 다툼을 하던 등애와 종회는 같이 몰락하고 만다.

사마소가 서천을 정복하자, 대신들이 사마소를 왕으로 봉하자는 표문을 조환에게 올렸다. 할 수 없이 조환은 사마소를 진왕으로 세웠는데, 이때 역시 태자를 정하는 데 서열의 문제가 생겼다. 사마소의 장남인 사마염은 무예도 뛰어났고 배짱도 두둑했다. 반면에 둘째 아들인 사마유는 성정이 부드럽고 검소하며 겸손했다. 사마소는 손이 없는 형님에게 자기 아들 사마유를 양자로 보냈는데, 자신은 형의 권력을 계승한 처지이므로 형의 양자인 둘째 아들 사마유가 자기를 계승해야 한다고 말하곤 했다. 이에 대해 산조·가충·하증·배수·왕상·순이 등 많은 신하들이 서열이 잘못되어 망한 선례를 들면서 사마소를 극구 말렸다. 대신들의 적극적인 만류로 사마소는 할 수 없이 장자 상속의 원칙대로 사마염을 태자로 봉했다. 이렇게 해서 사마소 아들들의 서열 경쟁은 큰 화 없이 간단히 끝났다.

후일 사마염은 위 왕조를 무너뜨리고 진(晉)을 세우고 황제가 되었으며, 또한 오나라를 정복해서 삼국 통일을 했다. 역사는 되풀이된다고 한다. 조비가 한의 헌제를 윽박질러서 제위를 선위받은 것처럼 조비의 손자 조환은 사마염의 압력을 못 이기고 천자의 직위를 사마염에게 양위하는 신세가 된 것이다.

정치는 패거리 싸움이라고 했다. 다시 말해서 조직된 집단 간의 경쟁이 정치의 특징이라는 것이다. 집단이기에 이들에게는 서열이 있게 마련이다. 그 순서가 태어난 생일에 의해 결정되든 권력이나 금권에 의해 결정되든 서열은 반드시 정해져야 한다. 이것이 불분명할 때 싸움은 벌어진다.

현대 민주주의 정치체제 하에서는 지도자의 순위가 선거에 의해서 결정된다. 그러나 그 아래의 공직들은 대체로 지도자에 의해 결정되게 마련이다. 따라서 민주주의 정치체제 하에서도 서열 경쟁은 일어날 수밖에 없다.

우리는 언론에서 대통령이 누구에게 힘을 실어 주었다는 기사를 종종 읽는다. 법으로 이미 서열이 정해져 있는데 대통령이 누구에게 힘을 실어 준다는 이야기인가! 문제는 법으로 정해진 공직자의 입장이 평등한 경우가 너무나 많다는 것이다. 또한 신임도에 따라 법적 지위가 무색해지는 일이 다반사로 일어난다. 그 때문에 공직자들 사이에 법적 지위가 아닌 실질적인 권력을 높이려는 투쟁이 계속 벌어진다. 이처럼 서열을 높이기 위한 투쟁은 삼국 시대나 현대 정치에서나 보편적으로 나타나는 현상이다.

이 같은 이유로 현대 정치에서도 지도자는 공직자들의 서열에 대해 신경을 써야 한다. 그렇지 않으면 특정인이 권력의 서열을 남용하게 마련이다. 결국 지도자가 해야 할 가장 중요한 국가 관리 중 하나는 자기가 부리는 수하들의 서열 투쟁에 빠져들지 않는 것이다.

오늘날 정치인이 선거로 선출되는 데 반해 기업은 상속에 의해 경영의 순위가 정해지는 경우가 많다. 우리는 기업 경영권을 손에 넣기 위해 형제들간에 격렬한 싸움을 벌이는 것을 종종 목격한다. 때로는 이러한 싸움으로 인해 기업이 다른 사람한테 넘어가는 경우도 있다. 결국 경영 후계자 문제를 제대로 매듭짓지 못해서 기업 전체에 악영향을 주는 것이다.

정치나 경제나 활동 무대는 다를지라도 운영의 본질은 같다. 그
러한 점에서 삼국 시대 인물들의 정치 행태가 우리에게 주는 교훈
은 오늘날에도 중요한 의미를 갖는다고 하겠다.

8. 여성의 정치 참여

인류의 절반은 여성이다. 그러므로 인간사의 반은 여성의 몫이다. 분명 우리 인간은 눈부시게 발전해 왔다. 이같이 눈부신 인간 역사의 반이 여성의 몫이라는 것이다. 그럼에도 불구하고 아직까지 우리는 여성의 기회 균등, 여성의 정치 참여, 성차별 철폐 등을 외치며 투쟁하고 있다.

인류 역사를 보면 원시 사회에서 농경 사회로 발전하면서 힘있는 남성의 존재가 부각되었다. 농경 사회에서 남성의 노동력과 외적으로부터의 방위를 위해 남성의 목소리가 커졌기 때문이다. 이같은 현상은 산업 사회가 되어서도 마찬가지였다.

그러나 인간 사회가 물리적 힘의 사회에서 지능의 사회로 변천하면서 여성의 지위가 급속도로 향상되고 있다. 유명한 철학자 헤겔은 "인간의 역사는 자유를 획득하는 과정"이라고 말했다. 결국 인간이 자유를 획득하는 과정에서 여성의 자유와 평등도 함께 성취되었다. 에리히 프롬이라는 심리학자는 "인간은 과학의 발전으로 자연으로부터 자유를 획득했고, 종교 혁명으로 교회로부터 자유롭게 되었으며, 프랑스 혁명으로 국가로부터 자유를 획득했다"고 말했다. 21세기에는 여성이 모든 제약으로부터 자유로워짐으로써 정치에서도 실질적인 권한을 갖게 되리라고 생각한다.

삼국 시대는 농업경제 사회였다. 따라서 남성의 지위가 지배적이었다. 더욱이 당시는 남성의 물리적인 힘이 여전히 필요했을 뿐만 아니라 유교 사상에 의한 부권 중심 사회였다. 그럼에도 불구하고 여성들은 여러 형태로 정치에 참여했다. 『역경(易經)』에는 다음과 같은 말이 있다. "남자는 집 바깥에서 바른 위치를 얻고, 여자는 집 안에서 바른 위치를 얻는다. 남자와 여자가 바른 위치를 얻으면 천지의 대의에 합치되는 것이다." 즉 여성의 정치 참여는 대개 가정 내에서 이루어졌으며, 또한 가정을 통해서 이루어졌다.

후한 말에는 어린 황제들의 즉위로 환관과 외척 간의 권력투쟁이 극심했다. 이때 무시할 수 없었던 존재들이 바로 황후와 황태후들이다. 또한 천자의 첩들인 비(妃)들도 상당한 정치적 영향력을 행사했다. 이들은 가족의 특수성을 이용해 권력을 획득하거나 획득한 권력을 유지했다. 가족을 통해 권력을 휘두르기에 여성들은 외척을 비호하거나, 아니면 가까이 있는 환관들과 동맹을 맺었다.

삼국 시대 여성의 대표적 정치 참여는 하태후와 동태후의 권력 투쟁에서 볼 수 있다. 본래 하태후는 백정 집안에서 태어났으나 아리따운 용모로 궁궐에 들어가면서 출세 가도를 걷게 되었다. 궁녀였던 하태후는 황제의 눈에 들어 귀인(貴人)에 오르고 왕자 변(辯)까지 낳았다. 왕자를 낳자 하태후는 음모를 꾸며 자식이 없는 황후 송씨를 몰아내고 황후 자리에까지 올랐다. 이때 하태후가 손을 잡은 세력이 바로 환관들이다. 환관의 힘을 빌려 황후가 된 하태후는 친정 식구들을 요직에 임명하기 시작했다. 오빠인 하진 역시 누이 덕분에 대장군이 되어 막강한 세력을 갖게 되었다. 후일 천하 쟁패를 하게 된 원소와 조조도 하진의 휘하에 들어가게 되었다.

그런데 하황후가 권력의 위협을 느끼게 되는 사건이 일어났다. 천자인 영제가 후궁인 왕미인(王美人)에게 빠진 것이다. 게다가 왕미인은 협(協)이라는 왕자까지 낳았다. 이에 위기 의식을 느낀 하황후는 왕미인을 독살하고 말았다. 어머니를 잃은 왕자 협은 영제의 모후인 동태후의 손에서 자랐다. 양가(良家) 출신인 동태후는 협을 키우면서 점차 천한 백정 출신인 하황후를 미워하기 시작했다. 이렇게 해서 두 여인은 영제의 후계를 놓고 권력투쟁을 벌이게 되었다. 동태후는 남달리 영특한 협을 사랑해서 영제에게 협을 황태자로 봉하도록 간청했다. 그러자 병석에 누워 있던 영제도 점차 마음이 움직이기 시작했다.

이때 동태후가 환관들에게 도움을 청했다. 환관들로서는 막강한 외척을 갖고 있는 하황후가 동태후보다는 훨씬 부담이 되었다. 하진 대장군이 별로 영리하지 못해 그런대로 이들 세력이 버틸 수가 있었으나 만일 하황후의 아들 변이 제위에 오르면 사정이 크게 달라질 것이었다. 그리하여 환관들은 동태후의 편을 들게 되었다. 환관들의 조언과 동태후의 요청으로 영제는 협을 자신의 후계자로 삼기로 마음먹었다.

그런데 영제의 병세가 악화되자 환관의 대표인 건석이 걱정스런 얼굴로 영제에게 간했다. "폐하, 만일 왕자 협으로 뒤를 잇게 하시려면 반드시 대장군 하진을 먼저 주살하셔야 합니다. 그렇지 않으면 큰 근심거리가 남게 되오니, 그를 홀로 불러들여 베어 버리십시오."

이렇게 해서 영제는 하진에게 입궁하라는 전갈을 보내게 했다. 그러나 정보가 새어 나가 하황후와 하진 대장군이 이 같은 사실을 알게 되었다. 이에 진노한 하진은 원소에게 5천의 군마를 주어 궁문을 깨뜨려 길을 열게 하고, 자신은 하옹·순유·정태 등 대신 30명을 이끌고 궁으로 쳐들어갔다. 그러나 영제는 후사를 결정하지 못하고 이미 죽은 뒤였다. 막상 군대가 몰려오자 환관들은 힘 한번 못 쓰고 우왕좌왕하였다. 그 틈을 타 하진은 왕자 변을 부추겨 제위에 오르게 했고, 문무백관은 만세를 불러 이를 재가했다. 이렇게 해서 등극한 황제 변이 바로 소제(少帝)이다.

환관들은 자기들의 누명을 벗고 살기 위한 방법으로 우두머리인 건석을 찔러 죽이고 궁을 지키는 금군(禁軍)을 달래서 하진에게 투항했다. 단순한 하진은 환관들을 용서하려 했으나 원소와 나머지 대신들이 과거 환관들의 폐해를 상기시키면서 그들을 모두 처단할 것을 주장했다. 환관들은 이제 태후가 된 하태후에게 가서 목숨을 구걸했다. 과거에 이들의 도움으로 황후가 된 하태후는 마음이 약해져서 이들이 쓸모가 있음을 하진 대장군에게 말했다. "오라버니, 우리는 원래 가난하고 보잘것없는 집안에서 올라왔습니다. 만약 그때 저 장양(張讓) 등이 곁에서 도와주지 않았다면 어찌 오늘과 같은 부귀를 누릴 수 있겠습니까? 비록 건석이 흉측한 뜻을 품어 우리를 해하고자 하였다고 하나 이미 그자는 주살을 당했고 나머지는 죄가 없다고 합니다. 그런데도 오라버니는 어찌 다른 말만 믿고 환관들을 모조리 도륙하려 하십니까?" 이렇게 해서 환관들은 목숨을 부지할 수 있었다. 하태후는 환관 때문에 성공했고, 후일 환관의 유용성을 내다본 정치적 결정을 했던 것이다. 후한 말에는 환관들의 비행이 극심했으나 이의 시정을 요구했던 관료들은 결국 숙청되곤 했다.

자신의 소생이 천자의 자리에 오르자, 하태후는 곧 섭정을 시작했다. 그녀는 오빠 하진을 높여 참록상서(參錄尚書)로 삼고 나머지 공 있는 자들에게 골고루 벼슬을 내렸다. 이에 대해 황실의 제일

어른인 동태후가 권력을 되찾기 위한 반격을 꾀했다. 장양을 비롯한 환관들과 몰래 음모를 꾸민 것이다. 이로써 두 여인을 둘러싼 권력투쟁은 다시 시작되었다. 동태후는 태황태후(太皇太后)임을 내세우며 수렴청정의 전지(傳旨)를 내린 뒤, 왕자 협을 진류왕에 봉하여 견제 세력으로 삼고 오빠 동중(董重)은 표기장군(驃騎將軍)으로 불러들여 하진이 쥐고 있는 병권의 일부를 빼앗았다. 그러자 하태후는 하진에게 명하여 동중과 그 일족을 모조리 죽였다. 동태후 역시 궁궐에서 쫓겨난 후 독살당했다.

그런데 동태후 세력이 제거되자 이를 지지했던 환관 세력들이 하진을 살해하는 사건이 일어났다. 그러자 원소와 조조는 궁에 침범해 환관들을 살해하고 십상시(十常侍)를 제거했다. 이 난리로 동탁이 집권하게 되었는데, 동탁은 하태후의 소생인 소제를 폐위하고 진류왕 협을 제위에 올리니 이가 후한의 마지막 천자인 헌제다. 동탁은 하태후도 독살했다. 결국 하태후가 독살시킨 동태후의 운명을 얼마 되지 않아 하태후도 당하고 만 것이다. 아마도 이래서 역사는 되풀이된다고 하나 보다.

동탁의 독재는 삼국 시대를 통해 가장 악랄했던 기간이었다. 수많은 사람들이 동탁을 제거하려고 시도하다가 생명을 잃었다. 심지어 동탁을 정벌하기 위해 전국에서 17로 제후들이 모였으나 이 또한 실패했다. 이번에는 동탁의 전횡을 참지 못한 사도 왕윤이 동탁을 없앨 계획을 세웠다. 학문이 출중했던 왕윤은 일찍이 관직에 진출했으며, 황건적 토벌에도 공이 컸다. 그러나 곧은 성품으로 인해 환관들의 참소를 받아 옥살이를 하기도 했다. 왕윤은 이 같은 성품으로 이미 천하에 이름이 알려졌다. 왕윤의 집에 가기(歌妓)로

있던 초선은 미모가 뛰어나고 노래와 춤 실력이 대단해서 왕윤은
초선을 딸처럼 여겼다. 왕윤의 고심을 살핀 초선은 동탁을 제거하
기 위한 왕윤의 모의에 참여하기로 마음먹었다.

당시 동탁의 휘하에는 천하의 무적인 여포가 있었다. 동탁이나
여포 모두 여자를 무척 좋아했다. 이 약점을 이용해서 왕윤과 초선
은 음모를 꾸몄다. 초선은 동탁과 여포 사이를 오가면서 둘 사이를
이간질시키는 데 마침내 성공해 여포는 동탁을 죽이게 된다.

그러나 정사 『삼국지』에는 초선이라는 여인이 나오지 않는다.
단지 여포가 동탁의 애첩을 희롱하다가 들켰고, 격노한 동탁이 여
포를 죽이려 했다는 기록만 있다. 『삼국지연의』에서는 초선이 왕윤
의 음모를 위한 도구처럼 표현되고 있으나 당시의 무도한 동탁의
통치를 아녀자인들 곱게 보지는 않았을 것이다. 도탄에 빠진 나라
를 구하기 위해 초선은 나름대로 미모와 재능을 이용하여 동탁 제
거라는 거대한 정치에 참여하고 일등 공신이 된 것이다. 실로 17로
의 제후들도 성취하지 못한 것을 아녀자인 초선이 이룬 것이다. 어
찌 보면 이 여인이 정치의 중심에 있었다고 할 수 있다.

앞서 원소의 자식들 간의 싸움에 관해서 이야기했지만 여기에서
간과할 수 없는 사실은 원담과 원상의 싸움이 원소의 후처인 유씨
때문에 비롯되었다는 것이다. 원소가 살아 있을 때 원소에게는 본
처의 소생인 장남 원담이 있었음에도 불구하고 원소의 후처인 유부
인은 막내이자 자기 소생인 원상을 후계자로 삼고 싶어했다. 그런
데 원상이 자신의 용맹을 과신하다가 여양에서 장료의 군사에게 대
패했다는 소식을 들은 원소는 병에서 회복하지 못하고 피를 토하고
쓰러졌다. 유부인이 놀라 원소를 자리에 눕히고 간호했으나 병세는

더욱 위태로워지기만 했다. 유부인은 급히 사람을 보내 심배와 봉기를 원소의 병상 앞으로 불러들였다. 원소가 죽은 뒤 원상을 후계자로 삼기 위해서였다. 이때 원소는 이미 말도 못하고 손짓·발짓으로 묻는 말에 대답만 할 뿐이었다. 유부인이 그런 원소에게 물었다. "뒷일을 미리 정해 두셔야 합니다. 우리 상으로 하여금 뒤를 잇게 하는 것이 어떻겠습니까?" 죽어 가는 원소가 무엇이라고 답변하겠는가. 원소는 가만히 고개를 끄덕였다. 심배가 얼른 붓을 들어 원소의 유촉(遺囑)을 적었다. 이때 다시 원소가 피를 토하면서 세상을 떠났다. 천하를 다투던 일세의 영웅으로서는 허망하기 짝이 없는 죽음이었다.

원소가 죽자, 심배가 도맡아 장례를 치르고 원상을 원소의 후계자로 선언했다. 이 와중에 권력을 쥐게 된 유부인은 원소가 생전에 사랑하던 첩 다섯을 모조리 끌어내 죽여 버렸다. 그것도 모자라서 죽어서나마 원소와 다시 만나는 것이 싫어 머리카락을 자르고 얼굴을 도려내 시체까지 알아볼 수 없을 정도로 만들었다. 실로 권력 남용이 얼마나 무서운 결과를 초래하는지 알 수가 있다. 또한 죽은 첩들의 가솔이 해를 끼칠까 두려워 이들까지 전부 죽여 버렸다. 심배와 봉기는 원상을 대사마장군으로 세우고 정주·기주·병주·유주 4주의 목(牧)으로 올려 세워 원소를 계승하게 한 뒤에야 각처로 원소의 죽음을 알렸다.

손권의 아우 손익은 단양태수로 봉직했다. 당시 오나라는 아직 내정이 확고히 수립되기 전이었다. 손익은 사람이 모진 데다 술을 좋아해서 술에 취하면 사람들을 매질하기 일쑤였다. 반면에 그의 아내 서씨는 미모도 있고 슬기로운 여인이었다. 그녀는 또한 점을 잘 쳤는데, 하루는 남편의 점괘를 빼보니 몹시 불길했다. 그래서 남편에게 밖에 나가 술을 마시지 말라고 말했다. 그러나 손익은 그 날도 술에 잔뜩 취해 걷다가 변홍에게 그만 칼에 찔려 죽고 말았다. 변홍은 본래 규람·대원과 한패로 손익을 죽이고 단양을 차지하기 위해 기회를 엿보고 있었다. 그런데 막상 변홍이 손익을 죽이자 규람과 대원은 변홍을 붙잡아서는 태수 손익을 죽인 죄를 뒤집어씌우고 목을 베어 저자 거리에 내걸었다. 변홍은 규람과 대원이 원하는 일을 하고도 생명을 잃은 것이다.

이렇게 규람과 대원은 태수를 죽인 죄를 물어서 변홍을 죽이고는 손익의 재산과 시첩을 모두 차지했다. 그 중에서도 규람은 손익의 아름다운 아내 서씨를 탐해서 서씨에게 "나는 그대 남편의 원수를 갚아 주었으니 그대는 마땅히 나를 따라야 한다. 내 말을 듣지 않으면 죽음이 있을 뿐이구"라며 실로 뻔뻔스런 수작을 했다. 이에 서씨는 규람에게 "지아비를 잃은 지 오래되지 않아 급히 장군을 따를 수가 없습니다. 삭망(朔望)이 되기를 기다려 제사를 올리고 상복을 벗은 뒤에 장군을 가까이 모셔도 늦지 않을 것이니 그때까지만 기다려 주십시오"라고 청했다. 그렇게 해서 위기를 면한 서씨는 가만히 남편의 심복인 손고와 부영을 불러 남편의 복수를 할 방법을 의논했다.

며칠 뒤 삭망이 되자, 서씨는 미리 계획한 대로 손고와 부영을 불러 밀실 휘장 뒤에 숨긴 후 상복을 벗고 단정히 옷을 차려입고는 규람을 불렀다. 방에는 이미 술상까지 봐놓았다. 곱게 단장한 서씨를 본 규람은 기쁜 마음을 감추지 못하고 서씨가 따르 주는 술을 계속 받아 마셨다. 서씨는 만취한 규람을 침실로 데리고 갔다. 마음도 해이해지고 술에 잔뜩 취한 규람을 숨어 있던 손고와 부영이 단칼에 베었다. 서씨는 거기에 그치지 않고 대원까지 불러들여 죽였다. 뿐만 아니라 규람과 대원의 가솔들과 그들을 따르던 졸개들까지 모조리 죽인 뒤, 다시 상복을 입고 죽은 남편의 영전에 제사 지냈다. 규람과 대원이 손익을 죽였다는 소식을 듣고 손권이 군사를 이끌고 단양에 이르렀을 때는 이미 모든 일이 끝나고 단양이 평정된 뒤였다. 손권은 손고와 부영의 공을 높이 여겨 아문장(牙門將)으로 삼은 뒤 단양을 지키게 하고, 자신은 서씨와 아우의 가솔들을 거두어 강동으로 돌아갔다. 실로 한 여인의 재치 있고 기민한 행동으로 남편의 복수를 했을 뿐만 아니라 단양의 국권도 되찾을 수 있었다.

조조가 형주를 정벌하려고 남진을 준비할 때 형주 주인인 유표는 병이 몹시 깊은 상태였다. 앞서 말했듯이 유표에게는 전처의 소생인 장남 유기와 후처인 채씨 부인이 낳은 유종이라는 아들이 있었다. 유표는 측근들을 불러 장자인 유기를 주인으로 세워 형주를 지켜 달라는 유서와 함께 유비에게 아들을 보살펴 달라는 편지를 남기고 죽었다. 그러나 이 사실을 안 채씨 부인은 자기 아들 유종을 형주의 주인으로 만들기 위해 아우인 채모와 장수인 장윤을 불러 가만히 명을 내렸다. 형주의 모든 문을 잠그고, 장자 유기가 와도 들여보내지 말라는 명이었다. 채씨 부인은 유표의 죽음을 공표하지 않은 채 채모와 장윤에게 거짓 유촉을 쓰게 하고 자기 아들인 유종을 형주의 주인으로 세운 뒤에야 발상(發喪)을 했다. 나이 어린 유종은 걱정이 되었다. 형님 유기가 강하에 주둔해 있고, 유비의 군대가 신야에 있기에 이들이 쳐들어와서 불공정한 계승의 책임을 물을까 두려웠던 것이다. 이때 이규가 강하의 유기를 고셔 와서 형주의 주인으로 삼는 것이 도리라고 진언했다. 이 같은 움직임에 채씨 문중은 유종의 반대자들을 모조리 처형했다. 그리고 형주의 군권을 서로 나눠 가졌다.

이렇게 해서 채씨 부인은 아들을 형주의 주인으로 삼고 정권을 잡는 데는 성공했으나 조조의 남침을 막을 일이 걱정되었다. 많은 신하들이 조조에 투항할 것을 종용했지만, 이번에는 어린 유종이 대대로 지켜온 기업을 쉽사리 남에게 넘길 수 없다고 버티었다. 하지만 채씨 부인은 자기가 저지른 짓이 있고, 장자 유기와 유비가 책임을 물으며 쳐들어올 것이 겁나 차라리 조조에게 투항하고 형주의 기업을 지키는 쪽이 낫다고 생각했다. 그래서 아들에게 물을 것도 없이 곧바로 대신들에게 조조에게 바치는 항서를 쓰게 했다. 버티던 유종도 결국 어머니의 뜻을 받들어 항서를 쓰고 송충에게 몰래 조조에게 바치도록 명했다. 문제는 형주를 손에 넣은 조조가 사람을 시켜 채씨 부인과 유종을 죽여 버렸다는 것이다. 결국 채씨 부인의 권력욕과 자식에 대한 정이 남편의 기업을 남에게 쉽게 넘겨주고 생명까지 잃는 결과를 초래한 것이다. 유종은 어머니의 허영과 투기로 형주의 주인이 잠시 되었다가 꽃다운 어린 나이에 생명을 잃게 되었다.

삼국 시대에 여성의 정치 참여는 극히 제한되어 있었다. 당시는 농업경제 사회이고 봉건 제후 시대였다. 또한 격렬한 전쟁이 계속되던 시절이었다. 난세에는 힘을 잘 쓰는 호걸들이 판을 치게 마련이라 여성이 정치에 참여하기란 더욱 어려웠다. 이처럼 여성의 정치 참여가 극히 제한돼 있었지만, 몇 가지 유형으로 나눌 수 있다.

첫째, 당시 여성의 정치 참여는 주로 후계자 문제가 불거질 때 활발했다. 하태후와 동태후, 원소의 유부인, 유표의 채부인 모두 자기 아들 후계자로 삼기 위해 정치에 개입했다.

그런데 재미있는 사실은 여성들이 애써서 잡은 정권이 오래가지 못했다는 것이다. 소제·원상·유종 모두 집권자로서 단명했다. 인물이 모자라는 사람을 억지로 주인으로 만들었기 때문에 정권을 곧 잃게 된 것이다. 오늘날에도 시원치 않은 자식에게 기업을 넘겼다가 기업 자체를 잃는 경우가 너무나 빈번하다.

또한 엄청난 보복이 뒤따랐다. 하태후는 동태후 가족의 씨를 말리고, 원소의 유부인은 다섯 명의 첩과 그의 가족을 몰살했다. 채씨 부인은 반대자를 전부 죽였다. 그렇다고 이것이 여성만의 특유한 질투심 때문에 야기된 참상이라고 할 수는 없다. 오히려 이는 삼국 시대의 정치 투쟁이 얼마나 치열했던가를 보여 주는 한 단면이라 할 수 있다. 항상 후계를 둘러싼 권력 다툼이 있고 나서는 자연스럽게 보복을 하게 되는데, 이는 투쟁 과정에서 쌓인 적개심이 이들 사이에 높아졌기 때문이다. 조조도 권력투쟁에서 엄청나게 많은 사람을 죽였다.

둘째, 삼국 시대에도 여성이 국가의 안위를 위해 정치 투쟁에 참여했다. 동탁의 전횡에 맞서 싸우다 수많은 사람들이 희생되었다. 소설에는 초선이 왕윤의 은혜에 보답하기 위해 스스로 동탁과 여포를 이간질하는 데 나섰다고 쓰여 있다. 그러나 초선이 나라를 생각하는 마음이 없었다면 그 같은 투쟁에 참여하기 어려웠을 것이다. 손익의 부인 서씨도 남편의 복수와 함께 정당한 국권 회복이라는 두 가지 이유에서 참혹한 살인에 참여했을 것이다.

삼국 시대나 오늘날이나 정의감에서 남녀 차이가 있을 수 없다. 다만 남자들의 활약은 잘 드러난 반면 여성들의 노력은 거의 드러나지 않았기에 잘 모르는 것일 뿐이다. 한 예로 서서가 조조의 꾀와 정욱의 가필에 속아서 위나라에 투항했을 때, 서서의 모친은 밝은 주인을 버리고 간웅에게 투항한 자식을 꾸짖고는 스스로 목숨을 끊었다. 정의감이 남성만의 전유물이 아님을 보여 주는 단적인 사례라 할 수 있다.

"암탉이 울면 집안이 망한다"는 속담이 있다. 이는 아마도 하태후와 같은 인물을 비유해서 하는 말일 것이다. 하지만 이는 부권 사회에서 지어낸 허구의 속담이다. 수탉이 울어도 집안이 망하기는 마찬가지다.

경쟁이 치열한 현대 사회에서는 "암탉이 울어야 집안이 잘 된다"고 말하는 것이 오히려 옳은 소리일 것이다. 자식 고육, 집안 사업 확장 등 여성의 내조가 절대적으로 필요한 것이 현대 사회이다. 남편의 출세, 더 나아가 여성의 사회 진출, 정치 참여 등 모든 분야에서 여성의 적극적인 활동이 필요하다는 말이다.

인류의 절반은 여성이다. 삼국 시대도 마찬가지였다. 단지 여성의 기여가 알려져 있지 않기에 우리가 모르는 것뿐이다. 인류 역사를 살펴보더라도 측천무후·엘리자베스 여왕·대처 수상 등 여성이 집권했을 때의 치적이 남성보다 뛰어났다. 단지 삼국 시대는 부권 사회였기에 여성의 정치 참여가 간헐적일 수밖에 없었고, 특히 잔인한 양태만 강조되었던 것이다. 정치가 잔인했던 것은 여성과 남성의 차이에서 기인한 것이 아니라 권력의 속성에서 기인한 것이다.

　우리는 아직도 여성의 정치 참여에 대한 편견을 갖고 있다. 이것
은 어찌 보면 역사의 산물을 우리가 아직 버리지 못하고 있기 때문
이다. 인류 역사가 인간의 육체적 힘에 의해 발전되기 시작했지만,
이제는 지혜로써 발전해야 하는 패러다임으로 바뀌었다. 우리 나라
도 곧 여성이 대통령이 되는 시대가 올 것이며, 또 그래야 한다.

9. 의리 있는 정치인들

　사람에겐 친우(親友)가 있게 마련이다. 친우를 생각한다면 충언을 하게 되어 있다. 이 충언을 잘 받아들이면 자기 발전에 도움이 된다. 정치인이 충언을 잘 받아들이느냐 그렇지 않느냐에 따라서 국운이 판가름나기도 한다. 삼국 시대와 같이 난세에는 사람을 믿을 수 있다는 것이 매우 중요하다. 관우가 오늘날까지도 세인의 사랑을 받는 것은 그의 투철한 의리 때문이다.

　『삼국지』를 보면 주인이 망하는 것을 두고 볼 수 없어 주인에게 목숨을 걸고 충언한 사람들이 많이 나온다. 삼국 시대가 막 열리려던 무렵, 한복이 원소의 꾀에 넘어가서 공손찬의 침공을 막기 위해 원소를 불러들일 때 일어난 사건이다. 공손찬을 두려워한 한복이 원소를 청해 기주를 함께 통치하자는 제안을 원소에게 하려고 하자, 경무가 말렸다. 원소는 외로운 처지이기에 기주에 오면 점령군이 되어서 기주를 삼킬 것이라는 게 그 이유였다. 경무는 "그를 불러들이는 것은 양떼 속에 호랑이를 넣는 것이나 다름없는 일입니다"면서 극구 말렸다. 실로 충정 어린 충언이었으나 이미 원소에게 의지하려고 마음먹은 한복은 이를 듣지 않았다. 이에 경무와 관순은 원소가 기주성에 당도하자 그를 살해해서 기주를 살리려 했으나, 오히려 원소군에게 죽임을 당했다. 경무가 경고한 대로 원소가 기주성에 들어오자 한복은 도망가는 신세가 되고 말았다.

　조운의 유비에 대한 충절은 잘 알려진 이야기다. 그러나 본래 조운은 공손찬의 수하였다. 공손찬이 기주를 놓고 원소와 싸울 때 그비가 공손찬을 구해 준 일이 있을 때 처음 만난 두 사람은 웬일인지 서로 마음에 끌렸다. 그러나 유비는 조운이 남의 사람이기에 탐을 낼 수가 없었다. 훗날 도겸이 조조의 보복을 막으려고 구원을 청했을 때 유비는 공손찬에게 군졸 2천과 그의 장수 조운을 빌리게 되었다. 두 사람이 다시 만나게 된 것이다. 그러나 조조가 물러간 뒤 조운은 다시 군대를 이끌고 공손찬에게 돌아갔다. 후일 공손찬이 원소에게 패해 죽자 여기저기 떠돌던 조운은 원소와 조조를 피해 떠돌아다니던 유비와 다시 재회하게 되었다. 조운은 천하를 삼킬 듯한 기세를 보이는 주인을 마다하고 기껏해야 객장에 지나지 않는 유비를 주인으로 섬겼다. 유비의 사람이 된 조운은 단신으로 장판교에서 유비의 유일한 아들인 아두를 구출했는가 하면, 수많은 전쟁에서 전공을 세우고 또한 아두를 보좌해 촉에 충성을 다했다. 관우·장비·조운은 유비가 어려울 때도 그를 보좌해 훗날 왕업을 이루는 데 기여했다.

관우의 유비에 대한 충성심은 실로 전설적이다. 관우에 관한 얘기는 아마도 『삼국지연의』에서 가장 사랑받는 부분이라 할 것이다. 『삼국지연의』는 유비·관우·장비가 도원에서 결의하고 삼형제가 되면서 시작된다. 이때부터 이들은 황건의 난, 공손찬·원소와의 싸움, 원술과의 전투 등을 거치면서 나중에 조조에게 의탁했다가 도망쳐서 서주를 차지할 때까지 함께 있었다. 서주에서 조조군을 맞아 싸우다가 패전하면서 이들 의형제는 도원 결의 이래 처음으로 헤어지게 되었다. 조조와의 전투시 관우는 하비성에서 유비의 두 부인과 가솔을 돌보고 있었다. 그러나 관우는 조조의 꾐에 빠져 하비성을 나와서 조조의 장수 하후돈을 쫓다가 그만 하비성을 뺏기고 말았다. 작은 산에 올라 지친 몸을 쉬고 있을 때, 조조의 장수이며 관우와도 절친한 장요가 찾아와 항복을 권했다. 관우는 죽을 때까지 싸우고 싶었지만 유비의 가솔을 지켜야 하겠기에 항복하는 조건으로 세 가지를 제시했다. "첫째, 나와 유황숙은 함께 쓰러져 가는 한실을 받치기로 맹세했으니 내가 지금 항복하는 것드 한의 천자이지 조조가 아님을 밝히는 것이오. 둘째는 두 분 형수님께 황숙의 봉록을 내릴 뿐만 아니라 상하를 가리지 않고 함부로 문전에 들지 않게 하는 것이외다. 셋째는 황숙께서 계신 곳을 알게 되면 천 리가 되건 만 리가 되건 내가 가는 것을 막지 않아야 하오. 이 셋 중에서 단 하나가 빠져도 나는 결코 항복하지 않을 것이오."

이 같은 조건으로 항복한 관우를 조조는 끔찍하게 대접했다. 관우는 그에 대한 보답으로 원소와의 관도대전에서 원소의 최고 맹장인 안량과 문추를 베어 조조군이 승리하는 데 크게 기여했다. 조조는 천자에게 추천해서 관우에게 한수정후라는 관직을 내리고 여포가 타던 적토마를 선물로 주었다. 뿐만 아니라 금은보화와 더불어 많은 여종들을 관우에게 상으로 내렸다.

조조는 숱한 맹장들을 거느리고 있었지만 관우와 같이 대접한 장수는 없다. 그런데 관우가 유비가 살아 있다는 소식을 듣고는 유비의 가솔을 데리고 유비를 찾아가기 위해 조조에게 작별 인사를 하러 왔다. 조조는 이를 눈치채고 관우를 피했다. 할 수 없이 관우는 작별 인사를 서찰로 남겨 놓고 조조 곁을 떠났다. 실로 천 리나 되는 곳을 두 형수를 모시고 유비를 찾아 나선 것이다. 이 여행이야말로 관우를 후일 유명하게 만든 "다섯 관을 부수고 여섯 장수"를 베면서 단기(單騎)로 천 리 길을 행군한 여정이다. 이때 관우는 금은보화를 그대로 봉해 놓은 것은 물론 노비들도 남겨 놓고 한수 정후의 도장까지 걸어 둔 채 떠났다. 그야말로 재물에 일절 손대지 않고 처음 온 대로 적토마 한 필만 얻어 가지고 조조의 진영을 떠난 것이다.

조조의 장수가 그를 괘씸하게 여겨 쫓겠다고 하니 조조는 "아니다. 그럴 필요는 없다. 옛 주인을 잊지 않을 뿐만 아니라 오고 감이 분명하니 관공이야말로 참으로 장부다. 너희들은 그를 본받아야 한다"고 말했다. 이에 대해 모사 정욱이 조조에게 말했다. "승상께서는 그를 그토록 두터이 보살폈건만 그는 작별조차 고하지 않은 채 어지러운 글만 남기고 떠났으니 이는 승상의 크신 위엄을 모독한 것입니다. 그 죄가 적지 않은 데다, 또 이제 그가 원소에게 돌아가도록 버려 둔다면 그것은 호랑이에게 날개를 더하는 격이 됩니다. 따라서 죽여 후환을 없애는 게 좋겠습니다." 이에 대해 조조는 이렇게 응답했다. "관공의 떠남은 내가 전날 이미 허락한 일이오. 사람이 어찌 믿음을 저버릴 수가 있겠소? 각자 주인을 위해 하는 일이니 뒤쫓아서는 아니 되오."

이 같은 조조의 태도 덕분에 관우는 여러 개의 관문을 통하며 수많은 환난을 겪기도 하지만 유비의 식솔을 데리고 유비에게로 가는 데 성공할 수 있었다. 가는 도중에 관우는 나중에 그의 충실한 부하가 된 요화와 주창을 만나기도 했다.

관우는 이후 일생 동안 유비를 충실히 보필하다가 형주를 잃고는 오나라의 포로가 되고 있다. 이때 손권은 관우를 살리려고 했으나 그는 분연히 죽음을 택했다. 이 같은 관우의 태도는 후대에 널리 귀감이 되어 아시아 문화권에서는 어찌 보면 관우가 충실히 모신 유비보다 더 칭송을 받고 있다.

여기서 한 가지 눈여겨보아야 할 것은 관우의 충절도 대단하지만, 관우를 살려 보낸 조조의 태도도 이에 못지않다는 것이다. 조조는 사람을 많이 죽인 인물이다. 하지만 그는 뛰어난 법가의 전통을 지닌 정치가이기도 하다. 그는 약속한 것은 반드시 지켰다. 즉 계약 관계는 법률이나 마찬가지라는 것을 몸소 보여 주었다. 삼국 시대 같은 난세에도 그는 약속을 지킨 인물이었다. 또한 조조는 관우를 살려 보냄으로써 자기 부하들에게 관우를 닮을 것을 강요하는 탁월한 정치적 제스처를 해보인 셈이다. 실로 조조는 탁월한 지도자였다. 그는 작은 것을 잃고 큰 것을 얻는 게임을 잘한 정치인이었다.

오나라의 주유도 손책과의 어렸을 때부터의 우정을 지킨 인물이다. 아버지 손견이 황건적을 치고 유표와 천하 쟁패를 할 때 어린 손책과 손권은 곡아에 있었다. 이때 손책은 주유와 가까운 친구가 되었는데, 후일 손책이 한당·황개 등 아버지를 따랐던 노장군들과 원술로부터 빌린 군대를 이끌고 강동으로 진출한다는 애기를 들은 주유는 모든 것을 버리고 손책을 따랐다. 손책이 주유보다 나이가 한 살 위이므로 주유는 손책을 형으로 섬겼다. 한편 주유와 노숙도 각별한 친구 사이였다. 주유는 노숙을 후일 손권에게 추천했는데 노숙은 손권에게 대망을 갖도록 진언했다. 그런가 하면 훗날 교동의 두 딸인 대교는 손책의 부인이 되고, 소교는 주유의 부인이 되었을 정도로 주유는 손책을 각별히 보좌했다. 손책이 강동을 정벌했을 때도 주유는 물론 최측근 장군이었다. 후일 손책은 자객의 칼에 맞아 숨을 거둘 때 아우 손권에게 당부하기를 안의 문제는 장소에게 묻고, 밖의 문제는 주유에게 물어서 처리하라고 할 정도로 주유를 신뢰했다. 주유는 훗날 적벽에서 국운을 걸고 조조와 겨루어 오나라를 구했으나 불행히도 37세의 젊은 나이로 요절했다. 손권은 주유의 천거대로 노숙에게 그의 자리를 물려주었다.

손책과 태사자의 우정 또한 유명하다. 본래 태사자는 유요의 수하로 손책과는 치열한 전투를 벌였던 인물이다. 태사자가 손책에게 항복하고 난 다음의 이야기다. 태사자가 손책에게 자기를 믿으면 적진으로 돌려보내 달라고 말했다. 이유인즉 적진에 가서 적들을 설득하여 항복을 받겠다는 것이었다. 손책은 주위의 신하들이 전부 반대했음에도 불구하고 태사자를 풀어 주었다. 태사자는 약속대로 적진으로 가서 항복을 권유하여 다음날 손책에게 군대를 이끌고 왔다. 실로 인간을 신뢰함으로써 생긴 미담이라 할 수 있다. 후일 태사자는 오나라의 건국에 크게 기여하나 그 역시 43세라는 젊은 나이에 요절하고 만다.

조금 다른 이야기지만 우정과 충절이 얽힌 얘기를 해보자. 청주의 별가를 지낸 왕수는 원소의 아들 원담의 수하이자 친구였다. 그러나 원담에게 충언을 하다가 노여움을 사 원담 곁을 떠났다. 한편 자신이 뒤를 돌봐준 원담이 배신하자 괘씸하게 여긴 조조가 원담을 쳐부수고 사형에 처한 후 그의 목을 저자 거리에 매달고 아무도 그를 위해 곡을 하지 못하도록 명했다. "누구든지 원담을 위해 곡하는 자는 목을 베리라!" 이 같은 엄한 명에도 왕수는 상복을 차려입고 원담의 매달린 목 밑에서 곡을 하다가 조조군에게 붙잡혔다. 화가 난 조조가 왕수에게 죽고 싶으냐고 묻자, 왕수는 "나는 지금껏 원씨의 녹을 받아 살았습니다. 그런데 이제 그 죽음을 듣고도 곡하지 않는다면 의를 저버리는 게 됩니다. 장부가 죽음이 두려워 의를 저버리고 어찌 세상에 머리를 들고 살 수 있겠습니까? 만약 원담의 시체를 수습하여 장례만 치러 줄 수 있다면 나는 죽어도 한이 없겠습니다"라고 답했다.

이 말을 듣고 조조는 본래 인물을 탐내는 자라 노여움을 풀고 원담을 제사 지내게 한 후 왕수에게 벼슬을 주었다. 벼슬을 준 후에 왕수에게 원담의 아우인 원상을 칠 계획을 의논했으나 왕수는 입을 열지 않았다. 조조는 왕수의 의중을 읽고 왕수의 충성심에 감탄했다. 새삼 조조는 하북에 인물이 많음에 감탄하면서, "원소가 이들을 제대로 썼다면 조조가 감히 어찌 하북을 정벌했을까" 하고 말했다. 결국 왕수는 벗과의 의리를 끝까지 지킴으로써 자신의 생명을 구한 것은 물론 관직도 얻게 된 셈이다. 난세에도 의리 있는 사람은 있게 마련이다.

황권과 유비와의 관계도 아름다운 얘깃거리라 할 수 있다. 황권은 본래 유장의 주부(主簿)로 있었다. 유장이 장로를 막기 위해서 유비에게 도움을 청하려 하자, 황권이 극구 말리면서 이를 주선한 장송을 참하고 스스로 장로를 막자고 말했다. 하지만 이미 마음을 정한 유장은 황권의 말을 듣지 않았다. 그러자 황권은 방바닥에 머리를 찧고 유장의 옷자락을 입으로 물면서까지 유장을 말렸다. 화가 난 유장이 옷자락을 떨치며 일어나는 바람에 황권의 이가 부러졌다. 이 같은 충신의 간언을 뿌리친 유장은 결국 기업을 유비에게 빼앗기고 만다. 하지만 황권은 끝까지 유장을 위해 싸웠다. 유장이 항복하고 성도가 안정되자 서촉의 옛 신하들이 전부 나와서 유비에게 항복했지만, 황권만은 성문을 굳게 닫고 항복하지 않았다. 이에 화가 난 유비의 수하들이 황권을 죽이자고 하자, 유비는 황권을 해치면 삼족을 참하겠다며 이를 막았다. 그리고 황권을 직접 찾아가서 충성스런 황권을 달랬다. 결국 황권도 감복하여 유비의 수하가 되기로 했다.

관우와 장비가 죽고 유비가 오나라를 정벌할 때 황권은 후장군직을 맡았다. 그런데 유비가 패하고 도망칠 때 황권은 육손에게 퇴로가 막히자, 위의 조비에게 항복했다. 죽지 않고 위에 항복한 황권을 괘씸하게 여긴 신하들이 성도에 있는 황권의 가솔을 참하라고 말하자, 유비는 이를 단호히 말리면서 "황권은 강 북쪽에 있다가 오병들에게 길이 끊겨 돌아오려고 해도 돌아올 수가 없었을 것이다. 어찌할 도리가 없어 위에 항복한 것이니, 이는 짐이 황권을 제대로 돌보지 못한 것이요, 황권이 짐을 저버린 게 아니다. 그런데 어찌 그 가솔들을 함부로 죽이겠는가?" 했다. 또한 성도에 있는 가솔을 보호하고 봉록을 계속 내리도록 명했다.

한편 황권의 인격과 능력에 감복한 위왕 조비는 황권을 진남장군에 제수했다. 그러나 황권은 이 벼슬을 받아들이지 않았다. 그 이유를 촉에 대한 의리 때문인 걸로 여긴 조비의 신하가 조비와 황권에게 촉에서 돌아온 세작의 보고에 따르면 유비가 황권의 가솔을 전부 죽이려 한다고 말했다. 그러자, 황권은 태연히 "신과 촉주는 마음으로 믿어 온 사이옵니다. 제가 비록 폐하께 항복하였으나 이게 저의 본마음이 아닌 줄 알 것인즉 결코 신의 가솔들을 함부로 죽이지는 않을 것입니다"라고 말했다. 이 말을 들은 조비는 더욱 감복하고 황권을 중히 여겼다.

흔히 말하기를 "세 명만 힘을 합치면 천하를 장악한다"고 한다.

인간이 변덕스럽고 이해를 좇는 동물이라 의리가 더욱더 귀하게 여겨지는지도 모른다. 그래서 우리는 의리 있는 사람을 찬양한다. 아마도 의리를 지키는 것이 그만큼 어렵기 때문일 것이다. 특히 전쟁터나 정치와 같은 냉혹한 세계에서 의리는 더욱 소중하다. 현대 정치 세계에서도 의리 있는 정치인이 흔치 않다. 그래서 철새 정치인이라는 말을 많이 한다.

삼국 시대를 보면 조조·유비·손권과 같이 제왕업에 성공한 통치자들에게는 실로 의리 있는 부하들이 많았다. 조조를 보자. 조조 수하에는 인물들이 많았다. 물론 세력이 커지자 사람들이 많이 몰려들었기 때문이기도 하지만, 특히 인물을 탐내는 조조이기에 인재들이 많았던 것이다. 그러나 하후돈·하후연 같은 맹장들은 친척이자 동지로서 젊었을 때부터 조조를 따른 사람들이다. 조홍·조인과 같은 장수들도 조조를 일찍부터 따랐고, 일생 동안 생명을 바쳐 조조를 도왔다. 이전·악진도 마찬가지였다. 이들은 조조의 부하이자 친우들이었다. 조홍은 조조를 살리면서 "천하는 조홍이 필요 없지만 형님은 꼭 필요합니다. 살아서 대망을 이루어야 합니다"라고 했다. 이들은 조조에게 끝까지 의리를 지켰다. 조조가 아무리 머리가 좋고 능력이 있다 해도 이 같은 의리의 사나이들이 없었다면 패업을 이루기 어려웠을 것이다.

유비는 조조와 같이 탁월한 재능이 있는 사람은 아니었다. 그러나 그에게는 관우·장비·조운 같은 당대의 영웅들이 사나이의 의리로 유비를 따랐다. 유비는 이들이 없었다면 후일 제갈공명도 만나기 어려웠을 것이다. 보잘것없는 유비를 끝까지 버리지 않은 이들의 의리야말로 유비가 패업을 이룬 힘이 되었다.

  손권도 마찬가지다. 아버지 손견을 따른 황개·한당·정봉·조무 등 당대의 영웅들이 의리를 지켜 어린 손책을 보좌했다. 손책은 또한 어린 시절의 벗이었던 주유가 합세하면서 기초가 탄탄해졌다. 후일 노숙이 손권을 돕게 된 것도 주유와의 의리 때문이다.

  인간에게 벗은 참으로 소중한 존재다. 각자의 삶을 되돌아볼 때 우리에겐 가까운 벗이 과연 몇 명이나 있는가. 실로 많지가 않다. 그래서 셋만 뭉치면 천하를 호령할 수 있다는 말도 있는지 모른다. 정치 관계에서는 더욱 그렇다. 우리 나라에서도 성공한 정치인들은 적어도 몇 명의 벗이 그들을 도왔기에 성공할 수가 있었다.

  삼국 시대는 그야말로 난세였다. 난세에는 사람을 믿기가 좀처럼 어렵다. 그와 같은 난세에 관우 같은 인물을 옆에 두고 있었기에 유비는 패업을 이룰 수 있었던 것이다. 그리고 난세에도 의리를 지킨 사람은 나중에 보상을 받는 경우가 많다. 관우·장비·조운·주유·하후돈·하후연 등 의리를 지킨 사나이들은 패업을 이룬 후 전부 공신으로 후대를 받았다.

  현대 정치에서도 정치인은 좀 미련스러울 필요가 있다. 일단 어떤 지도자를 따르기로 결정했으면 끝까지 따라야 한다. 자기가 따른 지도자가 성공을 못하면 이는 운이 없는 것이고, 성공하면 공신이 되는 것이다. 정치 세계에서 개국 공신의 위치는 대단한 것이다.

  결국 정치는 도박이다. 도박에서 반드시 이길 수만 있는 것은 아니다. 그러나 이기면 보상은 대단하다. 이 같은 도박에서 인간적 의리는 최대 무기가 될 수 있다. 철새 정치인이 큰 인물이 되는 경우는 드물다. 의리를 지킨 사람이나 의리를 얻게 된 사람은 대업을 성취하기도 하지만, 정신적인 보상 역시 크다. 특히 요즘 같은 물질만능주의 시대에 의리라는 고귀한 상품이 때로는 엄청나게 비쌀 때도 있다. 우리는 좀 더 멀리 보고 삶을 영위하는 방법을 배워야 한다. 『삼국지』는 바로 이런 중요한 인간 관계를 우리에게 말해 주고 있다. 왜 우리는 아직까지도 관우를 찬양하는가? 다시 한 번 생각해 볼 일이다.

10. 술 때문에 화를 자초한 인물들

술은 인간에게 약이 될 수도 있고 독이 될 수도 있다. 오늘날과 마찬가지로 삼국 시대의 사람들도 슬플 때나 즐거울 때나 술을 마셨다. 우정을 돈독히 하기 위해서도 술을 마셨고, 외교적 문제를 해결하기 위해서도 술을 마셨다. 이처럼 옛날이나 지금이나 술은 인간에게 여러 가지 기능을 한다. 그런데 『삼국지』를 읽어 보면 술 때문에 화를 자초한 경우가 너무나 많다.

술 때문에 화를 자초한 대표적 인물은 아마도 장비일 것이다. 유비가 조조의 꾀에 속아 천자의 명을 받고 원술을 공격하기 위해 관우를 선봉으로 삼고 진군하면서 장비에게 서주성을 지키도록 명했다. 떠나면서 유비는 장비에게 술을 마시지 않겠다는 약속을 받기까지 했다. 본래 장비가 폭음하는 데다 술만 취하면 병사를 매질하는 버릇이 있었기 때문이었다. 유비와 원술의 장군인 기령이 지루한 지구전을 계속하고 있는 동안, 장비는 술마시고 싶은 것을 잘 참았다. 그러나 시간이 흐르자 술 생각이 간절했다. 그래서 하루는 관원들을 모아 놓고 술 잔치를 벌이면서 말했다. "우리 형님께서 떠나실 때 내게 술을 먹지 말라고 하셨소. 내가 일을 그르쳐 이 서주성을 잃을까 두려워하신 까닭이오. 하지만 즐겨 마시던 술을 하루아침에 끊자면 섭섭하실 것 같아 오늘 이 자리를 마련했소이다. 모두들 오늘은 실컷 마셔 취하고 내일부터는 술을 마시지 않도록 합시다. 나를 도와 형님이 돌아오실 때까지 이 성을 굳건히 지키는 것이오. 오늘만은 여기 계신 모든 이가 다 취하도록 마셔야 하오!"

이때 이미 취한 장비가 조표에게 술을 권했으나 마시기를 거절했다. 화가 난 장비는 조표를 매질하기 시작했다. 조표는 장비가 술에 취해 곯아떨어지자 성문을 열어 여포를 맞이했다. 군사들의 함성에 놀란 장비가 깨어났으나 이미 때는 늦었다. 장비는 할 수 없이 도망쳐서는 유비 진영으로 갔다. 황망히 도망치는 바람에 유비의 가솔을 성에 둔 채 도망칠 수밖에 없었다. 관우가 이를 책망하자 부끄러워진 장비는 자결을 시도했다. 그러자 유비가 황급히 말리며 장비에게 말했다. "옛사람이 이르기를 형제는 손발과 같고 처자는 의복과 같다 하였다. 의복이야 떨어지면 다시 지을 수 있지만 손발이 끊어진다면 어찌 다시 잇겠느냐?" 실로 실수를 한 장비에게는 감격스런 얘기가 아닐 수 없었다.

그 후 장비는 유비를 위하여 많은 공을 세웠다. 따로는 자신의 술버릇을 이용해서 적장을 유인하기도 했다. 그러나 장비는 결국 술 때문에 목숨을 잃게 된다. 장비의 문제는 지위가 높은 사람들에게는 잘했으나 부하들을 학대하는 경향이 있었다는 것이다. 관우가 죽고 나서 유비가 오나라 정벌을 준비할 때 장비는 범강과 장달에게 수천 개의 백색 갑옷을 속히 만들라고 부하 명령하면서 기한을 넘기면 참수하겠다고 말했다. 그러자 막다른 골목에 몰린 범강과 장달이 장비가 술을 잔뜩 마시고 곯아떨어진 틈을 타 그를 살해하고 만 것이다. 결국 장비는 술 때문에 55세의 나이로 죽은 것이다. 범강과 장달은 장비의 독을 들고 오나라로 투항해 버렸다.

조조는 허도를 방위하기 위한 어림군 사령관으로 장사 왕필을 임명했다. 그러자 사마의가 걱정스러운 얼굴로 조조에게 말했다. "왕필은 술을 좋아하는 데다 성품이 너그러워 이번 일을 맡아 하기 어렵습니다. 앞일에 미리 대비하는 데는 성품이 차고 꼼꼼해야 됩니다.” 이에 대하여 조조는 “왕필은 내가 가시밭길 같은 어려움을 겪을 때부터 나를 따라다니며 애쓴 사람이다. 사람이 충성스럽고 부지런하며, 마음이 굳기가 돌이나 쇠와 같으니 오히려 이번 일에는 꼭 맞는 사람이야”라면서 사마의의 간언을 무시하고 왕필로 하여금 어림 군마를 이끌고 동화문 밖에 진치게 했다.

이때 시중소비인 경기와 위황의 패거리가 조조를 제거할 음모를 꾸미고 있었다. 이들은 조조가 천자의 자리에 오를까 걱정하면서 사람들을 모으고 있었다. 이들과 한패인 김위는 왕필과 친한 사이여서 왕필의 동태를 잘 알 수가 있었다. 마침 정월 대보름이라 사람들은 흥겨워서 초롱을 밝히고 밖에서 놀고 있었다. 이때 수도 방위를 맡고 있던 왕필도 어림군 장수들과 더불어 병영 안에서 술판을 벌였다. 서로 술을 권하다 보니 자연히 왕필과 수하들은 취하지 않을 수가 없었다. 2경 무렵 갑자기 병영 안에서 함성이 나며 불길이 일었다. 이때 경기와 위황의 무리는 허도 시내와 어림군 병영에 불을 놓고 가솔들을 모아 조조의 숙소로 쳐들어가려 했다. 다행히 술에 취한 왕필이 화살에 맞았음에도 불구하고 병영을 탈출해서 조휴의 군에 이 소식을 알렸다. 허도 시내에 온통 불길이 치솟고 역적 조조를 죽이라는 소리가 사방에서 들려왔다. 조휴와 조조의 심복 장수들은 죽기로 중문을 지키고 있었다. 때마침 하후돈이 군대를 이끌고 허창의 성을 에워싸고 일부는 성안으로 진격하여 반군을 진압했다. 실로 왕필의 술 잔치로 인해서 야기된 엄청난 사건이었다. 조조는 그 책임을 물어 엄청난 숫자의 사람들을 처형했다.

조조의 셋째 아들인 조식은 한때 조비와 더불어 세자 자리를 다투었던 인물이다. 조식은 문무에 두루 재능이 뛰어났으며, 시문에도 능했다. 조식의 재능을 사랑한 조조는 그를 세자로 책봉할 것을 고려하기도 했다. 그러나 조식 역시 술이 문제였다. 219년 조인이 관우의 군에 포위되어 고전하고 있을 때, 조조는 조식에게 조인의 구원군을 지휘하도록 명했다. 그러나 조식은 출전하는 날 술에 만취하는 바람에 출전하지조차 못했다. 이때부터 조조는 맏아들 조비를 후계자로 세우기로 마음먹었다. 조식은 세자의 자리를 술 때문에 놓치게 된 셈이다.

조조가 죽고 조비가 위왕에 오를 때도 조식은 술에 취해 형의 대관식에 참여하지 못했다. 화가 난 조비가 조식을 붙잡아 참형하려고 했으나 어머니 변씨가 조비에게 간청했다. "네 아우 식은 평소 술을 지나치게 좋아할 뿐만 아니라 미치광이 짓도 자주 한다. 모두 제 가슴에 있는 재주만 믿고 멋대로 굴어 그리 된 것이다. 너는 한배에서 난 정을 생각해서라도 그 아이의 목숨만은 남겨 두어라. 그래야 내가 죽더라도 편히 눈감을 수 있을 것이다." 이 같은 어머니의 간청에 못 이겨 목숨을 살려 주려고 하는데 화흠이 말렸다. 결국 조비는 조식을 죽일 핑계를 만드느라고 즉흥시를 쓰게 하면서 "너와 나는 형과 아우다. 그걸 제목으로 삼되 형이란 말도 아우란 말도 써서는 아니 된다"며 시를 제대로 쓰면 살려 주고 못 쓰면 죽이겠다고 했다. 조식은 바로 시를 읊었다. "콩깍지를 태워 콩을 볶누나. 솥 속의 콩은 울고 있다. 원래 한뿌리에서 자라났는데 어찌 이리도 급하게 볶아 대는가." 결국 조비는 조식을 죽일 핑계가 없어져 조식의 목숨만은 살려 주었으나 살아 있는 동안 도성 출입을 못하게 하고 귀양을 보냈다. 불우한 생활을 계속하던 조식은

41세의 나이로 세상을 하직했다.

관우가 여몽에게 잡혀서 처형된 후의 얘기다. 유비는 관우를 돕지 않은 유봉과 맹달을 괘씸하게 생각하고 이들을 처벌할 생각을 하고 있었다. 이때 유비의 신하 중에 맹달과 친한 팽양이란 자가 있었다. 팽양은 맹달에게 유비의 마음을 적은 편지를 믿을 만한 사람에게 전했다. 그러나 운 나쁘게도 팽양의 심부름꾼이 마초의 부하에게 잡히고 말았다. 마초는 팽양의 서신 내용을 확인하기 위해서 팽양의 집을 찾았다. 그러나 자기가 보낸 심부름꾼이 사로잡힌 걸 알 리 없는 팽양은 마초에게 술대접을 했다. 술이 몇 순배 돌면서 취하자 마초가 팽양에게 넌지시 말했다. "지난날 한중왕께서는 공을 몹시 두텁게 대접했는데, 요즘은 점차 야박해지니 도대체 무슨 까닭이요? 남의 일이지만 은근히 궁금하구려." 그때 이미 술에 취한 팽양은 "그 늙은 것이 벌써 정신이 흐트러져 함부로 사람을 대하고 있소. 내 반드시 그 갚음을 할 작정이외다"라고 마음을 털어놓았다. 마초는 이를 유비에게 고했고, 유비는 팽양을 처벌했다.

관도에서 조조와 원소가 결전할 때의 일이다. 원소를 배반한 허유가 원소의 군량과 치중이 모두 오소에 쌓여 있다고 알려 주었다. 조조는 본래 적을 칠 때 기습을 하여 적의 양초(糧草 : 군량과 마초)를 불태우거나 차단하기로 유명했다. 조조는 의심이 많은 사람이다. 만일 오소에 원소의 군량과 치중이 보관되어 있다면 분명 그곳의 경비가 삼엄하리라고 생각해서 허유에게 물었다. 그러자 허유는 오소를 지키는 장수는 순우경인데, 그자는 술을 좋아해서 제대로 방비하지 못할 것이라고 대답했다. 조조는 이에 곧 계획을 실행에 옮겼다. 밤중에 자기 군사들에게 원소의 군복을 입히고 몰래 원소의 후미를 돌아서 오소를 공격하게 한 것이다. 허유의 예상대로 오소를 지키던 원소의 장수 순우경은 마침 수하 장수들과 질탕하게 술을 마시고 제 군막으로 돌아와 자고 있었다. 북소리와 함성에 놀라 깨어난 순우경은 칼 한번 제대로 써보지도 못하고 조조의 포로가 되었다. 본래 용맹스러운 순우경이었으나 술에 취해 무방비 상태였던 그로서는 포로가 되는 것이 너무도 당연한 결과였다. 조조군이 원소의 식량과 치중을 전부 불태워 버림으로써 원소군은 대패하게 되었다. 순우경은 본래 용맹스러웠지만 이처럼 술로 인해 대사를 그르치게 되었다.

제갈공명이 위수(謂水)에서 사마의와 전투를 치를 때 일어난 일이다. 사마의는 패전을 해서 위수 하류에 내려와 진을 치고 있었고, 공명은 승전한 군을 이끌고 기산으로 돌아왔다. 그때 마침 영안에 있는 이엄이 보낸 군량이 도착했다. 당시 군량관은 구안이었는데, 술을 너무 좋아해서 오는 도중 시간을 끌어서 기한을 열흘이나 어겼다. 공명은 몹시 노해서 "군량을 제때에 대는 것은 우리 군중에서 큰일 중의 큰일이다. 사흘만 기한을 어겨도 목을 베게 되었는데 열흘이나 늦었으니 더 말할 게 뭐 있겠는가!"라고 말하고 구안을 처형하라고 명했다. 이때 장사 양의가 말렸다. "구안은 이엄이 쓰는 사람입니다. 거기다가 지금 온 곡식과 돈은 모두 서천에서 보낸 것입니다. 만약 구안의 목을 벤다면 앞으로 누가 군량을 운반하려 들겠습니까?" 공명은 할 수 없이 곤장 80대를 치고 돌려보냈다. 그러나 이것이 후일 화근이 될 줄이야. 매를 맞은 구안은 잘못을 뉘우치기는커녕 앙심을 먹고 자기 졸개들을 데리고 위의 사마으에게 투항했던 것이다. 구안이 사마의에게 억울함을 호소하자, 사마의는 구안에게 몰래 촉의 수도인 성도로 들어가서 공명이 제위를 찬탈하려 한다는 헛소문을 퍼뜨리게 했다. 성도에 도착한 구안은 환관들을 만나서 공명이 천자의 제위를 찬탈하려 한다고 부풀려 전했다. 그 말을 들은 환관들은 놀라서 이를 유선에게 고하고 공명을 전지(戰地)에서 귀환시키도록 간했다.

이에 어린 황제 유선은 공명에게 돌아오라는 조서를 보냈다. 공명이 여러 차례 사마의 군사를 패퇴시켜 전세가 유리하게 돌아가고 있는데 난데없이 귀환하라니 기가 막힌 노릇이 아닐 수 없었다. 기가 막힌 부하 장수들은 공명에게 돌아가지 말자고 권하기까지 했다. 공명은 천자가 어려서 간신배들이 붙어 있다는 것을 깨닫고, 돌아가지 않으면 더욱 의심받을 것을 우려해서 퇴군하게 되었다. 공명은 퇴군하면서 사마의가 후면에서 공격할 것에 대비해 퇴군하는 장소마다 밥 짓는 아궁이를 늘렸다. 진군하면서 아궁이가 늘어나는 것을 본 사마의는 복병을 두려워해서 뒤쫓지를 않았다. 회군한 공명은 헛소문의 근거를 캐어 환관들을 처형하는 한편, 구안을 찾았으나 그는 이미 위나라로 도망친 뒤였다. 결국 구안이 술을 너무 좋아한 탓에 공명의 대사를 그르친 셈이다. 이에 반해 사마의는 이를 역으로 이용해서 촉의 군사를 물리칠 수 있었다. 실로 두 명의 걸출한 인물들의 두뇌 싸움이었으나 술 때문에 공명과 촉한이 피해를 보게 되었다.

술은 묘한 재주를 부린다. 인간이 술을 마시면 감정이 순화되어 전혀 다른 사람이 된다. 술을 마신 후에 사람이 보여 주는 행태도 여러 가지다.

첫째, 술을 마시면 아주 난폭해지는 사람이 있다. 장비가 그 대표적 인물이다. 장비가 술만 마시면 난폭해져서 병사들을 너무 두드려팼기 때문에 유비는 걱정을 했다. 동오를 공격하려고 준비하고 있을 때 낭중에서 사신이 왔다는 소리를 듣고 유비는 장비가 죽었음을 직감했다. 결국 술 때문에 유비의 걱정이 현실화된 것이다.

둘째, 술만 마시면 인사불성이 되고 몸을 가누지 못해 깊이 잠드는 형이 있다. 이의 대표적 인물이 원소의 장군 순우경이었다. 순우경은 용맹스러운 장수였으나 술을 마시면 만취되도록 마셔서 인사불성이 되곤 했다. 전쟁 중에 식량을 지키는 것은 실로 중요한 임무다. 그러나 순우경은 술 때문에 오소를 지키지 못했고, 이로 말미암아 원소는 조조에 비해 압도적인 군사력을 갖고도 지고 말았다.

셋째, 술만 마시면 솔직해지는 형이다. 이들은 술만 마시면 감정이 순화되어 속마음을 털어놓는 바람에 국가 기밀이나 자기에게 하가 되는 정보도 남에게 주게 된다. 마초와 술을 마시던 팽양이 그랬다. 경기와 술을 마시던 왕필은 조조의 의중을 전달하는 잘못을 범해서 허도를 불태우는 결과를 초래했다. 유비와 같이 속마음을 감추는 데 탁월한 능력이 있는 사람도 술이 취하면 속마음을 보여서 의심을 사거나 핀잔을 듣기도 했다.

넷째, 술을 마시고 저지른 실수에 대해 대부분의 사람은 술이 깨면 후회하고 상대방에게 죄를 비는 반면 술을 마시고 저지른 일을 후회하기는커녕 오히려 복수하려는 형이 있다. 구안이 그 대표적 인물이다. 구안은 자신의 실수를 반성하기는커녕 나라까지 배반했다.

여하간 술은 삼국 시대나 오늘날이나 똑같은 요술을 부린다. 술은 잘 마시면 약주가 되지만 잘못 마시면 독주가 된다. 이처럼 술의 마법과도 같은 힘을 잘 알기에 주유나 관우는 술에 취한 연극을 함으로써 국가 정책을 수행하는 데 도움을 받기도 하고, 위기를 모면하기도 했던 것이다. 실로 술을 잘 이용하는 것도 인간의 재능이 될 수 있다. 그래서인지 요즘 기업체에는 '술상무'라는 말이 있다.

6장

삼국 시대의 지도자들과 정치 기반

1. 삼국 시대의 통치자들

통치자의 유형에는 여러 가지 있다. 이들의 특징을 알아낸다면 나름대로 통치 스타일이나 정책 결정 과정에서 중요한 요인들을 밝힐 수가 있다. 이 같은 이유로 사회과학에서는 지도자의 통치 유형에서 통치 스타일까지 분류하려고 노력하고 있다. 앞서 말했듯이 일찍이 막스 베버라는 학자는 통치자를 세 가지 유형으로 나누었다. 전통적 통치자와 법·합리적 통치자, 그리고 카리스마적 통치자가 그것이다. 헨리 키신저는 이를 약간 변형해서 전통적인 지도자, 법·제도적인 지도자, 카리스마적 또는 혁명적 지도자로 나누었다. 베버의 분류 방법은 이미 앞에서 설명하였으므로 피하고 키신저의 방법만 설명하기로 하자.

전통적 지도자란 그 사회의 정치적 전통에 의존하여 통치하는 지도자를 말한다. 즉 전통적 정치 문화, 전통적 관습, 전통적 인과 관계에 의존해서 통치하는 지도자를 뜻한다. 미국의 예를 들면 트루먼·존슨 대통령이 이에 해당한다. 법·제도적 통치자란 기존의 법과 제도에 의존해 통치하는 지도자를 말한다. 이들은 정치적 고

려나 밀약 또는 계약 관계를 피하고 법이나 제도에 의한 통치만을 추구한다. 미국에서는 아이젠하워·포드 대통령 등이 이 범주에 속한다. 혁명적 또는 카리스마적 통치자란 개인 특유의 혁명적 능력이나 개혁 철학에 의존하는 통치 스타일을 가진 지도자를 말한다. 미국 역사에서는 워싱턴·루스벨트·케네디 대통령이 이에 속한다. 우리 나라의 통치자들 중에는 김구 선생, 이승만 대통령, 김대중 대통령이 혁명적·카리스마적 통치자의 범주에 해당한다. 박정희 대통령도 혁명적·카리스마적 통치자에 속한다고 할 수 있다. 전통적 통치자로는 김영삼·전두환 대통령을 들 수 있다. 노태우·장면·최규하·노무현 대통령은 법적·제도적 통치자의 범주에 가까운 통치자들이다.

미국의 제임스 바버 교수는 통치자들을 적극적 또는 소극적인 유형, 긍정적 또는 부정적인 유형 등 네 가지로 나누고 미국 대통령들을 분류했다. 첫째는 행동이 적극적이고 자신이 하는 일을 긍정적으로 생각하고 소신 있게 추진하는 지도자들로, 워싱턴·잭슨·루스벨트 대통령이 이 범주에 속한다. 둘째는 적극적이고 진취적이나 자신에 대해서는 부정적으로 평가하기에 때로는 음흉하기까지 한 대통령으로, 닉슨과 윌슨 대통령이 이 범주에 속한다. 셋째는 행동은 소극적이지만 자신이 하는 일에 대해서 무척 긍정적으로 느끼는 통치자로, 트루먼·카터 대통령이 이 범주에 속한다. 넷째는 행동도 소극적이면서 자신이 하는 일에 대해서도 부정적으로 생각하는 통치자들이다. 맥킨리·하딩·후버 대통령이 이 범주에 속한다. 우리 나라 대통령들 중 적극적이고 긍정적인 유형으로는 이승만·박정희 대통령을 들 수 있고, 소극적이고 긍정적인 통치자로는 장면 총리, 윤보선 대통령을 들 수 있다. 적극적이나 부정적인 유형은 전두환·김대중 대통령을 들 수 있고, 소극적이고 부정적인 유형의 대통령으로는 아마도 최규하·노태우 대통령을 들 수 있을 것이다.

어찌 보면 통치자들은 어떤 하나의 엄밀한 범주에 속하기보다는 여러 범주를 넘나드는 경우가 대부분이다. 또한 이처럼 규정하는 것 자체가 글을 쓰는 학자들의 일방적인 판단이 될 수도 있다. 그러나 이 같은 범주나 유형을 전혀 무시하면 인간의 사고를 조직화할 수 없다. 그러므로 우리는 대개 활동을 정의하고 이를 이용해 분류하며, 독자들은 이 정해 놓은 정의에 따라 현상을 이해하게 되어 있다.

통치 스타일(리더십)

삼국 시대는 1백여 년에 걸친 시기로 수많은 통치자들이 출현했다가는 사라졌다. 따라서 통치자들을 일반화하기란 무척 어렵다. 여기서는 대표적 인물들을 중심으로 그들의 리더십 스타일과 인재 등용법, 지도자로서의 자질 등을 살펴보기로 하자.

먼저 이들의 통치 스타일 또는 리더십 형태를 알아보자. 삼국 시대의 대표적인 통치자는 조조였다. 『삼국지연의』가 유비와 촉한에 정통성을 두고 쓴 반면, 진수의 『삼국지』는 위를 정통으로 보고 조조를 제1인자로 소개하고 있다. 사실 삼국 시대에 가장 탁월한 통치자는 조조였다.

앞에서도 간간이 소개했지만, 그의 통치 스타일을 소개하기 우하여 조조의 과거를 다시 한 번 살펴보자. 조조는 패국 초현 사람으로 한나라의 재상을 지낸 조참의 자손이다. 조부인 조등은 환관으로, 환제 때 중상시란 높은 벼슬을 했다. 아버지 조숭은 하후씨에게서 데려온 양자였다. 조조는 이 환관의 자손이라는 콤플렉스에 평생 시달렸다. 조조는 키가 작아 7척밖에 안 되었다. 조조가 작은 키를 어릴 때부터 의식했는지 몰라도 교묘한 꾀와 잔재주를 부리는 일이 많았다. 소년 시절 노는 데만 정신이 팔려 있는 조조를 보고 숙부가 종종 아버지 조숭에게 이를 알려 주며 충고하곤 했다. 이에 불만을 품은 조조는 어느 날 숙부 앞에서 경련을 일으키며 다 죽어 가는 시늉을 했다. 놀란 숙부가 얼른 아버지 조숭에게로 가 이를 알렸다. 조숭이 급히 달려오자, 조조는 태연하게 "숙부는 나를 미워하며 언제나 나쁜 말만 한다"고 말했다. 그 후로 아버지는 숙부의 말을 믿지 않았다고 한다.

조조와 원소가 젊은 시절 망나니 노릇을 할 때이다. 두 사람이 갓 결혼한 신부를 훔쳐서 도망가다가 원소가 그만 누군가 파놓은 구덩이에 빠지고 말았다. 원소는 빠져나오려고 했지만 사방에 가시덩굴이 박혀 나올 수가 없었다. 마을 사람들이 몰려오자 다급해진 조조는 한 가지 꾀를 생각해 냈다. 그는 갑자기 "범인이 여기 있소!"라고 소리쳤다. 그러자 원소는 다급해져서 아픔도 잊고 구덩이에서 빠져나왔다고 한다. 이처럼 조조는 어려서부터 잔꾀를 잘 부렸다.

20세에 효렴에 천거되어 낙양 북부도위(北部都尉)에 임명된 조조는 법을 어긴 자는 신분이 높을지라도 가차없이 처벌했다. 심지어 당시 최고의 권세가인 건석의 숙부가 금지된 야간 외출을 하여 조조의 몽둥이에 맞아 죽는 사건이 발생했을 정도로 법 집행에 엄격했다. 또한 황건의 난이 일어났을 때 영천의 적을 토벌한 공으로 제남의 통치자가 된 조조는 뇌물과 향락에 물든 상급 관리들을 파면하고 당시 유행하던 사이비 종교와 미신을 전부 금지시켰다.

하지만 조조는 의심이 많아 "내가 천하를 배반해도 천하는 나를 배반할 수 없다"며 여백사와 그의 가족을 죽인 것을 정당화한 것에서도 볼 수 있듯이, 남이 자기를 배반하는 것에 신경을 많이 썼다. 사실 조조는 일생을 통해 가까이 했던 많은 사람들로부터 배신을 당했다. 조조가 서주를 공격할 때 가까운 친구였던 장막과 조조의 근거지인 연주를 지키던 진궁이 조조를 배반하고 여포를 불러들여 연주목으로 삼고 조조를 곤궁에 빠뜨린 것이 한 예라 할 수 있다. 깍듯이 뒤를 돌봐주던 유비도 결국 조조를 배신해 서주자사이자 조조와 가까운 차주를 죽이고 서주를 빼앗았다. 의심 많고 사람 관리를 철저히 했던 조조이지만 이처럼 수많은 사람들에게 배신을 당했고, 암살될 뻔한 적도 여러 번 있었다. 국구인 동승, 주치의 길평, 봉황후의 부친 복태우 등 수많은 사람들이 조조의 목숨을 노리다가 생명을 잃었다.

조조에겐 잔인한 면모도 있어 도겸이 자신의 아버지를 죽였다고 서주를 공략해서 서주인들을 무차별적으로 살육했다. 『후한서(後漢書)』에 "주민 수십만 명을 살해하고 개와 닭과 같은 가축들도 가차없이 도살하였다. 이 때문에 사수는 흐름을 멈추고 말았다"고 적었을 정도였다. 뿐만 아니라 자신에게 봉사한 신하들도 그 소용이 없어지고 마음에 들지 않으면 가차없이 죽여 버렸다. 정욱·양수·공융·예형 같은 당대의 학자들이 조조를 위해 많은 공을 세웠지만 이들은 결국 처형당했다. 반면 조조는 자신의 장남·조카와 전위를 죽게 만든 장수는 용서해 주는 등 복잡한 성품을 지니고 있었다.

그러나 조조는 무척 현실적인 정치인이었다. 조조는 '구현령(求賢令)'과 '술지령(述志令)'이라는 법령을 공표했는데, 구현령이란 신분의 높고 낮음을 따지지 않고 재능 있는 사람이면 누구나 등용하는 것을 말했다. 그리고 술지령은 천자로부터 수여받은 4현 3만 호 가운데 3현 2만 호를 천자에게 돌려주는 것을 말했다. 이는 조조가 제위 찬탈에 뜻이 없음을 천하에 알리는 행위라 할 수 있다. 조조가 아직 한나라의 기반이 튼튼함을 감지하고 취한 현실주의적 행동인 셈이다.

그러나 조조는 위왕으로 등극하면서 그의 야심을 드러내는 모순된 행위를 하고 만다. 당시 한나라에서는 유씨가 아니면 왕위에 오를 수가 없었다. 조조는 이 같은 관례를 잘 알고 있고 측근 정욱 같은 신하의 반대에도 불구하고 위왕에 올랐다. 이러한 행위가 후일 아들인 조비가 천자에 오르게 하는 문을 열어 놓기는 했다. 그러나 아이러니컬하게도 후일 사마소가 똑같은 방법으로 아들 사마염을 제위에 오르게 만든다.

하지만 조조는 지위에 비해 매우 검소하게 생활했다. 일상생활에서도 화려한 장식품이 전혀 없었다고 한다. 그는 자신의 장례가 끝나면 곧 상복을 벗고 관리들 각자의 임무를 다하라는 유언을 남기기도 했다. 조조는 어찌 보면 많은 영웅들처럼 색한(色漢)이라고 부를 수 있을 정도로 여자를 좋아해 수많은 첩을 거느렸다. 아들도 25명이나 된다. 그러나 임종할 때는 여인들에게 각자 직업을 선택해서 먹고살라고 유언했을 정도로 검소했다. 또한 조조는 전리품을 손에 넣으면 절대 혼자서 차지하지 않고 전공이 있는 자에게 골고루 나누어 주었다.

조조는 치적이 많았던 인물이기도 하다. 당시 조조가 채택한 많은 정책 중 둔전제는 난세에 꼭 필요한 정책이었다. 둔전제란 오랫동안 버려진 땅을 국가의 땅으로 취하여 병사들과 농민들이 경작하여 국가와 나누어 갖게 하는 제도로, 소가 없는 농민에게는 국가가 소를 빌려 주어 수확한 곡물을 나누어 갖게 했다. 이처럼 조조는 관중 일대에 자급자족할 수 있는 제도를 마련했다. 이 둔전제는 훗날 마오쩌둥이 채택한 제도이기도 하다.

탁월한 시인이기도 했던 조조는 중국 문학, 특히 시에 자유체를 도입했다. 조조가 활동한 후한 말에는 중국 문학사에서 건안(建安) 시대(196~220)라고 일컬어질 정도로 문학의 황금 시대였다. 조조는 한나라 때 생긴 민간 가요 양식을 살려서 개성적인 문인시로 질적인 향상을 가져왔던 것이다.

뿐만 아니라 조조는 뛰어난 병법가였다. 조조는 손자병법 해설서를 썼는데, 오늘날에도 고전으로 남아 있는 『위무제손자』가 그것이다. 손자병법은 단순한 병법이 아니라 인간의 심리를 통찰하고 현명하게 인생에 대처해 가는 방책을 연구하여 지혜로운 삶을 살도록 이끄는 처세 지침서이다. 조조는 실제로 손자병법대로 삶을 영위하려고 노력한 통치자였다.

또한 조조는 개혁적인 혁명가였다. 조조는 엄정한 법가로서 법을 집행하는 데는 무서울 정도로 엄정했다. 반면 뛰어난 인재라고 생각되면 설사 자신을 반역한 자라도 용서해 주고 높은 지위를 주어 후대하는, 현실주의자에게 필요한 도량을 갖추고 있었다. 당시는 난세였던 만큼 인재가 절실하게 필요했기 때문일 것이다. 조조는 이처럼 필요한 인재는 과감하게 기용했던 반면, 쓸모가 없어지면 당장 버리기도 하는 냉혈한이기도 했다.

　조조는 사람에 대한 통찰력도 탁월했다. 원소라는 압도적인 힘을 갖고 있는 자와 대결하면서도 그에 대해 "나는 원소라는 인물을 전부터 잘 알고 있다. 야심은 크지만 지략이 모자라고 용모는 근엄하고 위엄 있어 보이지만 담력이 부족하지. 게다가 시기하고 의심하는 마음이 강하여 부하들을 신뢰하지 않네. 병력의 수효만을 자랑할 뿐이지 통제가 되어 있지 않아. 영지는 확실히 광대하고 군량도 풍부하지만 그래서 죽여 주십사 하고 몸을 내미는 것과 같지"라고 평했다. 결국 압도적인 병력을 갖고도 원소는 조조의 예측대로 패배했다. 한편 유비에 대해서는 "유비는 나와 동등하나 계략을 쓰는 것이 조금 느린 것 같다"고 평했다.

　조조를 통치자로서 평가할 때, 조조는 어느 면에서는 매력이 있지만 매우 복잡한 인물임에 틀림없다. 막스 베버나 헨리 키신저의 분류 방법에 따르면 조조는 카리스마적 지도자 또는 카리스마적이고 혁명적인 지도자에 속한다. 또한 법·합리적 지도자의 면모도 있다. 그러나 가장 가까운 표현은 혁명적 지도자이고, 다음이 카리스마적 지도자라고 할 수 있다. 그가 법을 엄히 다스린 것은 그의 통치 수단이지 철학적 또는 윤리적 이유가 있었던 것은 아니었다. 그는 난세에 나라를 다스리는 데는 법이나 법을 지탱하는 권력이 절대 필요하다고 믿었다. 베버의 분류 방법에 따르면, 조조는 더욱 복잡한 인물이다. 조조는 무척 적극적인 지도자이다. 무엇이든 기회만 있으면 곧 실천하는 인물이다. 때로는 경솔하게 보일 정도로 매사를 빨리 결정하고 그것을 행동으로 옮긴다. 반면에 자신이나 세계에 대해 부정적으로 생각하는 내면성을 지니고 있다. 고위층의

자손이지만 당시 청류파의 선비들로부터 지탄을 받았던 환관의 후
손이라는 것이 늘 그를 괴롭혔기 때문이다. 그래서인지 그는 많은
선비를 죽였다. 선비들의 자만심이 조조에게는 꼴불견으로 보였던
것이다.

이처럼 조조에게는 무척 부정적인 면이 많았다. 그는 탁월한 통
치자였지만 작은 키, 잘생기지 못한 인물, 환관의 후손 등 콤플렉
스에 시달렸다. 그러한 콤플렉스는 그를 때로는 강인하게 만들었지
만, 때로는 잔인하게 만들기도 했다. 어찌 보면 조조는 현대 정치
인들 중 비극적인 종말을 맞이한 미국의 닉슨 대통령과 유사한 점
이 무척 많아 보인다.

조비는 조조의 아들로 한의 마지막 황제인 헌제로부터 선양받아
황제의 자리에 오른 통치자이다. 이 선양으로 한 왕조는 완전히 문
을 닫고 위가 한을 대신하게 되었다. 이것이 후일 유비에게 명분을
주어 유비는 촉한 황제에 오르게 된다.

조조에게는 아들이 25명 있었다. 유부인이 낳은 장남 조앙은 장
수와의 전투에서 전사했고, 환부인과의 사이에서 난 조충은 총명해
후계자감으로 생각했으나 요절했다. 결국 변부인이 정실이 되었는
데, 조비는 바로 변부인의 맏아들이다. 그러나 조조는 셋째아들 조
식의 재능 때문에 마음을 정하지 못하고 있었다. 조식은 다재다능
했지만 술을 너무 마셔 실수를 자주 하다가 후계자 경쟁에서 밀려
났다. 조비는 31세가 되어서야 겨우 세자에 책봉될 수 있었다. 조비
는 아버지 조조가 죽자 승상직과 위왕의 자리를 물려받은 데 이어
220년에 헌제로부터 선양을 받아 제위에 오른다. 조비는 후계자 경
쟁에서도 계획적이고 침착하게 다양한 채널을 통해 아버지에게 자

신을 알린 인물이다. 그런 점에서 그는 매우 유능한 정치인이라 할 수 있다.

조비는 황제가 된 후에도 치세를 잘했다. 『삼국지연의』에서는 조비가 사악한 인물로 그려지지만 실제로는 명석한 군주였다. 조비는 황제 즉위 후 선정을 베풀었으며, 외교에도 능했다. 또한 순종의 뜻을 표한 손권을 오왕으로 책봉, 무리한 군사력의 낭비를 막았다. 조비는 내치에서도 많은 치적을 남겼다. 관리를 능력 위주로 발탁했고 대역죄를 제외한 다른 취조는 함부로 하지 못하게 했다. 당시로서는 고문을 금지하는 엄청난 개혁이었다. 또한 서민을 괴롭혔던 미신 타파에도 앞장섰으며, 현대적인 의미에서 복지 정책을 세워 가난에 시달리는 사람들을 구제하려고 했다. 인물을 중용할 때도 자신감을 갖고 밀고 나갔다. 한 예로 조조는 사마의가 탁월한 능력을 가졌으나 조씨 집안을 망칠 사람이라고 생각하여 병권을 절대 주지 않았다. 또한 사마의를 중요한 자리에 앉히지도 않았다. 그러나 조비는 황제가 되자 사마의를 최측근으로 삼은 것은 물론 재상직까지 맡겼다. 한편 조비는 강직하고 직언을 서슴지 않는 선비들을 주위에 두고 썼다. 또한 촉에서 항복해 온 황권이나 맹달도 중용하는 관용을 보였다.

그러나 불행하게도 조비는 겨우 40세에, 즉위한 지 7년 만에 세상을 떠나고 말았다. 일부에서는 조비가 조식·조창 등 형제들에게 가혹하게 대함으로써 조씨 가문의 힘을 약화시켜, 조조가 예상했던 것처럼 사마씨가 조씨를 무너뜨릴 수 있었다고 말하기도 한다. 그러나 조비와 같은 현명한 군주가 너무 빨리 죽고 어리고 우매한 후손들이 제위에 올라 사마씨의 힘이 강해지게 되었다고 보는 것이

옳을 것이다. 더욱이 저갈공명의 계속된 침공은 사마의와 같은 우능한 인물의 세력을 자연히 키워 주었다.

조비는 아버지 조조와는 다른 통치자였다. 조조가 카리스마적이고 혁명적인 통치자였던 데 반해, 조비는 보다 전통적이고 관료적이면서 합리적인 통치자였다. 또한 적극적이면서도 자신에 대해 무척 긍정적인 통치자였다. 아버지와 같은 콤플렉스도 없었고 음흉하지도 않았다. 만일 조비가 오래 살아서 위나라의 기반을 굳건하게 다졌더라면 사마씨의 정권 찬탈은 막을 수도 있었을 것이다.

삼국 시대 최고의 스타가 조조였다면 다음 스타는 유비였다. 『삼국지연의』에서 유비는 무능하고 울기 잘 하는 인간적인 통치자로 묘사되고 있다. 어찌 보면 유비 자신은 함량 미달인데 부하들을 잘 두어서 국가를 창업한 통치자라 할 수도 있다. 그러나 유비가 인간적 매력이 있는 통치자임에는 틀림없다. 조조가 극진히 대우했음에도 불구하고 관우는 결국 유비를 찾아 떠났다. 손권이 제갈공명을 얻기 위해 그의 형인 제갈근과 주위 사람을 동원해서 설득했으나 공명은 기반도 없고 미래도 불확실한 유비를 선택했다. 이 같은 사실들로 미루어 볼 때, 유비가 소설과 달리 비범한 인물이었음에 틀림없다. 『삼국지』의 저자 진수는 유비를 다음과 같이 평했다. "선주 유비는 도량이 넓고 의지가 강하며 독실하고 관용하였기에 인물을 분간하여 사인을 대우하였으니 무릇 한나라 고조의 풍모가 있었고 영웅의 그릇이 있었다. 하지만 권모와 지략은 위나라의 조조에 미치지 못한다."

유비는 탁군 탁현에서 출생했다. 중산정왕(中山靖王) 유승의 후손이라고 하지만 확실치 않다. 그러나 황실과 같은 성을 가진 유비는 성 때문에 혜택을 많이 보았다. 신장은 7자 5치이고 팔이 길며 준수하게 생겼다고 한다. 하급 관원이었던 아버지 유홍을 일찍 여의고, 어려서부터 어머니와 함께 짚으로 멍석을 짜서 생계를 이었다.

유비는 비록 가난했지만 어려서부터 야심이 많았던 것 같다. 어린 시절 아이들과 뽕나무 밑에서 놀면서 언젠가는 자기도 천자가 타는 가마를 탈 것이라고 해서 숙부에게 호되게 야단을 맞은 적도 있다. 숙부 덕으로 열다섯 살 때 당시 명성이 높았던 노식의 문하생이 되었으나 공부는 별로 하지 않았다. 오락이나 음악 등 잡기를 좋아했고, 옷치장 하는 것을 즐겼다. 말수가 적고 감정을 겉으로 잘 드러내지 않았지만, 사람들에게는 공손하고 친절했다. 또한 호걸들과의 교분을 즐겨 주위에 사람들이 많이 모였다. 그 중에는 관우와 장비도 있었다. 유비에게는 젊어서부터 후원자들이 줄을 이었다. 그 중에는 당시 탁현의 거상인 장평세·소쌍 등도 있었다. 황건의 난이 일어났을 때, 유비는 젊은이들을 모으고 거상들의 도움을 받아 군을 조직해서 교위인 추정의 군에 가담했다. 황건적이 평정된 후 그 공으로 안희현 현위로 임명되나 당시 감찰 나온 독우를 매질하는 바람에 관직을 그만두었다. 이후 공손찬을 위시해서 수없이 주인을 바꾸면서 천하를 전전했다.

유비는 어찌 보면 출세가 무척 늦은 인물이다. 50세가 다 되어서도 형주의 유표에게 의탁하고 있었는데, 이런 자신을 비통하게 여겼다. 그러나 유비는 가는 곳마다 백성들로부터 환영을 받았다. 유표는 유비를 깍듯하게 대우했지만 백성들의 신임을 너무 받자 경계하기 시작했다. 유비는 서서·제갈량·방통과 같은 천하의 책사를 만나게 되면서 비로소 힘을 키우게 되는데, 특히 적벽대전에서 조조군을 손권과 함께 섬멸함으로써 형주의 실질적인 주인이 되었다. 이때 성장하는 유비의 세력을 두려워하여 손권이 누이를 유비에게 시집 보내면서 유-손 등맹 관계가 시작되었다. 유비는 다시 장로를 친다는 핑계로 익주에 진군해서는 장로를 치는 대신 익주 백성의 마음을 사로잡는 데 열중했다. 결국 유장과 전투 끝에 익주를 빼앗은 유비는 조조에게서 다시 한중을 탈취하고 한중왕에 올랐다. 나아가 한 헌제가 죽었다는 소문을 듣고는 촉한 황제로 즉위했다.

그러나 불행하게도 조조가 손권과 손을 잡고 형주의 관우를 치면서 유비는 형주를 잃게 되었다. 유비는 관우의 복수라는 명분으로 형주를 되찾기 위해 대군을 일으켜 오를 치지만 대패하고 말았다. 이로 말미암아 유비는 병이 나서 죽게 된다. 장비는 이미 전쟁을 시작하기 전에 부하들에게 살해되었다. 이로써 삼국 시대를 아름답게 장식했던 도원결의의 삼형제가 모두 죽게 되고, 이 전쟁의 실패를 목격한 제갈공명은 이제 한나라의 운명은 다했다고 탄식했다.

여기에는 그럴 만한 이유가 있다. 전쟁으로 인해 당시 중국 대륙의 인구는 엄청나게 감소했다. 유비가 풍요롭고 오랫동안 평화를 유지했던 익주를 얻음으로써 촉은 군수품도 풍족해지고 병졸도 많이 충원하게 되어 국력이 크게 팽창했다. 유비는 이를 잘 길러서 중원을 먼저 정벌했어야 하는데 어리석은 전쟁을 일으켜 모처럼 키웠던 국력의 대부분을 상실하게 된 것다. 형주를 잃은 후 촉은 다시는 이전의 국력을 회복할 수 없었다.

이제 유비를 통치자로서 평가하면, 첫째 유비는 조조와는 정반대되는 인물이었다. 「방통전」에 따르면 유비는 이렇게 말했다. "나와 조조는 물과 불의 관계다. 조조가 엄격하면 나는 관대하게 대한다. 조조가 난폭하면 나는 인덕에 의지한다. 조조가 책략으로 나오면 나는 성실하게 행동한다. 언제나 조조와 반대 행동을 취해야만 비로소 일이 성취되는 것이다.” 실로 유비의 명석한 통찰력을 보여주는 대목이 아닐 수 없다. 조조는 일찍이 천자를 끼고 패업을 이루었다. 반면 유비는 가는 곳마다 백성들을 보살펴서 그들의 마음을 샀다. 유비가 형주에서나 익주에서 쉽게 기반을 마련할 수 있었던 것은 결코 무력 때문만은 아니다. 백성들의 마음을 사로잡았기 때문이다. 백성들 사이에서 유비는 현자(賢者)로 알려졌다. 어찌 보면 유비는 거친 무법자이고 숱한 사람을 배신한 무례한이라고 볼 수도 있다. 하지만 백성들을 쓸데없이 골탕 먹이는 짓을 하고 다니지는 않았다. 대단한 위선자라고 볼 수도 있지만 백성들의 눈에 유비는 백성을 아끼는 통치자였다. 확실히 조조와는 다른 종류의 게임을 펼친 것이다.

조조와 달리 유비는 빈곤한 집안 출신인 데다 지역 배경도 약했기에 먼 훗날을 내다보고 기다릴 수밖에 없는 처지였다. 유비가 갖고 있었던 초기 자본이라면 충실한 두 아우 관우·장비뿐이고 황실과 같은 성을 가지고 있다는 것 외에는 없었다. 그야말로 빈털터리 건달이었다. 건달인 유비는 어쩔 수 없이 먼 훗날을 기약할 수밖에 없기에 가는 곳마다 백성들을 돌보는 데 힘을 쏟았다. 삼국 시대는 오늘날과 같이 통신이나 미디어가 발전되어 있지 않지만 소문은 퍼지게 되어 있다.

조조는 영특하고 학문에도 조예가 깊었다. 자신이 식견이 높았던 만큼 능력이 없는 학자들을 경멸하고 사람들을 함부로 다루었으며 살생도 쉽게 했다. 반면 유비는 모든 면에서 조조에 뒤졌다 유비가 취할 수 있는 행동은 겸손하고 남에게 순응하는 것이었다 심지어 결혼도 남의 의사를 좇아 한 인물이다. 손권이 형주에서 유 비의 세력이 커지자 이를 두려워해서 누이를 유비에게 시집 보내 려고 할 때 유비는 이를 받아들였다. 손씨 부인은 여자지만 상당ㅎ 성질이 거칠고 무술을 좋아해서 시녀들에게도 칼을 채운 여인ㅇ 다. 유비는 손부인의 방에 갈 때면 항상 두려워했다고 한다. 그ㄹ 도 유비는 손부인을 맞이했다. 이같이 겸손하고 타인을 배려할 줄 알며 솔직하고 무리하지 않은 행동으로 일생을 살아온 유비지만 익주를 얻고 난 후에는 힘이 생기니까 교만해졌다. 그리하여 제갈 량과 조운의 말도 듣지 않고 대병력을 동원해서 급하게 손권을 치 는 우를 범하게 되었다. 어쨌든 유비는 조조와는 다를 수밖에 없는 자신의 처지를 명확히 인식한 특유의 성품으로 국가를 창업하는 데 성공했다.

둘째, 베버나 키신저의 분류 방법에 따르면 유비는 전통적인 통 치자이자 카리스마가 있는 통치자였다. 그러나 법·합리적이거나 혁명적인 통치자는 아니었다. 동양에서는 옛날이나 지금이나 겸양 의 덕을 높이 칭송하고 있다. 도겸이 늙어서 서주를 유비에게 넘겨 주려고 할 때 유비는 여러 차례 사양했다. 그러다가 도겸이 죽은 후 서주의 유지인 미축과 당대의 명망 있는 공자의 후손이며 제후 였던 공융의 간절한 청을 받아들여 서주의 주인이 된다. 여포는 죽 기 전에 유비보고 "그지없이 음흉한 놈"이라고 했다. 음흉하건 말 건 기반이 아무 것도 없는 유비가 서주의 주인이 되어 달라는 청을 진솔하게 사양한 것은 동양인들에게는 찬사를 받게 되어 있다. 훗주에서도 유비가 스스로 취할 수 있는데도 유기를 형주의 주인으로 삼았다가 그가 죽은 후에야 형주를 인수하였다.

유비를 전통적인 지도자로 볼 수 있는 것은 조조가 혁명적이고 새로운 질서를 세우려고 한 데 비해, 유비는 기울어 가는 한나라를 다시 일으켜 세우려고 애를 쓴 정치인이었기 때문이다. 때를 기다리는 것도 동양에서는 정치적 미덕으로 간주하고 있다. 분명 유비는 때를 기다릴 줄 아는 정치인이었다. 유비는 행동 면에서 난세의 정치인으로서는 적극적인 지도자가 아니었다. 그러나 자신에 대해서는 긍정적인 인물이었다. 아마도 유비가 적극적이지 않았던 점이 건국의 기초를 늦게 세우게 된 이유 중 하나라 할 것이다. 그러나 유비는 자신이 늘 올바르게 행동한다고 믿었다. 또한 자신이 갖고 있는 대의에 확신을 갖고 있었다.

유선은 유비의 아들로 유비가 한중왕에 오를 때 태자로 책봉되었다가 유비가 죽자 17세의 나이로 황제에 즉위했다. 유선은 촉의 두 번째이자 마지막 황제였다. 처음에는 나이도 어리고 정치에 미숙해서 제갈공명이 모든 정사를 맡아서 보았다. 유선은 삼국 시대의 황제 중 재임 기간이 가장 길어서 40년이나 황제 노릇을 했다. 재임 기간에 남만 정벌, 오와의 외교 관계 회복, 거듭되는 위 출병이 있었다. 공명이 살아 있을 때는 촉이 비교적 건강했다. 그러나 공명이 서거하고 동윤·비위와 같은 충신이 나라를 지탱해 왔지만, 비위가 곽순에게 살해된 후에는 촉을 다스릴 만한 훌륭한 재상이 없었다. 게다가 유선이 환관인 황호를 가까이 하면서 조정은 부패하고 나라는 피폐해졌다.

더욱이 강유의 계속된 위의 원정에 국고는 점점 고갈되었다. 비위가 살아 있을 때는 강유가 원하는 원정군을 제한할 수 있었지만, 비위가 죽은 후로는 강유를 막을 사람이 없었다. 263년 위가 쳐들어오자 유선은 마침내 항복하기고 말았다. 유선의 5남인 유심은 끝까지 항전할 것을 주장했지만 받아들여지지 않자 나라의 망함을 통곡하고는 가족과 함께 자살했다.

『삼국지연의』에서 유선은 가장 무능한 황제로 묘사되고 있다. 유선이 얼마나 어리석은 통치자였는가를 보여 주는 장면이 있다. 유선과 그의 신하들이 낙양으로 이주하고 나서 사마소가 유선을 위해 연회를 베풀고 촉의 음악을 연주하도록 했다. 그러자 촉의 옛 신하들은 모두 눈물을 흘렸지만 유선만은 웃으면서 태연했다. 이를 본 사마소는 가충을 향해 "유선이 이렇게까지 바보일 줄이야" 하고 조소하면서 "설사 제갈량이 살아 있었다고 해도 나라를 지키기가 어려웠을 텐데, 하물며 강유 정도가 나라를 지킬 수가 있었겠는가" 라고 했다. 더구나 사마소가 "조금도 촉이 생각나지 않습니까?" 하고 묻자, 유선은 "이곳은 즐겁고 전혀 그러한 일이 없습니다"라고 대답했다. 실로 어처구니없는 답변이 아닐 수 없다.

이 광경을 목격한 유선의 신하 극정이 유선에게 만약 사마소가 다시 묻는다면 눈물을 흘리면서, "선조의 묘가 있으므로 서쪽을 바라보면 마음이 슬퍼지고, 하루라도 생각이 나지 않을 때가 없다고 말하고 눈을 감으십시오" 하고 일러 주었다. 이것을 몰래 듣고 있었던 사마소가 다시 똑같은 질문을 하자, 유선은 극정이 말한 대로 대답하였다. 사마소가 기가 막혀 "극정이 말한 그대로이군요"라고 하자, 유선은 눈을 갑자기 뜨고 "말씀하신 대로입니다"라고 말해 주위를 온통 웃음바다로 만들었다. 이 같은 유선은 안락공으로 봉해져 낙양에 1만 호의 영토를 하사받고 즐겁게 살다가 천수를 다했다.

일설에는 당양의 장판파에서 조운이 유선을 구해 유비에게 바쳤을 때 유비가 아두를 집어던졌는데, 이때 머리를 다쳐서 약간 바보가 되었다는 주장도 있다. 여하간 이 때문에 중국에서는 무능한 자를 가리킬 때 "아두(유선) 같은 놈"이라는 고사까지 생겼다. 진수는 유선을 평하면서 "흰 실은 어찌하든 변하게 마련이며, 단지 물들이는 색깔대로 변할 뿐이다"라고 결론지었다. 제갈공명과 같은 훌륭한 재상이 있을 때는 유선은 선량한 통치자가 되지만, 제갈공명이 없는 현실에서는 무능하고 부패한 군주가 되어 나라를 망쳤다는 것이다.

삼국 시대나 오늘날이나 통치자를 잘 만나야 한다. 대통령이 시원치 않으면 국민들이 고통스럽다. 우리 나라의 특징이라면 기업체를 꼭 자식에게만 물려주려고 한다는 점이다. 실로 시원치 않은 자식에게는 기업을 물려주지 말고 돈이나 주어서 '안락공' 같이 편하게 살게 하고, 수많은 사람들의 생계가 달린 기업체는 유능한 인사에게 맡겨야 한다. 어찌 보면 유선은 힘들고 책임이 있는 황제 자리를 내놓은 후에 훨씬 행복하게 살았을 것이다. 미국에서도 와렌 하딩 같은 무능한 대통령은 "이쪽 말을 들으면 이쪽이 맞고 저쪽 말을 들으면 저쪽이 맞는 것 같고, 정말 이 대통령이라는 직업은 힘들기만 하구나"라고 술회했다고 한다. 무능한 사람이 통치자가 되면 백성들은 당연히 고통을 받게 되며, 통치자 자신에게도 불행한 일이 아닐 수 없다. 유선은 실로 소극적이며 부정적인 통치자의 모델이라 하겠다.

손권은 위의 조조, 촉의 유비와 나란히 삼국 시대에 강남의 기름진 땅에 패업을 달성한 오의 맹주이다. 진수는 손권을 다음과 같이 평했다. "손권은 몸을 굽혀 욕됨을 참아내고, 재능을 중히 여기며, 계략을 숭상하여 구천의 기명을 지니고 있었다. 참으로 인걸이었다. 능히 스스로 강표에서 전단하여 정치의 업(業)을 이루었다."

손권은 손견의 둘째 아들로 태어났는데 손견은 아들의 풍모를 보고 고귀한 위치에 오를 아이라고 평을 했다고 한다. 여러 가지 논평으로 볼 때 손권은 키가 훤칠하고 용모도 잘생겼던 모양이다. 한 헌제의 사자로 손책에게 파견되었던 유완이 말했다. "손씨 형제는 각각 뛰어난 재능과 식견을 갖추고 있지만 모두 천수를 누릴 수 있을 것 같지 않다. 그러나 손권만은 남다른 훌륭한 용모를 지니고 골상도 비범하여 고귀한 지위에 오를 조짐이 보이며, 형제 중에 가장 장수를 누릴 것이다."

부친 손견이 전사하고 원술 밑에 있던 손책이 강동에서 궐기하자, 손권은 형을 따라서 각지를 전전했다. 손권은 열다섯 살 때 이미 다양한 군무를 집행할 정도로 조숙했다. 또한 도량이 넓고 생각이 깊으며 결단력도 있었다. 젊어서부터 명성이 알려지면서 주위에 사람들이 몰려들기 시작했다. 형인 손책은 여러 가지 문제를 어린 아우인 손권과 상의했고, 그의 의견을 높이 평가했다.

손책이 자객에게 26세의 나이로 죽자 손권은 19세의 나이로 형을 계승하여 오의 군주가 되었다. 손권이 인수받은 오국은 회계·오군·단양·예장·노릉 등이었지만, 아직 내정이 안정되지 못해서 험준한 오지에서는 반란이 자주 일어나고 있었다. 다행스러운 것은 주유·장소·여범·정보·황개 등 유능한 신하들이 손권을 보좌했다는 것이다. 또한 노숙·제갈근 등 당시 훌륭한 인재들이 오나라로 몰려들기 시작했다. 손권은 이들 인재들을 각지의 복종하지 않는 지역에 파견해서 평정했다.

내정이 안정되자 손권은 황조 토벌에 나서 황조를 죽이고 아버지의 원수를 갚았다. 이때 조조가 형주 유종의 항복을 받고 유비군을 패퇴시킨 뒤 오를 정복하기 위해 남하했다. 그러나 적벽대전에서 손권과 유비의 동맹군은 조조군을 격파함으로써 조조의 천하통일의 꿈을 깨어 버린다. 이후 조조와의 싸움은 계속되었다. 또한 형주를 차지하기 위하여 유비와 다투기도 했으나, 결국 조조와 동맹을 맺고 관우를 죽이고 형주를 차지했다. 조조가 죽은 후에도 조비와 유비의 공격을 받았으나, 손권은 훌륭한 전술과 유연한 외교로 이들을 물리쳤다. 이같이 손권은 오나라의 기초를 단단히 세우고 국토와 국력을 신장시킨 현명한 군주였다. 하지만 그도 말년에는 많은 실책을 범했다. 특히 말년에 손권은 후계자 문제를 제대로 처리하지 못해 말썽을 부리다 71세의 나이로 세상을 떠났다. 이제 손권의 통치자로서의 역할을 평가해 보자.

첫째로, 손권은 유비는 물론이고 조조와 비교해도 무척 행운아였다. 조조나 유비는 본인들이 직접 투쟁해서 기반을 닦은 사람들이다. 이에 비해 손권은 탁월한 아버지 손견이 이미 상당한 기반을 닦았고, 형인 손책은 이 기반을 이용해서 오나라를 창건할 수 있는 영토를 확대하고 또한 인재도 모았다. 이처럼 훌륭한 기반을 물려받았으니 손권은 분명 행운아인 셈이다. 손씨는 당시 강동을 지배하던 많은 호족들 중 하나였다. 아버지 손견은 호족인 손씨 집안을 강화했고, 형인 손책은 호족의 동맹체를 단일 지도 체제로 확립해서 손권에게 물려주었다. 손책은 손권에게 통치 기반을 물려주면서 많은 인재들도 물려주었다. 아버지를 따르던 황개·한당 같은 노장들과 손책과 형제처럼 지냈던 주유, 명망이 높은 학자인 정보 등이 충성으로 어린 손권을 받들었다. 삼국 시대와 같은 난세에 이 같은 훌륭한 인물들의 지원을 받을 수 있었던 것은 실로 손권의 행운이었다.

둘째, 손권은 인재를 쓰고 충원하는 데 귀재였다. 형인 손책도 죽기 전에 손권에게 "현자를 등용하여 그 재능을 중히 여기고 그들이 마음을 다하게 함으로써 강동을 지켜 나가는 일에서는 나는 너에게 미치지 못한다"고 말했을 정도였다. 손권이 인물을 후대한다는 사실이 널리 알려지면서 많은 현사(賢士)들이 손권 진영으로 몰려들었다. 대표적인 사람들이 노숙·제갈근·육손·감녕·여몽 등이다. 이들은 후일 오나라를 지키는 데 크게 기여했다.

셋째, 손권은 인재를 등용하는 데도 탁월했지만 자신이 선택한 인물을 믿는 것은 물론, 모든 것을 위임하는 성격이었다. 손권은 적벽대전에서 모든 권한을 주유에게 위임했다. 주유는 죽을 때 다음과 같은 유언을 손권에게 남겼다. "노숙은 충열한 인물로 무슨 일에나 신중하오니 신이 죽고 나면 일체를 부디 그에게 닽기소서. 예로부터 인간이 죽음에 임하면 그 말은 착하다고 하였나이다. 다행히 신의 진언을 장군께서 채용하신다면 신도 편히 눈감을 수 있사오리다." 주유가 죽은 후 장례 일체도 자신의 손으로 치르고 운구 곁어서 통곡하는 손권을 보고 감동하지 않은 사람이 없었다. 주유의 유언대로 손권은 주유가 갖고 있던 권한을 모두 노숙에게 주었다.

손권은 부하에 대한 믿음도 대단했다. 제갈량의 형인 제갈근이 손권의 막빈이 되어 손권을 돕게 되었다. 특히 제갈근은 촉나라에 사절로 자주 파견되었다. 촉으로 떠난 후 제갈근이 아우인 제갈량과 유비와 내통하는 게 틀림없다고 고하는 자가 여럿 있었지만, 손권은 그들에게 "나와 제갈근은 굳은 약속을 나누어 평생을 변치 않기로 서로 맹세한 사이요. 그 사람이 나를 등질 까닭이 없소. 그것은 내가 그 사람을 등지지 않음과 같지"라고 하며 고자질을 일축했다. 이처럼 손권은 사람을 잘 믿고, 또한 믿으면 모든 권한을 위임했다. 이같이 사람을 믿는 마음은 부하들로 하여금 최선을 다하게 만든다.

넷째, 손권은 정책을 결정함에 결단력이 있는 인물이었다. 조조가 형주를 접수하고 손권에게 편지를 보냈다. 편지에는 "최근에 칙명을 받들어 형주의 죄를 다스리고자 남정하였더니 그 목(牧)인 유종이 항복하였소. 우리 수군은 80만이 되었으니 이제는 손권 장군과 더불어 오 땅에서 사냥을 즐기려 하오"라고 쓰여 있었다. 이 편지를 본 오나라의 대신들은 대경실색하여 손권에게 항복을 권했다. 항복을 권고한 대표적 인물은 대신 중의 대신인 장소였다. 이는 마치 형주에서 유종이 당면했던 상황과 비슷했다. 그러나 손권은 유종과 달랐다. 손권은 소수였던 주유와 노숙의 의견을 받아들이면서 말했다. "노적(조조)은 한나라를 패하고 자립하려고 한 지가 이미 오래요. 오직 두 원(원소와 원술)과 여포·유표 및 나를 기피해 왔소. 이제 그들 영웅들은 모두 망하고 나 하나만 남았소. 나와 노적은 군세가 양립할 수 없소." 이 말과 동시에 칼을 빼어 들고 눈앞의 책상 모서리를 내리쳐 베어 버리면서 말했다. "알겠는가. 이제 두번 다시 나에게 조조 앞에 항복하라는 자가 있으면 이 책상과 같은 운명이 된다는 사실을 명심하렷다!" 이 같은 결단력과 태도는 항복의 대세론을 주장하던 대다수 문무 대신의 주장을 한순간에 잠재워 버렸다.

이러한 손권의 결정은 대담한 것이라 할 수 있다. 당시의 객관적 여건으로 보았을 때, 오가 조조에게 대항한다는 것은 실로 무모한 짓으로 보였던 것이다. 손권의 결단력은 조조를 패퇴시킴으로써 더욱 빛을 발휘하게 되었다. 손권의 담력은 전쟁터에서도 잘 나타난다. 조조가 다시 40만 대군을 몰고 유수구를 침공했을 대였다. 손권이 유수강에 큰 배를 띄우고 조조군 진영을 정찰하고 있을 때, 조조군이 손권의 배를 향해 일제히 화살을 쏘아 댔다. 화살이 너무 많이 박히자 그 무게 때문에 배가 한쪽으로 기울었다. 그러자 손권은 즉시 배의 방향을 바꾸어 다른 쪽으로 화살을 받아서 배의 균형을 되찾고는 서서히 사라졌다. 이를 본 조조는 감탄하여 "자식을 가지려거든 손권 같은 애가 좋다. 저 애에 견주면 유표의 자식들은 그야말로 돼지새끼나 강아지 꼴이지" 하며 손권의 담력을 칭찬했다.

다섯째, 손권은 야심은 대단했으나 무척 현실적인 인물이었다. 노숙이 이제 한나라의 운명은 다했으니 제업을 준비하라고 권고하자, 손권은 현실적인 답을 했다. "지금 힘을 한 곳에 다함은 한나라를 보존하기를 바랄 뿐, 이 말은 미치는 바가 아니다." 손권은 원술이 황제를 참칭했다가 모든 제후의 공동 적이 되어 망한 것을 잘 알고 있었던 것이다. 당시 손권에게는 오나라의 수성이 가장 현실적인 임무였다.

조조가 죽은 뒤 위왕이 되었다가 헌제로부터 선양을 받아 제위에 오른 조비가 손권을 오왕에 봉했다. 이에 대해 오나라 장수들은 손권에게 조비의 신하가 되는 왕위를 거부하라고 청했다. 그러나 손권은 관우를 죽였기에 곧 닥쳐올 촉의 공격에 대비하여 조비에게 몸을 굽혀 신하의 예를 취하고 오왕의 조칙을 받아들였다. 진수의 "손권은 몸을 굽혀 욕됨을 참아내고, 재능을 중히 여기며 계략을 숭상하여 구천의 기명을 지니고 있었다"는 논평이 결코 과장이 아님을 알 수 있다. 손권은 나라를 지키기 위해서라면 무엇이든 할 수 있는 현실주의자였다.

여섯째, 손권은 지구력이 있고, 또한 지구력을 필요로 하는 학문의 발전에도 깊은 관심을 가진 통치자였다. 손권은 적벽대전 이후 몇 차례에 걸친 조조군의 침략과 유비의 침략 등을 인내력을 가지고 잘 대처했다. 실로 손권은 국가의 수성에는 귀재였다. 손권은 또한 학문을 사랑해서 이를 권장했다. 한번은 유능한 장수였지만 학문에 문외한이었던 여몽과 장흠에게 학문을 하라고 권했다. 그러자 이들은 군무에 바빠서 학문에 정진할 시간이 없다고 대답했다. 이에 대해 손권은 다음과 같이 말했다. "내 구태여 자네들이 경전을 통독해서 그 방면의 대가가 되어 달라는 것이 아니네. 웬만큼 책을 뒤져 과거의 사례를 알아 달라는 것이지. 바쁘다 하지만 나와 견주면 어떨까. 나는 젊어서 『시경』, 『서경』, 『예기』, 『좌전』, 『국어』를 차례로 읽었네만 『역경』만은 읽지 못했네. 정무를 맡게 되고부터는 『전국책』, 『사기』, 『한서』 등 삼사(三史)를 비롯하]여 제가의 병법서를 읽었는데 크게 얻는 바가 있었다고 생각이 되네. 자네들은 의지가 굳고 깨우침이 빠른 편이니 배우면 반드시 그만한 소득이 있을 걸세. 하지 않아도 좋다는 법은 없네. 서둘러 『손자』, 『육도』, 『좌전』, 『국어』에 삼사를 읽어야 하네. 공자는 온종일 먹지 않고 온 밤새 자지 않으며 생각한들 무엇하리오, 배움만 못하다 하였다네. 후한의 광무제도 병마의 사이에 있으면서 늘 책을 곁에서 떼지 않았지. 조조도 나이 들어 더욱 학문을 즐긴다고 하네.”

이 같은 권고를 들은 여몽은 학문에 정진해서 노숙이 “귀공은 이제 과거 오에 있었던 아몽(우매한 사람)이 아니다”라고 말했을 정도였다. 이같이 자신도 학문을 즐기지만 실제 전투를 하는 장수들에게도 학문을 권한 것은 인재 양성을 위해서 노력한 손권의 일면이라 할 것이다. 실로 미래를 보고 인내하는 태도가 아닐 수 없다. 이처럼 훌륭했던 손권이지만 황제의 자리에 오른 후 사람이 교만해지고, 또한 후계 문제를 잘못 처리하여 국가에 많은 피해를 입혔다. 늙어서는 의심이 많아지고 무능해져 결국 어느 학자의 말대로 ‘준마’가 당나귀가 되어 버렸다.

손권은 전통적인 통치자의 전형적인 모델이라 할 수 있다. 오나라는 조조의 위나라나 유비의 촉나라와는 통치 구조가 좀 다르다. 위나 촉은 군사력에 의존해서 형성된 중앙집권제적 성향이 강한 데 비해 오는 호족들의 연합체 성격이 다분했다. 특히 손권이 집권한 초기에는 더욱 그랬다. 손권은 전통적인 체제를 적절히 활용하고, 그 기초 위에서 통치권을 수립했다.

손권은 조조와 달리 법가적 통치자도 아니었다. 또한 유비와 같은 카리스마가 있는 통치자도 아니었다. 혁명적인 통치자는 더더욱 아니었다. 손권은 매사에 적극적인 통치자는 아니었으나 자신에 대해서는 무척 긍정적이고 자신 있는 통치자였다. 그는 내성적이거나 남을 의심하는 성격이 아니었다(물론 늙어서는 변했다). 사람을 기용할 때 일단 지위를 주면 그에 합당하는 권력도 주었다. 또한 사람

들을 긍정적으로 평가했으며, 특별히 위대한 업적을 이루어야겠다
는 집념이 강한 통치자도 아니었다. 그는 현실에 비교적 안주하면
서 단계적으로 미래를 개척한 합리적인 통치자였다.

성공한 지도자와 실패한 지도자

지금까지 본 삼국 시대의 대표적인 통치자들을 통해 우리는 몇
가지 결론을 내릴 수 있다. 서양인들은 흔히 말하기를 "로마로 가
는 길은 아홉 가지가 있다"고 한다. 삼국 시대는 난세이고 숱한 영
웅과 호걸이 활동하던 시절이었으므로 통치자들도 형형색색이었
다. 이제 성공한 통치자들과 실패한 통치자들의 차이를 살펴보자.

첫째, 실패한 통치자들은 사람을 쓸 때 참모나 요직에 대개 가족
이나 친지 또는 개인적으로 가까운 사람들을 지나치게 많이 앉혔
다. 이미 언급했듯이 한나라가 망한 이유 것도 환관이나 외척의 발
호가 너무나 심했기 때문이다. 실패한 통치자들, 즉 동탁·원소·원
술·조상 및 유선 등은 친지들을 주로 등용했다. 동탁이 집권했을
때 낙양의 중요한 자리는 전부 그의 친인척들이 차지하고 있었다.
한때 세력이 조조를 훨씬 능가했던 원소는 훌륭한 장수들을 많이
거느렸고 모사들도 많았으나, 권력의 핵심은 전부 원소의 자식들이
차지했다. 조상이 위나라의 권력을 장악했을 때도 중요한 군권은
전부 형제들이 나누어 가졌다. 촉의 유선도 환관인 황호에 의존한
것이 나라를 망친 요인이었다.

반면 성공한 통치자들인 조조·조비·손권·유비 등은 사람을 충
원할 때 능력을 중심으로 썼다. 조조 참모진의 핵심인 순욱·정
욱·곽가 등은 조조의 친인척이 아니다. 조조를 가까이 보좌했던

가후는 한때 적장의 모사였다. 서황·장료·장합 등 경장들도 한때 조조의 목숨을 위협한 적의 장수들이었다. 그러나 조조는 이들을 적재적소에 잘 기용했고, 또한 중요한 임무를 맡겼다. 조조의 아들 조비도 마찬가지였다. 조비는 아버지 조조가 경계하던 인물인 사마의 같은 사람도 능력을 높이 사서 요직에 임명했다. 또한 서촉에서 투항한 맹달과 황권 같은 장군도 중용했다. 손권 역시 인재를 등용할 때 능력을 판단 기준으로 삼았다. 손권이 인재를 널리 등용한다는 소문에 많은 인재들이 동오로 몰려들었다. 노숙·여몽·육손·제갈근·감녕 등은 한때 다른 사람을 섬긴 전력을 가지고 있거나 손권이 직접 기용한 인물들이다. 유비는 아예 친척이 없는 인물이다. 형제도 없고 집안도 볼 것 없는 가난한 사람이다. 관우와 장비는 젊었을 때부터 형제와 같이 지낸 인물들이나, 제갈량·방통·법정·마초·황충 등은 모두 나중에 유비가 선발한 인재들이다. 유비는 떠돌이 신세를 면치 못하다가 제갈량 같은 인재를 삼고초려하 등용하면서 건국의 기초를 닦게 되었다.

둘째로, 실패한 통치자들은 일반적으로 의심이 많고 부하를 믿지 못하는 성품을 가졌다. 원소가 막강한 힘을 가졌음에도 조조에게 패배한 것은 그가 남을 믿지 못했기 때문이다. 의심이 너무 많아 허유의 계책을 받아들이지 않다가 결국 허유를 조조에게 잃었다. 동탁도 주위 사람들을 믿지 못하기는 마찬가지였다. 원술도 항상 남을 믿지 못하여 동맹을 파기하고 부하들을 배반하게 만들었다. 물론 난세에 사람을 믿기란 그리 쉬운 일이 아니다. 조조같이 의심이 많은 사람도 남을 믿었다가 생명을 잃을 뻔한 적도 있다. 그러나 대업은 혼자서 이룰 수 있는 것이 아니다. 또한 정치는 혼자 할 수 있는 게임이 아니다. 정치는 패거리 싸움이기에 남에게 믿음을 주어야 한다. 신하를 못 믿고 의심하면 그 신하는 주인을 떠나 버린다. 결국 남을 의심하면 남도 나를 의심하게 되어 있다. 그리고 의심받는 신하는 배신하게 되어 있다.

반면 성공한 통치자들, 즉 조조·조비·유비·손권·두예 등은 부하들을 무척 신뢰했다. 이중에서 조조가 의심이 가장 많은 편이라고 하겠으나 이는 주로 개인적인 영역에 국한되었다. 또한 조조가 의심해서 사람을 죽일 때는 대체로 조조의 목숨을 위협한 경우였다. 그러나 직무를 맡기면 조조는 권한을 장수에게 전부 위임했다. 손권과 유비가 신하를 믿었던 것은 너무나도 유명하다. 손권은 주유·노숙·여몽·육손 등을 믿기에 그들에게 나라의 운명을 맡길 정도였다. 유비는 제갈량에게 자식을 맡기면서 아이가 쓸 만하면 모시고, 시원치 않으면 당신이 성도의 주인이 되라고 할 정도로 그를 믿었다.

셋째, 실패한 통치자들은 대개 담대한 결단력이 부족해서 실패한 경우가 많았다. 원소는 조조를 칠 기회가 있었음에도 자식이 병중이라는 이유로 기회를 이용하지 않았다. 유표도 후계자 문제를 결단하지 못해 결국 나라까지 망쳤다. 반면 성공한 통치자들은 결단력이 있기에 기회를 절대 놓치지 않았다. 삼국 시대에 기회를 잘 포착했던 대표적 인물이 조조였다. 조조는 기회가 오면 주저하지 않고 곧바로 실행에 옮겼다. 급하게 결정한 탓에 때로 실패하기도 했지만, 결국 끊임없이 기회를 선용했던 조조는 패자 중의 패자가 되었다. 실로 기회를 포착하고 이를 실천하는 담력은 영웅이 되는 기본 요건이라 하겠다.

넷째, 감정의 기복이 심하거나 교만한 정치인은 실패하게 되어 있다. 동탁·원소·원술 등은 무척 교만하고 감정의 기복이 심한 통치자들이었다. 동탁은 변덕 때문에 숱한 사람들을 죽였고, 원소와 원술은 변덕 때문에 훌륭한 정책을 끝까지 실천하지 못했다. 성공한 통치자들이라도 자만에 빠질 때 실패했다. 조조가 좋은 예라 할 수 있다. 관도대전에서 압도적 군사력을 보유한 원소는 교만했던 탓에 기회를 잃은 반면, 조조는 대담한 작전으로 적은 군대를 가지고도 승리했다. 그러나 적벽대전에서는 이와 반대였다. 당시 손권·유비 연합군에 비해 조조의 군사 수는 압도적으로 많았으나 교만과 자만에 빠져 손·우 연합군을 너무 가볍게 다루다 크게 낭패를 보았다. 조조의 경우, 군사가 열세일 때는 언제나 승리를 거둔 반면 압도적인 군사력을 보유했을 때 종종 패배했음을 알 수 있다.

손권도 마찬가지였다. 손권은 실로 삼국 시대에 가장 수성을 잘했던 통치자였다. 손권은 수많은 외적의 침범으로부터 오나라를 지키는 데 성공했다. 그러나 황제에 오르고, 또 장기 집권을 하면서 오만해지고 변덕까지 심해져 강동에서 많은 인재와 백성이 떠나기 시작했다. 이러한 손권의 오만과 변덕은 오나라의 기반을 취약하게 만들었다.

유비는 겸손하기로 우명한 통치자였다. 그러나 형주를 취하고 서촉과 한중을 얻자 그 역시 교만해졌다. 관우가 살해되고 형주를 잃었을 때 엄청난 군사력을 동원하여 오를 치려 하자, 평생 동안 유비에게 충성을 다한 제갈량과 조운 같은 신하들이 극구 말렸다. 그러나 이미 자만에 빠진 유비는 이들의 충언을 듣지 않았다. 오와의 대전에서 유비는 군사의 숫자만 믿고 교만해져서 지혜로운 작전을 펼치지 않다가 결국 육손의 화공을 받아 패하고 말았다. 신흥 국가인 촉은 이때 너무나 많은 군사를 잃어 국력이 일시에 쇠약해 졌다. 유비가 패전한 후 공명은 "이제 한나라의 운명이 다했구나" 라면서 눈물을 흘렸다고 한다. 실로 통치자에게 교만은 금물이다. 교만은 탁월한 통치자마저 바보로 만든다.

다섯째, 삼국 시대에 성공한 통치자는 전부 솔선수범형이거나 진두지휘형이었다. 조조가 대표적인 예라 하겠다. 조조는 크고 작은 전쟁에서 대부분 진두 지휘를 했다. 그리고 전리품을 획득하면 부하들에게 골고루 나누어 주었다. 엄한 법가적 통치자이기도 했던 조조는 법을 적용함에 매우 엄격해서 친족이나 가신이라고 할지라도 봐주지 않았다. 또한 무척 검소하게 생활하는 등 모든 면에서 솔선수범한 통치자였다.

손권도 마찬가지였다. 손권은 많은 전투에 참여했다. 심지어 생명을 잃을 뻔한 적도 있었다. 이를 걱정해서 장소가 전투에 참여하는 것을 여러 차례 말렸으나 손권은 항상 위험을 무릅쓰고 진두지휘했다.

유비도 마찬가지였다. 유비는 본래 빈천하고 가진 것이 없어 요샛말로 몸으로 때워야 할 사람이다. 후일 형주를 획득하고 익주를 정벌할 때도 제갈량·조운·장비·관우 등을 형주에 남겨 놓고 방통·황충·위연 등을 대동하고는 직접 익주를 치러 갔다. 또한 한중 정벌에도 스스로 앞장을 섰다.

물론 난세에는 통치자들이 직접 지휘해야 장졸들이 따르게 되어 있다. 그러나 동탁은 17로의 제후들이 공격해 왔을 때 자신은 직접 전투에 나서지 않고 여포와 화웅 같은 장수를 대신 보냈다. 원술도 유비와 싸울 때 직접 출전하지 않고 기령 장군을 대신 보냈다. 결국 삼국 시대나 현대나 지도자는 진두지휘를 하고 솔선수범해야 성공하게 되어 있다.

이미 언급하였듯이 로마로 가는 길이 아홉 가지라는 말처럼 훌륭한 통치자가 되는 데는 여러 갈래의 길이 있다. 삼국을 정립한 조조·손권·유비는 각기 다른 방법으로 나라를 창건했고, 나라를 통치하는 스타일 또한 전부 달랐다.

조조는 철저한 법가의 통치자였다. 인재를 등용할 때도 능력 우주로 뽑았고, 철저히 법으로 다스렸다. 또한 군사력을 통치의 힘으로 사용했다. 능력을 위주로 인재를 등용했기에 인물의 용도가 다하면 폐기하는 것을 서슴지 않았다. 순욱·정욱·공융 등 자신을 오랫동안 보좌한 인물들을 쫓아내거나 냉정하게 처형한 것이 이를 말해준다. 또한 조조는 혁명적 통치자이기도 하지만 콤플렉스를 극복하지 못한 복잡한 지도자였다. 그렇기에 조조는 권한을 부하에게 위임하는 것을 꺼렸다. 될 수 있으면 모든 문제를 직접 해결하려고 했다.

유비는 조조와는 달리 유가적 통치자였다. 유비는 자신을 도운 대신들을 결코 버리지 않았다. 유비 자신은 여러 사람을 거치면서 배신을 일삼았고 가족도 여러 번 버렸으나 자기를 따르는 사람들은 끝까지 거두는 의리를 보였다. 또한 제갈량과 같은 신하에게 권한을 전적으로 위임했다. 부하를 믿었기에 권한도 위임한 것이다. 물론 예외는 있다. 그의 양아들 유봉을 처형한 일이 그것이다. 이는 후일 형제간에 권력투쟁이 일어날 가능성이 있음을 우려한 제갈량이 유봉을 처형하라고 강력히 청원한 결과였다. 유비는 또한 카리스마가 있는 통치자였다. 어찌 보면 유랑하는 부랑아들의 두목 같

은 인상을 주면서도 한나라의 복원과 유가의 국가를 세우려는 철없
는 이상주의자 같은 행동을 하기도 했다. 유비는 아무 것도 없으면
서도 항상 적극적이고 긍정적인 통치자였다. 조조와 달리 건달이면
서도 콤플렉스가 없는 현실주의 정치인이기도 하다.

손권은 보다 전통적인 통치자였다. 오나라는 본래 강남 호족들
의 연합체와 같은 국가로 시작되었다. 손권은 이들 호족을 다스릴
때 전통적인 관례를 소중히 여겼다. 어찌 보면 봉건주의 국가와도
흡사한 오국을 다스리는 데는 통치 관계가 더 중요했다고 할 수 있
다. 그런 점에서 손권은 조조와 같이 법가적 통치자도 아니고, 유
비와 같이 유가적 통치자도 아닌 실로 마피아나 영주들 사이의 군
주와 같은 통치자였다. 손권은 카리스마도 없고, 또한 혁명적 개혁
을 한 통치자도 아니다. 하지만 적극적이고 긍정적이며 지혜로운
통치자였다.

삼국 시대나 오늘날이나 통치자가 성공하는 방법은 다양하다.
중요한 것은 자신을 잘 알고, 자신의 처지를 이해하며, 자기에게
맞는 통치 스타일을 구현하는 것이 성공적인 통치자가 되는 길이라
는 것이다. 삼국 시대에도 전혀 다른 세 명의 통치자가 공존할 수
있었다는 것은 오늘날과 같은 다원주의 시대에 시사하는 바가 매우
크다.

2. 삼국 시대의 무장들

삼국 시대는 1백여 년에 걸친 난세였기에 무수한 호걸과 영웅들이 활동했다. 군인 출신의 무관이 있었는가 하면 학자 출신의 무관들도 있었다. 옛날 중국에서는 문인들도 병서를 익히고 무기를 다루었기에 문신과 무관을 구분하기 어려울 때가 있었다.

어쨌든 당시의 통치자들은 무인 출신이 많았다. 하진·동탁·이각·곽사·조조·손견·원소·유비·손책·원술·손권·공손찬 등은 모두 무인 출신으로 실제 전투에서 군을 지휘했다. 반면에 유표·도겸·유장·공융·사마의·사마사·사마소·사마염·장각·유선 등은 문인 출신이다.

나라를 건국하거나 지역에 패권을 세우는 데는 무인과 문인이 함께 공헌을 했다. 이제 그들에 대한 분석을 통해서 무인과 문인의 역할과 기여도를 알아보기로 하자.

위나라를 세운 조조가 거느린 대표적인 무장들을 살피면 대충 두 부류로 나눌 수 있다. 첫 번째 부류는 처음부터 조조를 따랐던 무관이고, 두 번째 부류는 조조가 승리하고 나서 항복을 받은 장군들이다.

조조를 보좌한 장군들 중 대표적 인물은 하후돈이다. 하후돈은 어릴 때부터 조조를 따랐다. 조조의 신임을 받았고 일생 동안 조조와 함께 전쟁을 수행했던 하후돈은 조비가 황제가 되었을 때 대장군이 되었으나 곧 세상을 떠났다. 다음으로는 하후연을 들 수 있다. 하후연은 조조의 사촌동생으로 조조가 거병을 하자 바로 함께 전쟁터로 나섰다. 조조군의 자랑스런 선봉대장이었으나 한중 전투에서 황충에게 죽고 말았다. 조인 역시 조조의 사촌동생으로, 조조의 무인들 중 가장 병법에 밝고 지혜로운 장수였다. 제후들이 동탁을 치려 할 때 조조의 휘하로 들어갔는데, 조조는 그의 용기와 지략을 아껴 언제나 자신의 기병을 지휘하게 했다. 후일 관우가 번성을 공격할 때 이를 끝까지 지켰고, 서황이 원군으로 도착하자 관우의 군대를 격퇴했다. 나중에는 대사마(大司馬)까지 승진했다.

조홍 역시 조조의 사촌 동생으로 동탁 정벌 때 조조에 합세하는 등 평생 조조를 도왔다. 조조가 형양에서 동탁의 대장 서영에게 패하여 말을 잃고 목숨이 위태로워졌을 때 조홍이 자기 말을 주면서 "천하에 제가 없을지라도 장군은 없어서는 안 됩니다"라면서 조조를 피신시킨 일은 유명하다. 문제(文帝)가 즉위하자 표기장군으로 승진해 삼공의 다음 가는 벼슬까지 올랐다.

전위는 조조가 가장 아끼던 무장 중 한 사람이다. 전위는 황건의 난 때 장막이 의병을 일으키자 병사가 되었다. 다시 하후돈을 따라 공을 세우면서 조조의 눈에 띄게 되었다. 전위는 완력이 세고 지조와 의협심이 강했다. 여포와의 전투 때 공을 세워 도위로 임명되고 조조의 측근이 되어 전위대 수백 명을 거느리고 조조를 호위했다. 전위는 충직하고 신중해서 낮에는 조조 곁에 서서 늘 대기하고 밤에는 조조의 천막 주변 가까이 머무르며 자기 침소에 돌아가는 일이 드물었다. 술을 좋아하고 먹는 음식의 양이 다른 사람들의 배는 되었다고 한다. 조조가 장수의 항복을 받고 안심하고 있을 때, 조조가 자신의 숙모를 범했다고 해서 장수가 반란을 일으켰다. 이때 전위는 조조를 도와 무사히 탈출시켰으나 정작 본인은 많은 상처를 입어 죽고 말았다. 이를 안 조조는 통곡하며 전위의 제사를 직접 지냈다고 한다. 너무 일찍 죽는 바람에 전위는 조조를 위해 더 큰 공을 세울 기회를 갖지 못했다.

조조의 장수 중 용맹과 힘에서 전위에 버금가는 장수는 허저였다. 전위가 죽은 후로는 허저가 언제나 조조의 호위대장 역할을 맡았다. 황건의 난이 일어났을 때는 친족들을 이끌고 적을 막아냈다. 후일 조조군에 합류했을 때 조조는 허저를 자신의 '번쾌(한나라 고조 때의 공신)'라고 했을 정도로 아꼈다. 허저는 장병들로부터 '호기'라는 별명으로 불릴 정도로 호랑이와 같은 힘을 가졌다. 그러나 사람이 신중하고 법을 잘 지켰으며, 말수가 적고 무척 소박했다. 허저는 일생 조조를 따르며 많은 공을 세웠고 조조의 생명도 여러 번 구했으나 항상 겸손했다. 이 같은 허저를 조조는 몹시 아껴서 중견장군으로 삼았다. 조조가 죽자 허저는 피를 토하면서 통곡을 정도로 조조에 대한 허저의 충성심은 대단했다. 조비가 문제의 제위에 오르자 허저는 만세정후 무위장군으로 승진했고, 명제 때는 모향후로 임명되었으며, 죽은 후에는 장후라는 시호가 내려졌다.

서황은 조인·장료와 더불어 조조의 장수들 중 지모가 출중하고 사려가 깊은 무인이었다. 서황은 본래 군의 관리로 황건적 토벌을 위해 양봉 장군을 따라서 여러 전투에 참여했다. 이각과 곽사가 장안에서 다툴 때 양봉에게 천자를 옮기게 한 뒤 도정후로 발탁되었다. 후일 서황은 양봉보고 조조에게 의탁할 것을 권하지만 실패하고 자신만 조조에게로 갔다. 조조의 장수가 된 후에는 조조의 중요한 모든 전투에 참여해서 큰 공을 세웠다. 여포와의 전투, 원

소와의 관도대전, 형주 정벌 등에서 지대한 공을 세운 것이다. 서
황은 지휘관으로서의 능력이 탁월해서 조조가 군사 지휘권을 위
임하는 깃발을 내리기도 했다. 관우가 조인이 주둔한 번성을 포위
하고 공격할 때 구한 일도 있다. 서황이 관우의 군사를 대파하고
에워싼 번성의 포위를 풀고 돌아올 때, 조조는 허도에서 7리 밖이
나 나와서 맞이하여 잔치를 베풀면서 서황의 전적을 전례가 없는
일이라 면서 극찬을 하였다. 조비가 제위에 오르자 향후로 봉해진
서황은 상용에서 유비군을 격파했다. 명제 때는 제갈근을 양양에
서 격퇴시키는 공을 세우기도 했다. 서황은 지모를 갖춘 장수로서
신중하여 전투를 할 때는 패전했을 경우를 대비하는 세밀함이 있
었다.

　장료는 조조의 진영에 비교적 늦게 가담했지만 조조의 신임을
받은 장수로 용기와 지혜를 두루 갖춘 인물이다. 젊은 시절 군의
관리였다가 병주자사 정원의 종사로 임명되어 정원과 함께 장안으
로 오게 되었다. 다시 하진, 동탁을 거쳐 여포의 부하가 되었다. 여
포가 서주로 도망쳐 각지를 전전할 때 그를 따랐다. 여포가 조조에
게 패하자 항복한 후로 조조를 위해 많은 공을 세웠다. 장료는 언
제나 냉철하고 용맹스런 장수였다. 그가 원담·원상 토벌과 요동
정벌을 마치고 돌아올 때 조조가 몸소 마중 나가 자기 마차에 함께
태우고 돌아올 정도로 극진한 대우를 받았다. 훗날 장료가 악진·
이전과 함께 합비에 주둔하고 있을 때 손권이 10만 대군을 이끌고
합비를 공격해 왔다. 이때 조조가 남겨 둔 명령서에 따라 악진은
성을 사수하고 장료와 이전은 성을 나가 싸웠는데, 장료는 800명의
군사만 이끌고 손권의 진중 깊숙이 쳐들어가 손권을 궁지에 몰아넣

았다. 이로 말미암아 손권은 막강한 군사력을 갖고도 합비를 공략하지 못하고 결국 귀환할 수밖에 없었다. 조조는 장료의 용맹함을 크게 칭찬하고 정동장군으로 임명했다. 장료는 이 전투로 이름이 나서 오나라에서는 장료의 이름만 들어도 어린아이가 울음을 뚝 그친다는 전설이 생기기까지 했다. 조비는 제위에 오르자 장료를 전장군에 임명했으며, 문제는 그를 진양후로 봉했다. 장료는 병중에도 오나라 여범의 군대를 격파하는 공을 세워 손권은 신하들에게 장료는 병에 걸려 있어드 무서운 장수이니 조심하라고 경계령을 내렸다고 한다. 그러나 장료는 결국 전쟁터에서 병사했다.

조조의 수많은 명장들 중 우금은 아마도 가장 불행한 장수라 할 것이다. 황건의 난이 일어나자 포신을 따라 전투에 참여한 우금은 조조가 연주를 다스리게 되자 그의 수하 장수가 되었다. 군사마에 임명되어 조조를 따라 많은 공을 세웠다. 특기할 것은 조조가 장수에게 패해 도주할 때 조조의 청주 병사들이 도적질하자 이들을 참수한 사실이다. 이들이 조조에게 우금이 변심했다고 고변을 하는데도 우금은 개의치 않고 전열을 정비해서 장수의 군대를 물리쳤다. 이때부터 조조는 우금을 신뢰하고 중용하게 되었다. 옛 친구인 창회가 반란을 일으켰을 때 이를 물리치고 창회를 군율에 따라 처형하기도 했다. 이같이 우금은 매우 엄격하고 냉철한 인물이었다. 그의 불행은 관우가 번성을 포위했을 때 구원군 사령관으로 진군했을 때부터 시작되었다. 우금은 당시 엄청난 장마로 한수가 넘쳐서 어쩔 수 없이 관우에게 항복하고 말았다. 관우가 패하자 우금은 오나라로 갔다가 다시 위나라로 돌아가지만, 조비의 고약한 모욕을 참지 못하고 병사했다. 실로 일생 쌓은 공이 한 번의 전투 결과로 전부 무너지게 된 불행한 용장이다.

위나라 장수 가운데 조조의 시대뿐만 아니라 후대에도 오랫동안 활약한 장수는 장합이다. 황건의 난 때 사마(司馬)가 되어 한복의 휘하에 있다가 원소가 기주를 점유하자 그의 장수가 되었다. 후에 원소의 공손찬 정벌에 공을 세우나, 관도대전에서 원소가 장합의 조언을 듣지 않아 조조군에게 패한 뒤 원소의 모사 곽도가 장합을 모함하자 신변의 위협을 느껴 조조에게 투항했다. 장합의 투항에 조조는 한신이 한나라에 투항한 것과 같다고 칭찬하고 그를 도정후에 임명했다. 장합은 원담·마초·한수 토벌전에서 활약했으며, 장로가 항복하자 하후연과 함께 한중을 지켰다. 그러다가 하후연이 죽자 하후연을 대신해서 한중을 지켰다. 이 한중 쟁탈전 때 유비는 장합을 무척 두려워했다고 한다. 조조가 한중에서 철수하자 장합은 진창을 지키게 되었다. 조비가 제위에 오른 후 좌장군이 되었으며, 후에 막후라는 작위를 받았다. 명제가 즉위하자 형주에 주둔해 손권의 장수인 유아를 패퇴시키기도 했다. 제갈공명이 기산으로 출진할 때는 군을 지휘하여 가정에서 마속의 군대를 괴멸시킴으로써 공명이 한중으로 회군하게 만들었다. 장합은 무장이지만 유학을 좋아했고, 또한 임기응변과 전쟁 상황과 지형 파악에도 능했다. 공명조차 장합을 두려워했을 정도였다. 그러나 231년 퇴각하는 공명을 뒤쫓다 목문에서 복병을 만나 전사했다. 황건의 난 이후 40년 동안이나 전장을 누비고 다닌 장합에게는 장후라는 시호가 내려졌다.

신참이면서도 조조를 위해 목숨을 바친 대표적인 장군은 방덕이다. 방덕은 젊어서부터 마등의 휘하 장수로 활약했다. 황건적의 잔당을 무찌르는 데 공을 세워 마등의 제일가는 장군으로 이름을 떨쳤다. 마등이 중앙정부로 불려가자 마초의 수하가 되었다. 그러나 조조가 위남에서 마초를 격파하자, 마초를 따라 방황하다가 결국 한중의 장로에게 의지하게 되었다. 조조가 한중을 평정한 뒤에는 조조에게 항복했다. 이미 방덕의 용맹함을 들어 익히 알고 있었던 조조는 방덕을 중용하고 관문정후로 봉한다. 방덕은 조인과 함께 완의 반란을 진압하고 남하해서 관우와 대치하게 되었는데, 번성에 주둔할 때 방덕의 형이 유비 진영에서 높은 벼슬을 하고 있다 해서 장수들이 방덕을 의심하기도 했다. 그러나 한수의 홍수로 인해 방덕이 관우의 포로가 되었을 때 관우에게 욕을 퍼부어 참형을 자초했다. 이 소식을 들은 조조는 눈물을 흘리며 슬퍼했다. 문제 때 죽은 방덕에게 장후라는 시호가 내려졌다. 실로 짧은 기간 조조를 섬겼으나 방덕은 충성으로 생명을 바쳐서 세인의 존경을 받았다.

조조나 위나라는 실로 많은 장수들을 거느렸다. 인재난에 허덕이던 촉에 비해서 위는 인구와 인재가 풍부했다. 위를 계승한 진이 삼국통일을 하게 된 것은 결코 우연이 아니다.

한편 손권도 많은 장수를 거느렸는데, 여기서는 대표적 인물들만 소개하기로 하자.

오나라 건국에 가장 공로가 많은 맹장은 주유이다. 주유는 2대에 걸쳐 당시 요직인 태위에 오른 명문가의 아들이었다. 그의 부친도 낙양의 현령을 지냈다. 주유는 풍채도 수려했고, 무인이지만 음악에도 조예가 깊었다. 손견이 동탁을 치려고 떠날 때 자기 가족을 이주시켰는데, 그곳에서 동년배인 손책과 사귀게 되었다. 주유는 자기 집 남쪽에 있는 커다란 집과 부지를 손책 가족에게 내주고,

손책의 모친을 모시고 함께 생활하기도 했다. 손견이 전사하자 손책은 강도로 이주했다. 손책이 원술의 병사를 얻어 양자강을 건너 오군을 점령할 때 주유는 손책의 요청에 따라 병사들을 이끌고 손책의 휘하에 들었다. 이때 손책은 곡아에서 유요를 패퇴시키고 그 일대를 정복하는 데 성공했다. 손책은 형주 지역에 세를 확장하는 와중에 교공의 두 딸을 포로로 삼는데, 이들이 아주 절세미인이었다. 이 가운데 언니 대교는 손책의 부인이 되었고, 동생 대교는 주유의 아내가 되었다. 이처럼 손책은 주유를 그야말로 특별히 대우했다.

200년 손책이 자객의 손에 갑작스럽게 죽자, 동생 손권이 뒤를 잇게 되었다. 이때 원소를 격파한 조조가 손권에게 가족을 인질로 보내라고 요구해 왔다. 그러나 손권은 주유의 의견에 따라 이를 거절했다. 208년 조조가 형주를 얻고 오나라로 쳐들어올 때 장소를 비롯한 많은 신하들이 조조에게 항복하라고 권했으나, 주유와 노숙 등 무장들은 싸울 것을 주장했다. 이때 주유는 "조조가 이끌고 있는 북방 병사는 수상전에 익숙하지 않고, 풍토의 차이로 분명 역병에 시달릴 것이다. 나에게 정예 병사 3만을 준다면 반드시 조조를 격파해 보이겠다"며 결전을 권했다.

조조와의 전투가 적벽에서 시작되자, 조조 진영은 역병에 걸려 제대로 싸울 수가 없었다. 그때 황개의 의견에 따라 황개가 거짓으로 조조에게 투항해서는 화공법을 써 크게 승리했다. 조조의 배는 서로 연결되고 밀집되어 있어 때마침 불어온 거센 동남풍에 모조리 불타 버렸던 것이다. 적벽대전이 끝난 후 주유는 남군으로 진군해서 조인과 전투를 벌이다가 화살에 맞아 부상을 입지만, 끝까지 싸워 조인을 퇴각시켰다. 그 뒤 주유는 촉을 치고 한중을 점령함으로써 천하를 통일하려는 큰 꿈을 가졌으나 그만 병어 걸려 36세으 젊은 나이로 세상을 뜨고 말았다. 그가 죽자, 손권은 비통해하며 "나는 누구를 의지해야 한단 말인가?"라며 탄식했다. 후일 손권이 황제에 즉위했을 때 "만약 주유가 없었더라면 황제가 되지 못했을 것이다"라고 말했는데, 어찌 보면 이 말은 과장된 것은 아니다.

여몽은 오나라에서는 실로 입지전적인 장군이다. 그는 본래 가난한 집 자식이었다. 소년 시절 강남으로 건너와서 친척인 등당에 의지했으나, 손책에게 발탁되어 그 휘하에 들게 되었다. 등당이 죽자 그를 계승하여 별부사마가 되었다. 손권이 오왕이 된 후에도 전투에서 수훈을 세웠으며, 적벽대전 후 주유의 지휘 아래 남군의 조인과 싸울 때 여러 가지 작전을 내놓아 주유에게 인정을 받았다.

여몽은 본래 무예는 출중했지만 까막눈이었는데, 손권이 "장군이란 넓게 학문을 닦고, 세상의 병법을 꿰뚫고 있지 않으면 안 된다"고 한 말을 들은 후 열심히 공부하여 학문에도 일가견을 이루었다. 당시 사령관인 노숙이 여몽의 학문적 발전에 감탄하여 "귀공은 이제 과거 오에 있었던 아몽이 아니다"라고 말했을 정도였다. 이에 여몽은 "선비란 자는 3일 만나지 않으면 어떻게 성장하고 있는지 알 수 없다. 자주 눈을 비벼 살피지 않으면 안 된다"고 답했다. 이 일로 인해서 중국에서는 '오하아몽(吳下阿蒙)'이란 고사가 생겼다. 이것은 한마디로 진보하지 못하는 인간을 일컫는 말이다.

노숙이 죽자, 여몽이 오군의 총사령관이 되었다. 오와 촉의 우호 관계가 무너지고 오가 형주 땅을 찾으려고 관우와 대치하고 있을 때, 여몽은 꾀를 내어 자기가 병이 나서 군의 지휘권을 젊은 육손에게 넘겼다고 거짓으로 관우에게 알렸다. 이 소식을 듣자, 여몽을 경계했던 관우는 형주의 군을 전부 동원해서 번성의 조인을 치러 갔다. 이 틈을 이용해 여몽은 형주를 정복하기에 이른다. 여몽은 형주를 점령한 후에도 군졸의 가족들을 잘 돌봐 주어 민심을 안정시켰다. 관우가 형주를 다시 찾으려고 했으나 군졸과 장수들의 이탈로 뜻을 이루지 못하고 여몽에게 사로잡혀 참형당하고 만다. 여몽은 형주를 정벌한 공로로 남군태수가 되고 잔릉후로 봉해지지만, 곧 병으로 세상을 뜨게 되니 그의 나이 겨우 42세였다. 손권은 여몽의 죽음을 비통해하며 식음을 전폐했다. 여몽의 집에는 그때까지 받은 포상품이 모두 보관되어 있었는데, 자신이 죽은 후 오주 손권에게 다시 돌려주라고 유언했을 정도로 청빈하게 살았다. 가난하게 자란 사람으로서는 보기 드물게 청빈한 사람이었다.

주유와 여몽이 일찍 서거한 데 비해 육손은 비교적 장수해서 훗날 손권이 제위에 오른 후 승상의 지위까지 오른 행운의 무장이었다. 육손의 집안은 강동에서 대대로 살아온 호족이었다. 일찍 아버지를 여의고 친척인 육강에게 의지했다. 육강이 원술과 대치하면서 그의 가족을 육손에게 맡기고 오국으로 피난시켰는데, 손권이 그 일대의 통치자가 되자 현의 관리가 되어 백성들을 잘 다스렸다. 당시는 야만족의 습격으로 늘 백성들이 고통을 당했는데, 육손은 지원병을 모집해 이들을 하나하나 정복해 나갔다. 이에 감동한 손권은 형의 딸을 육손에게 시집 보내고 가끔 나랏일을 함께 논의했다. 육손은 당시 오의 인구 부족을 감안해 이민족을 정벌하고 이들 중에서도 정예 병사들을 모집해야 한다고 손권에게 진언했다. 손권은 이를 허락하고 육손을 사령관으로 임명했다. 육손은 이들을 하나씩 정벌하고 군사를 증원했는데 후일 이들의 수가 수만 명에 달했다고 한다. 형주를 놓고 관우와 전쟁을 치를 때 육손은 여몽에게 병을 칭해서 형주 군사령관을 그만두는 형식을 취하도록 권했다. 육손은 이민족 정벌로 이미 오에서는 이름이 났지만 그 사실을 모르는 관우가 육손의 부임을 보고 방심하도록 만들기 위한 계책이었다. 육손의 지략과 여몽의 면밀한 계획 덕분에 오는 형주 탈환에 성공할 수 있었다.

유비가 관우의 원수를 갚기 위해 오로 쳐들어올 때 손권은 육손을 대도독으로 임명해 이를 막도록 했다. 육손의 5단 군과 유비의 군이 이릉에서 대치하게 되었을 때, 오나라 장수들은 곧 나가 싸우기를 원했지만 육손은 이를 받아들이지 않았다. 일부 노장들은 육손보고 겁쟁이라며 빈정거렸다. 육손이 방어에만 몰두하자, 오랫동안 대치하고 있던 유비 군대의 기강이 해이해지기 시작했다. 이 틈을 타서 육손은 화공 전법으로 유비군을 섬멸했다. 이 전쟁으로 막대한 인명 손실을 입은 촉은 다시는 국력을 회복하지 못했다. 손권은 외교나 군사 문제 등 전반적인 국사를 육손과 늘 상의했다. 육손은 위나라의 침범도 여러 번 물리쳤기에 오나라에 없어서는 안 될 존재였다. 후일 제갈근과 함께 오의 총사령관이 되었으며, 244년에는 고옹의 뒤를 이어 승상이 되었다. 그러나 손권의 후계 문제르 억울하게 손권에 질책당한 후 육손은 화가 나서 병들어 죽고 만다. 이때 육손의 나이 63세였다.

황개는 손견·손책·손권 3대를 섬긴 오의 맹장이다. 본래 군의 관리였으나 효렴에 천거되었다가 손견이 황건적을 치려고 거병하자 그의 부하가 되었다. 손견의 부하가 된 이래 도적이나 이민족의 반란이 일어나면 항상 이를 평정하고 부하 장병들을 잘 보살펴 주어서 많은 장병들이 그를 따랐다. 조조가 오를 치기 위해 적벽에서 대치하고 있을 때, 황개는 주유와 짜고 조조에게 거짓으로 항복한 다음 화공을 사용해 조조군을 대패시켰다. 이 공으로 무봉중랑장에 임명된 황개는 그 후 오의 후방에서 발생한 반란을 진압하는 공을 세웠으나 병으로 죽고 만다. 『삼국지연의』에는 주유가 조조를 속이기 위해 고육지계를 사용, 황개가 노장으로 아픔을 견뎌 내는 장면이 나온다.

정보 역시 오의 3대에 걸쳐 활약한 명장 중 한 명이다. 손견이 황건적을 무찌르기 위해 봉기했을 때 군의 관리로 있다가 손견에 합세했다. 위엄이 있고 성품이 온화해서 많은 사람들과 교류가 있었으며, 손견의 장수들 사이에서 항상 어른 노릇을 했다. 손견이 죽은 후에는 손책을 따랐고, 손책이 죽은 후에는 손권을 받들어 오를 건국하는 데 커다란 역할을 했다. 전쟁에서 손책의 목숨을 구했는가 하면, 주유 등과 함께 황조 토벌에도 공을 세웠다. 적벽대전에서는 주유와 함께 전군 최고사령관에 임명되었다. 주유가 사망하자 남군태수에 임명되고 곧이어 탕구장군에 임명되지만 병으로 죽는다.

태사자는 오나라에 늦게 귀순했지만 많은 공을 세우고 손책과 손권으로부터 우대를 받은 장수이다. 키가 크고 활솜씨가 대단했으며, 학문에도 정통했다. 황건의 난 때는 어머니의 권고로 적에 포위되어 있던 공융을 도왔다. 포위망을 뚫고 유비에게 구원을 청하는 임무를 수행했던 것이다. 그 뒤 고향이 같은 유요를 섬겼는데, 손책과의 전투에서 단기필마로 손책과 싸워서 무기를 뺏는 무용을 보였다. 유요가 손책에게 패한 후 손책의 포로가 된 태사자는 자신을 놓아 주면 유요의 흩어진 군대를 모아서 돌아오겠다고 말했다. 이때 손책의 부하들이 태사자가 변심할 것을 우려했으나 손책은 그를 믿었다. 후일 손권이 왕이 된 뒤로도 많은 활동을 하지만 병들어 죽고 만다.

손권에게 투항했지만, 후일 손권을 위해 크게 공을 세운 장수가 감녕이다. 젊었을 때부터 감녕은 무리들을 모아서 대장 노릇 하는 것을 좋아했다. 무리를 이끌고 도적을 무찌르기도 하고 이들을 초벌하기도 하여 관리들도 감녕을 존경했다. 또한 관리들이 말을 듣지 않으면 골탕먹이곤 했다. 나이 들어 책을 읽기 시작하면서 마음을 고쳐 먹고 뜻한 바 있어 유표의 휘하에 들었다. 그러나 유표가 자신을 후대하지 않는 것을 보고 유표를 떠나 황조에게 의지했다. 손권이 황조를 공격했을 때 감녕은 손권의 장수 능조를 사살하는 공을 세웠으나 황조 역시 그를 후대하지 않았다. 이에 황조의 부하 소비가 감녕을 중히 쓰라고 황조에게 권했지만, 황조는 이를 받아들이지 않았다. 그러자 소비는 감녕이 오국으로 가도록 도와주었다. 손권에게 간 감녕은 주유와 여몽의 추천으로 황조 토벌 때 견군의 지휘를 맡게 되었다. 감녕은 황조를 토벌하고 강하 지역을 평정했다. 이때 소비가 체포되어 처벌당할 뻔했으나, 감녕의 간절한 요청으로 목숨을 부지하게 되어 감녕은 옛날에 진 빚을 갚을 수 있었다. 그 후로도 감녕은 손권을 위해 많은 공을 세웠다. 적벽대전이 끝나고 남군에서 조인과 싸울 때 적은 수의 병력을 갖고 성을 지키는 수훈을 세웠는가 하면 관우가 오로 쳐들어왔을 때 수비를 맡아 관우의 침공을 막기도 했다. 유수에서 조조의 대군과 대치했을 때는 불과 100여 명의 부하들을 이끌고 조조군을 기습해 혼란에 빠뜨리기도 했다. 감녕은 부하들을 아꼈으므로 늘 사람들이 따랐다. 용감한 감녕에 대하여 손권은 "조조에게는 장료가 있지만 나에게는 감녕이 있다"면서 그를 칭찬했다. 이같이 훌륭한 장수였지만 성질이 거칠어서 많은 사람을 죽인 것이 흠이었다. 후일 촉군과의 전투에서 전사했다.

촉은 위나 오에 비해서 출중한 장수들의 수가 비교적 적었다. 그러나 적은 수에 비해 능력이 탁월한 장수들이 몇몇 있었는데, 대표적인 무장이 관우였다. 관우는 아마도 중국 역사상 가장 사랑을 받은 장수일 것이다. 중국·일본·한국·동남아시아 지역에서는 아직도 관우의 영정을 모신 사당이 상당수 있을 정도다. 『삼국지연의』에서 유비·관우·장비가 '도원결의'를 하고 82근이나 되는 청룡언월도를 무기로 사용한 관우의 모습은 신화처럼 느껴진다. 분명한 것은 유비가 관우·장비와 형제처럼 지내며 한방에서 같이 지내기도 했다는 것이다.

또한 관우는 키가 9척이고 힘이 대단한 인물이었다. 관우는 본래 하동군 해량현 사람이다. 사람을 죽이고 달아났다가 탁군으로 이주한 후 유비가 황건적을 물리치려고 병사를 모집할 때부터 줄곧 유비를 따랐다. 공적인 자리에서 관우는 유비의 호위를 맡는 등, 고난을 마다하지 않고 유비와 생사고락을 함께 했다. 『삼국지연의』에서 관우는 키가 9척이고 수염 길이가 2자이며 얼굴이 붉고 반듯한 입술에 붉은 봉황의 눈, 누에가 누운 듯한 눈썹 등의 모습으로 묘사되고 있다. 또한 수염이 아름답다 하여 '미염공(美髥公)'이라고 불리기도 했다.

관우는 황건의 난이 평정되고 유비가 공손찬 밑에서 평원상이 되었을 때, 장비와 함께 별부마사가 되어 작은 부대를 지휘했다. 또 유비가 허도에서 조조 밑에 있을 때 조조와 함께 사냥 나갈 기회가 있었는데, 사냥 도중에 사람들이 뿔뿔이 흩어지자 관우는 유비에게 조조를 살해할 것을 권했다고 한다. 물론 『삼국지연의』에는 약간 다르게 표현되어 있다. 조조가 헌제의 활로 사슴을 쏘았는데 대신들은 헌제가 쏜 줄 알고 환호성을 질렀다. 그때 조조가 제단 위로 올라가 헌제의 답례를 받자 관우가 조조를 칼로 시해하려는 것을 유비가 말렸다고 되어 있다. 어쨌든 분명한 것은 한나라에 대한 관우의 충절이 대단했다는 것이다.

200년 유비가 조조에게 반기를 들고는 서주자사 차주를 죽이지만 결국 조조에게 패해 원소 밑으로 도주하자, 관우는 어쩔 수 없이 조조에게 항복하게 된다. 『삼국지연의』에서는 이 장면을 잘 묘사하고 있는데, 조조는 관우를 융숭하게 대접하고 편장군에 임명한다. 조조는 관우가 오래 머무를 의사가 없음을 간파하고 장료를 보내 관우의 의중을 타진했다. 이때 관우는 "조공의 뜻은 알겠지만 나는 유비에게서 많은 은혜를 입어 함께 죽기로 맹세한 사이로 절대 배반할 수 없다. 나는 결코 이곳에 머무르지 않을 터이지만 반드시 수훈을 세워 조공에게 은혜를 갚고 나서 떠날 생각이다"고 대답했다. 결국 백마 대전투에서 원소가 대장군 안량을 보내 유연을 공격했을 때, 관우가 나아가 만 명의 대군 속에 있는 안량을 찌르고 그의 머리를 베어 가지고 돌아왔다. 당초부터 관우의 사람됨을 높이 평가했던 조조는 표를 올려 그를 한수정후로 봉하고 상과 많은 하사품을 내렸다. 그러나 관우는 유비가 살아 있다는 소식을 들자 조조에게 하직 인사 편지를 쓰고는 허도를 떠났다. 조조의 측근 장수들은 관우를 괘씸하게 여겨 죽이자고 청하나 조조는 "그는 그 나름대로 주군을 위해 행동하고 있는 것이다. 쫓아가지 말라"며 관우를 유비에게 보내 주었다.

관우는 유비·장비·조운과 함께 형주의 유표에게 몸을 의탁했다. 유표가 죽은 후 조조가 형주를 침범하자, 관우는 수군을 이끌고 오와 합세하여 조조의 대군을 격파했다. 유비가 강남의 여러 군을 지배하게 되자, 관우는 양양태수 탕구장군에 임명되어 양자강 북쪽에 주둔하게 되었다. 유비가 익주를 정벌하려고 원정 갔을 때는 제갈량과 더불어 형주를 지켰다. 익주에서 방통이 전사하고 유비가 곤궁에 빠지자, 장비·조운·제갈량은 유비를 돕기 위해 익주로 진군하고 관우 홀로 형주의 방위를 맡았다. 익주가 평정된 후 형주 군사총독에 임명되는데, 이것은 관우의 명성을 높이기도 했지만 불행한 역사의 시작이었다. 형주에 있는 동안 관우는 계속해서 손권과 충돌했다. 유비가 익주를 정벌하자 형주 반환을 요구하는 손권에게 유비는 이런저런 핑계를 대면서 형주 반환 요구를 거절했다. 양 진영이 옥신각신하다가 조조의 침범을 우려해 결국 형주의 3군인 장사·영릉·계양을 손권에게 돌려주었는데, 이때 관우와 노숙 간의 담판이 『삼국지연의』에 재미있게 그려져 있다. 형주에 주둔하고 있는 동안 관우는 초인적인 모습으로 후대에 신화를 남기기도 했다. 관우는 오른팔에 화살을 맞았는데 상처를 치료한 후에도 계속 통증이 있는 것은 물론 팔을 움직일 수가 없었다. 이에 의원이 화살의 독이 침투했다며 살갗을 쪼개고 뼈를 깎는 외과 수술을 하게 되었다. 수술할 때 피가 사발로 쏟아지고 뼈를 깎는 통증이 대단했을 텐데, 오히려 관우는 사람들과 담소하며 수술을 끝냈다고 한다.

하지만 관우는 자존심이 너무 강해서 어찌 보면 교만하기까지 했다. 유비가 한중 정벌을 끝내고 한중왕이 되자 관우를 전장군, 노장 황충을 후장군에 명했을 때, 관우는 "저렇듯 노쇠한 자와 함께 싸우라니 대체 말이 되는가!"라고 말하며 전장군의 조서를 받아들이지 않았다. 그때 마침 사자로 간 비시의 설득으로 간신히 전장군의 지위를 받아들였지만 관우는 쉽사리 화를 삭이지 못했다.

또한 마초가 유비에게 투항했을 때, 관우는 제갈량에게 편지를 써서 마초의 인품·재능이 누구와 비교할 수 있느냐고 물었다. 이에 제갈량은 "맹기(마초)는 문무를 겸비했으며, 용맹함은 일반 사람들을 넘으니 당대의 걸출한 인물이며, 한나라의 경포나 팽월 같은 부류의 인물로 익덕(장비)과 나란히 선두를 다툴 수 있지만 미염공 당신의 걸출함에는 미치지 못합니다"라고 답했다. 그러자 관우는 이 편지를 보고 기뻐하며 빈객들에게 보여 주었다.

그런가 하면 관우의 세력이 팽창하자 손권이 관우와 잘 지내기 위해 자신의 아들과 관우의 딸을 정혼시키려고 사신을 관우에게 보냈을 때, 관우는 호랑이 자식을 개의 아들에게 시집 보내느냐며 사신을 꾸짖어 보냈다. 어찌 보면 이 일이 관우의 명을 재촉했는지도 모른다.

관우가 유비의 명으로 조인이 지키고 있는 번성을 치자, 조조가 우금과 방덕으로 구성된 지원군을 보냈다. 마침 큰 장마가 들자, 관우는 이를 이용해 우금을 사로잡고 방덕을 처형했다. 관우의 승전 소식에 허도가 위태롭다고 생각한 조조가 천도를 의논할 정도로 관우의 명성은 자자했다. 이때 사마의와 장제가 조조에게 손권과 동맹을 맺어 형주를 치라고 권했다. 손권이 이 제의를 받아들임으로써 관우는 조인·서황의 군대와 손권의 군대에게 협공을 당하게 되었다. 설상가상으로 평소 교만한 관우와 불화가 있는 데다 보급을 제대로 하지 못해 후일 처벌을 우려한 남군(南郡)의 미방과 공안(公安)의 부사인(傅士仁)이 손권에게 투항해 버렸다. 결국 퇴로가 끊긴 관우는 여몽의 포로가 되어 아들 관평과 함께 처형당하기에 이르렀다. 위 사례에서 보듯 관우의 패배는 그의 오만함에 기인했다고 할 수 있다.

하지만 그는 끝까지 충절을 지킨 충신이었다. 아마도 이 같은 이유로 많은 곳에서 관우의 사당을 만들고 사람들이 소원을 빌기도 하는 모양이다.

장비는 관우와 함께 유비에게 일생 동안 충절을 바친 장수였다. 장비는 탁군 사람으로 젊어서부터 관우와 함께 유비를 따랐다. 관우가 장비보다 나이가 많았으므로 장비는 관우를 형님으로 모셨다. 황건적 토벌을 위해 유비와 함께 군사를 모으고 전쟁에 참여해 공을 세웠다. 그 공로로 유비가 안의현 현위로 임명되자 함께 따라갔다. 『삼국지연의』에는 순시하러 온 독우가 뇌물을 요구하며 횡포를 부리자 장비가 노하여 독우에게 매질을 했다고 씌어 있지만, 정사에는 유비가 매질한 것으로 되어 있다. 동탁을 치기 위해 제후들이 합세했을 때 장비는 유비와 함께 공손찬 휘하에 들어 여포와 단기필마로 싸웠다.

그 후 유비와 함께 공융·도겸 밑을 떠돌면서 유비의 군사 활동을 도왔다. 도겸이 죽고 나서 유비가 서주의 주인이 되었을 때, 여포가 찾아와 유비에게 몸을 의탁했다. 그런데 조조의 모사 순욱의 계책에 말려들어 유비가 할 수 없이 원술을 치려고 떠났을 때, 조표와 여포가 내통하여 서주성을 빼앗았다. 술에 만취한 장비가 조표를 죽이기는 했지만 여포에게 성을 뺏긴 것이다. 장비가 술 때문에 저지른 큰 실수였다. 이후 장비는 유비와 함께 여러 사람에게 몸을 의탁하다가 결국 형주의 유표에게 의지하면서 기반을 닦기 시작한다. 유표가 죽은 후 조조가 형주를 침공하자 유비는 강남으로 피신했다. 이때 장판교에서 20여 기병만을 갖고 조조군과 맞선 장비는 "내가 바로 장비 익덕이다. 덤벼라. 목숨이 아깝거든 물러나라"고 호통을 쳤는데, 아무도 덤벼들지 못해 유비는 무사히 도망칠 수 있었다.

적벽대전에서 거둔 승리로 유비는 강남을 평정할 수 있었다. 이후 장비는 의도태수 정토장군에 임명되고 다시 남군태수로 전임되었다. 유비가 익주를 정벌하기 위해 형주를 떠났을 때 손권의 여동생인 손부인이 유비의 외아들 유선을 데리고 오나라로 돌아가려 했다. 때마침 이를 안 장비와 조운이 유선을 다시 데리고 왔다. 군사 방통이 전사하고 유비가 곤경에 빠지자, 장비는 제갈량·조운과 함께 익주로 진군했다. 장비는 강주에서 파서태수 엄안을 격파하고 항복받은 것은 물론, 엄안과 함께 가는 곳마다 승리를 거두었다. 이에 힘입어 유비도 익주를 평정하는 데 성공했다. 실로 장비의 활약상은 대단한 것이었다. 그리하여 유비가 한중을 평정하고 한중왕이 되자, 우장군 가절에 임명되었다. 221년 유비가 촉의 황제가 되었을 때는 거기장군으로 임명되면서 사례교위를 겸임해 서향후에 봉해졌다.

그러나 관우가 죽자, 장비는 슬픔에 잠겨 매일 술을 마시며 세월을 보냈다. 게다가 술에 취하면 난폭해져서 부하들을 매질하기 일쑤였고, 때로는 병사를 죽이기까지 했다. 일찍이 조조의 모사 정욱이 장비를 가리켜 "1만 명을 상대할 수 있는 명장"이라고 칭찬했지만, 그 난폭한 성질이 문제였다. 장비는 사대부에게는 잘했지만 부하들에게는 냉정했다. 관우와는 정반대였다. 그래서 유비는 늘 장비에게 "그대는 형벌로 사람을 지나치게 죽이는 데다가 매일 병사들을 때리고 있다. 더구나 그들을 측근으로 두고 있는데, 이것은 스스로 화를 자초하는 것이다"라고 충고하곤 했다. 우려했던 대로 장비는 술에 취해 잠든 사이 그에게 매질당한 것에 원한을 품은 부하 범강과 장달의 손에 죽고 말았다. 당대의 명장치고 장비의 말로는 너무나 비참했다.

관우·장비와 함께 유비를 형제처럼 따르던 또 한 명의 용맹스런 장수는 조운, 즉 조자룡이다. 조운은 관우와 같이 교만하지도 않았고, 장비와 같이 성질이 포악하지도 않았다. 조운은 그야말로 냉철하고 침착한 무장이었다. 조운은 상산군 진정현 사람으로 키는 8척이고 잘생겼다고 한다. 고향에서 황건적을 물리칠 의병을 모을 때 공손찬 휘하로 들어갔다. 조운이 공손찬 밑에 있을 때 유비도 공손찬에게 의지하고 있었다. 공손찬이 원소군과 대치할 때 전해를 지원하기 위해 유비를 보내 싸우게 했는데, 그때 조운도 유비를 도왔다. 유비는 젊은 조운을 높이 평가하고 우의를 돈독히 했다. 조운은 유비의 부하가 되고 싶어했지만 유비는 공손찬과의 관계를 고려해 받아들일 수가 없었다. 그러다가 유비가 조조군을 피해 원소에게 의지할 때 유비를 찾아와 그의 휘하에 들게 되었다. 정사에

"유비는 조운과 같은 침대에서 잠을 잤다"고 쓰여 있는 것으로 보아, 유비가 조운을 특별히 가까이 했음을 알 수 있다. 이때부터 조운은 관우·장비와 더불어 유비와 형제처럼 지냈다.

조운이 유비와 함께 형주의 유표에게 의지하고 있을 때 조조가 형주를 침략해 왔다. 유비는 당양현 장판파에서 패배하여 강남으로 피신했는데, 이때 조운은 단신으로 적군 한가운데로 달려들어가 미처 도망가지 못한 유선과 감부인을 구출해 냈다. 『삼국지연의』에서는 조운이 단신으로 아두를 품에 안고 적진을 헤쳐 나가는 모습이 잘 그려져 있다. 조운이 유선과 감부인을 구하려고 적진에 뛰어들었을 때, 어떤 자가 "조운이 우리를 배신하고 조조에게 항복했다"고 하자 유비는 "자룡은 결코 우릴 버리고 도망칠 사람이 아니다"고 말하고 고한 자를 매질했다고 한다. 이같이 조운에 대한 유비의 신임은 매우 두터웠다. 후일 형주가 평정되자, 조운은 아문장군으로 임명되었다.

유비가 익주에서 곤경에 처했을 때, 조운은 하천을 통해 강양으로 올라와 유비와 함께 성도를 포위했다. 성도가 평정된 후 조운은 익군장군에 임명되었다. 219년 한중 쟁탈전에서 조운이 조조의 본대를 대파하고 진채로 돌아오자, 조조가 전세를 정비하여 조운의 영채를 공격해 왔다. 이때 조운은 영채의 문을 활짝 열고는 깃발을 숨기고 북을 치지 말라는 명령을 내렸다. 조운의 영채에 도착한 조조군은 주위가 조용한 데 놀라 복병을 의심하며 퇴각했다. 퇴군하는 조조군을 조운은 후미에서 공격해 많은 조조군들이 한수에 빠져 죽었다. 다음날 조운의 진영을 살피고 전날 전투에 대한 얘기를 상세히 들은 유비는 "자룡의 몸은 모두 간 덩어리로구나" 하고 감탄했다. 그 후로 조운에게는 '호위장군'이라는 별명이 붙었다.

손권이 형주를 탈환하고 관우를 죽이자 화가 난 유비가 복수를 위해 오를 칠 군을 징발하도록 명령을 내렸다. 그러자 조운은 유비에게 "국적은 조조이지 손권이 아니다. 먼저 위를 멸망시키면 오는 자연히 굴복할 것이다. 조조가 죽었다지만 그의 아들 조비가 황실을 찬탈하고 있다. 위를 방치하고 먼저 오와 싸워서는 안 된다. 전투가 일단 시작되면 쉽게 풀려지지 않기 때문이다"라면서 만류했다. 그러나 유비는 이를 듣지 않고 오를 공격했다가 패배하고 만다. 강주를 지키고 있던 조운이 유비를 구출하기 위해 영안까지 진군했으나 오군은 이미 물러간 뒤였다. 조비의 남침을 우려한 육손이 오군을 회군시켰던 것이다. 유비가 죽고 난 뒤인 223년에 조운은 증호군 정남장군이 되어 양창정후에 봉해지고, 다시 정동장군이 된다. 228년부터 제갈량이 위를 여러 차례 침공했을 때도 조운은 노구를 이끌고 출전해 공을 세웠다. 그러나 229년 병사하게 되는데 그의 사후 순평후(順平侯)라는 시호가 내려졌다. 강직하고 청렴하며, 대담하면서도 충성심이 강한 명장 조운의 활약상은 『삼국지연의』에 잘 묘사되어 있다.

황충은 노장군으로 늦게 유비 진영에 가담했으나 짧은 기간에 눈부신 활약을 해서 유비의 신임을 받았다. 원래 남양군 사람이며 형주목 유표의 부하로 중랑에 임명되었다. 유표가 죽은 후 조조가 형주를 점령했을 때 장사태수 한현 밑에 있었다. 유표나 조조 아래서 황충은 그다지 대접을 받지 못했다. 208년 조조가 적벽대전에서 패하고 유비가 형주에 세력을 확장하고 남쪽의 여러 군을 정벌할 때 유비에게 귀순했다. 이때 이미 황충은 나이가 많은 노장이었지만, 유비가 익주를 공략할 때 선봉으로 활약했다. 진수는 황충에 대해 "항상 선두에 서서 전장으로 달려가고 과감하게 적을 공격해 진지를 무너뜨리는 용감함은 실로 삼군 가운데 으뜸"이라고 평했다. 비록 늙었지만 용맹하였기에 후대에 늙은 황충이라 하면 노익장을 과시하는 사람의 대명사가 되었다.

익주 평정 후 토호장군에 임명된 황충은 219년 유비와 조조가 한중을 놓고 싸울 때 정군산에서 위군을 공격하여 사령관인 하후연을 죽였다. 노장으로서 실로 대단한 승전이 아닐 수 없었다. 이로 인해 결국 조조는 한중어서 물러나고 유비는 한중왕이 되었다. 이때 유비가 관우를 전장군에, 황충을 후장군에 임명하려고 하자 공명이 말렸다. "황충은 명성이나 신망이 관우·마초 등에 미치지 못합니다. 실제로 그의 활약을 목격한 장비나 마초는 괜찮지만, 멀리서 소문만 듣고 있는 관우는 좋게 생각하지 않을 것입니다. 그러므로 곧바로 그들과 같은 지위에 임명하는 것은 좋지 않습니다"라고 진언한 것이다. 그러나 유비는 자신이 관우를 설득하겠다며 공명의 진언을 받아들이지 않았다. 다음해 황충은 세상을 떠났는데 그에게는 강후라는 시호가 내려졌다. 이처럼 유비가 황충을 후대한 것을 보면 그가 얼마나 용맹했는지를 짐작할 수 있다.

명문가의 자손이었던 마초는 당대의 용장으로 유비에게 귀순했으나 너무나 젊어서 죽었기에 아쉬움을 남긴 인물이다. 비록 명문가에서 태어났지만 뜻을 이루지 못해 방황을 많이 한 장수이기도 하다. 한때 조조도 두려워했을 정도였으나 결국 삼족이 몰살당하는 화를 당했다. 마초는 부풍군 무릉현 사람으로 중국 서북 지역에서 독립 세력을 형성한 마등의 아들로 태어났다. 192년 마등과 한수가 군대를 이끌고 장안으로 진입하자, 한 왕조는 한수를 진서장군에 임명해 금성으로 귀환시키고, 마등을 정서장군에 임명해 주둔시켰다. 후일 마등은 조조를 따르게 되는데, 아들 마초는 종요 밑으로 보냈다. 조조는 마초에게 벼슬을 주려고 했지만, 마초는 이를 받지 않았다. 마등은 서주자사에 이어 간의대부가 되는데, 한수와 사이가 벌어져 위위로 조정에 소환되고, 동생 마휴와 마철도 각기 봉거도위, 기도위에 임명되어 업으로 이주했다. 편장군이 된 마초만 양주에 남아 마등 군영을 통솔하다가 211년 한수와 연합해 반란을 일으킨 뒤 군을 이끌고 동관까지 진군했다. 그때 부친 마등은 마초의 죄에 연루되어 삼족이 모두 멸하는 멸문지화를 당한다.

하지만 『삼국지연의』에서는 이와 반대로 마초가 아버지 마등의 복수를 위해 봉기하는 것으로 그려져 있다. 마초와 한수가 반란을 일으켰을 때, 조조는 가후의 조언을 따라 이간책을 써서 두 사람을 갈라놓음으로써 마초를 이겼다. 그러나 마초는 만족을 거느리고 조조군의 철수를 노려 농상의 여러 군을 제압했다. 양주자사 위강을 살해하고 기성을 거점으로 세력을 확장한 마초는 스스로 정서장군이라 칭하고 병주목을 겸임해 양주의 군사도독이라고 스스로 칭했다. 양부와 강서가 노상에서 마초에 반대해 군사를 일으켰을 때 이를 막으려고 출병하지만 성공하지는 못했다. 이 틈에 양관과 조구가 마초의 처자를 죽이고 성문을 닫고 방어하므로 마초는 할 수 없이 한중으로 도주하여 장로에게 의지한다.

장로의 도움으로 종종 북으로 진군해 양주 탈환을 노렸지만 승리하지 못했다. 장로의 수하인 양백과의 마찰로 저족(氐族)이 사는 곳으로 도망친 마초는 유비가 성도를 포위했다는 소식을 듣고 유비에게 투항했다. 유비는 마초를 평서장군에 임명하고 임저를 다스리게 하는 한편, 도정후에 봉했다. 후일 다시 표기장군으로 승진한 마초는 양주목을 겸하고 태향후라는 작위를 받지만, 47세의 나이로 세상을 떠났다. 실로 파란만장하던 반항아·방랑아였던 마초는 젊은 나이에 뜻을 펴지도 못하고 세상을 하직한 것이다.

위연은 소설에서 배신자로 그려졌으나 실제로는 유비의 총애를 받은 명장이었다. 처음에는 일개 아장이었으나 공을 세워 아문장군으로 승진했다. 유비가 한중왕에 오르자 장비가 한중태수가 되리라는 모두의 예상을 깨고 뜻밖에 위연이 한중태수로 임명되었다. 그만큼 그에 대한 유비의 신임은 두터웠다. 유비가 황제에 즉위한 뒤에는 진북장군에, 227년 제갈공명이 한중에 주둔했을 때는 승상사마와 양주자사에 임명되었다. 230년에는 강중의 서쪽을 침공해 위의 옹주자사 곽회 등을 격파한 공로로 전군사·정서대장군·가절로 승진하고 남정후(南鄭侯)라는 작위를 받았다.

위연은 항상 제갈공명을 동행해서 위의 정벌에 나섰다. 한번은 위연이 병사 1만 명을 요청하면서 공명과는 다른 길인 자오곡을 넘어 동관을 통해 장안을 10일 안에 진격할 수 있다고 진언했다. 그러나 공명은 이를 너무 위험한 작전이라며 받아들이지 않았다. 이는 유방 밑에 있던 한신이 항우군을 쳤을 때의 작전과 같았다. 그러자 위연은 공명을 겁쟁이라고 비난하고 자신의 재능을 충분히 발휘할 수 없음을 개탄했다. 그 후로 공명은 위연을 멀리하게 되었다. 진수는 위연에 대해 "위연은 사졸을 잘 양성하였고 사람들을 뛰어넘는 용맹성이 있었으며, 또 성격이 오만하였으므로 당시 사람들은 모두 그를 피했다. 오직 양의만은 위연에게 조금도 양보하지 않았으므로 위연은 매우 분개했는데, 마치 불과 물 같았다”고 평했다.

공명은 병으로 자신이 곧 죽으리라는 것을 알고는 위연에게 후방을 맡아 적의 추격을 막으라고 명했다. 하지만 위연은 양의의 지시를 받는 것이 못마땅해 이를 무시했다. 공명은 비밀리에 양의·비위·강유 등에게 자신이 죽은 후에 군사를 철수시키는 지도를 주면서, 위연이 혹시라도 명령을 따르지 않을 경우 군대를 그대로 출발시키도록 했다. 위연은 현수교를 불태우고 군의 퇴로를 차단했다. 양의와 위연은 서로 상대방이 반란을 일으켰다고 성도에 보고하고 대치했다. 황제 유선이 이 문제에 대해 논의할 때, 시중 동윤과 유부장사 장완이 양의의 편을 들었다. 이들이 대치했을 때 하평이 위연의 선봉 부대를 질책했다. “제갈공명이 죽어 그 시신이 아직 식지도 않았거늘, 너희들은 어찌하여 감히 이런 행동을 하느냐!” 그러자 위연의 병사들은 잘못이 위연에게 있다는 것을 알고는 전부 흩어져 버렸다. 위연은 아들들과 함께 한중으로 도망치지만 양의가 보낸 마대에게 목숨을 잃게 된다. 진수는 이에 대해 “위연의 행동은 반역을 하기 위한 것보다는 양의를 제거하기 위한 행동으로 권력투쟁의 결과”로 보았다. 위연은 자기가 공명을 대신해야 한다고 굳게 믿었던 것이다.

이처럼 삼국 시대는 난세였던 만큼 무인들의 활동이 두드러졌다. 수많은 무인들이 활약했지만 진수의 정사 『삼국지』나 나관중의 소설 『삼국지연의』 모두 소수의 활동을 기술했을 뿐이다. 삼국 시대에 활동한 수많은 무인들의 특징을 일일이 말할 수는 없다. 그러나 제한된 소수 인물들을 통해 당시 무인들의 특징을 살필 수 있다.

첫째, 당시의 무인들을 통치자들과 관련지어 구분했을 때 통치자와 처음 만나서 죽을 때까지 생사고락을 함께 한 무인들이 있는가 하면 나중에 합류해 큰 공을 세운 무인들도 있다. 전자의 경우, 조조에게는 하후돈·하후연·조홍·조인 등이 그러한 무인들로 이들은 젊어서부터 나라를 세울 때까지 지속적으로 조조에게 충성을 바쳤다. 대개 이들은 친척이거나 같은 향리 출신이다. 손권에게는 친척은 아니지만 아버지나 형님을 모신 황개·한당·주유·정보 등이 처음 작은 집단일 때부터 시작해서 오나라를 건국할 때까지 계속해서 손씨 가문을 섬긴 무장들이다. 유비도 관우·장비 같은 출중한 무인들의 도움을 받았다. 관우는 잠시 조조 밑에 있었으나 다시 유비에게로 돌아와서 일생 고락을 함께 했다.

이들과 달리 나중에 통치자의 진영에 합세하여 큰 공을 세운 무인으로는 나중에 조조에게 의탁해 큰 공을 세운 장료가 있다. 조원·하진·동탁·여포 등을 전전하다가 조조에게 투항한 후 빛을 보게 된 장료는 결국 위나라의 충신이 되어 조조 이후에도 많은 공을 세웠다. 서황 역시 양봉의 휘하에 있다가 탈출해 조조의 진영에 합세하면서 많은 전공을 세워 조조의 신임을 받았다. 장합 역시 한복·원소 진영을 거쳐 위에 투항해서 많은 전공을 세웠다. 방덕도 나중에 참여했으나 조조를 위해 자기 목숨을 기꺼이 바쳤다.

감녕은 유표와 황조를 거쳐 손권에게 의탁한 인물로 손권이 오를 건국하는 데 크게 기여했다. 태사자도 유요 밑에 있었고 손책과 결투도 했지만 손책에게 귀의한 후, 용장으로서 이름을 날렸다.

본래 권력 기반이 취약했던 유비는 다른 사람을 모시다 나중에 귀의한 장수들의 도움을 많이 받았다. 노장 황충은 유표와 조조 진

영에 있다가 유비에게 귀의한 뒤 많은 공을 세웠고, 마초도 조조에
맞서 반란을 일으켰다가 장로에게 귀의했으나 다시 유비에게 귀의
해 촉 건국에 일익을 담당했다. 강유는 본래 위나라 장수였으나 촉
에 귀의하여 후일 총사령관까지 된 인물로, 촉의 멸망을 막아 보려
고 애쓰다가 일생을 바쳤다. 용장인 왕평도 본래는 위나라 장수였
으나 촉에 귀의하여 많은 공을 세웠다.

　삼국 시대 통치자들은 원조 무장들과 나중에 합류한 무장들을
잘 이용하여 국가를 세웠다. 이들을 비교해 보면, 일반적으로 통치
자들과 깊은 관계를 맺고 보다 많은 신임을 받았던 장수들은 원조
무장들이다. 조조는 하후돈·하후연을 사랑했고, 중요한 전방 지휘
의 총책은 조인에게 맡기는 경향이 있었다. 물론 조인·조홍·하후
돈·하후연은 친족으로서 조조가 가장 신임했던 사람들이다. 하후
돈은 어찌 보면 요새 말로는 깡패와 같이 성질이 포악했으나 조조
는 늘 하후돈을 용서해 주고 사랑했다. 아마도 나중에 조조에게 귀
의한 무장이 하후돈과 같이 행동했다면 죽음을 면하지 못했을 것
이다.

　오나라는 손견과 손책이 강동에서 힘을 키워 왔던 까닭에 손권
이 물려받았을 때는 이미 권력 기반이 탄탄했다. 그래서인지 몰
라도 손권을 보좌한 주유·황개·정보·주태·한당·여몽·육손 등
전부가 원조 오나라 사람들이다. 반면 태사자·감녕 등 나중에 오
나라에 귀의한 장수들은 그들의 공에 비해 격에 맞는 지위를 얻
지 못했다. 특히 감녕은 수많은 전쟁터를 누비면서 대담무쌍한
행동으로 공을 많이 세워 훗날 감녕의 오장군 사당이 세워지고
바닷길 안전을 위해 감녕에게 빌 정도로 신화를 남겼으나, 그의

용맹성에 비해 중요한 직책에 기용되지는 못했다.

유비에게 가장 중요한 장수는 누가 뭐래도 관우와 장비였다. 유비는 어려울 때 형주 방어를 관우에게 맡겼다. 형주는 천하통일을 하기 위해서는 결코 빼앗겨서는 안 되는 가장 중요한 거점이었기 때문이다. 관우가 죽고 형주를 잃은 다음 유비는 오와 전쟁을 치른다. 공명·조운 같은 가까운 참모가 적극 말렸는데도 관우의 복수라는 명분으로 오를 공격한 것이다. 그러나 실제 천하통일에 필요한 형주의 중요성 때문에 유비가 형주를 되찾기 위해 오와 전쟁을 벌였으리라고 짐작할 수 있다. 한편 낭중을 방어하는 사령관은 장비였다. 또한 장비의 딸은 유선과 결혼해 황비가 되었다.

이처럼 원조 무인들이 통치자의 신임을 더 받는 것은 어찌 보면 인간 관계에서 당연한 일이라 할 수 있다. 현대 민주즈의 정치에서도 이러한 현상을 흔히 볼 수 있다. 대개 통치자의 강력한 측근은 원조 가신들이다. 후일 통치자의 캠프에 참여한 인사들은 상대적으로 권력이 약하게 마련이다.

둘째, 학자들에 비해 무장들은 성질이 급하고 난폭한 경우가 많다. 전쟁을 치러야 하기 때문인지 몰라도 삼국 시대의 무인들은 난폭한 사람들이 많았다. 조조의 신임을 받은 대표적 무장 하후돈은 난폭하기로 유명했다. 하후돈은 열네 살 때 자신의 스승을 모독한 사람을 죽일 정도로 과격하고 난폭했다. 여포 토벌 중 날아온 화살이 눈에 박히자 이를 빼서 조상이 준 몸을 버릴 수 없다며 씹어 먹고 피를 흘리며 적을 공격한 이야기는 유명하다. 장비의 난폭함 역시 잘 알려져 있다. 장비는 선비는 우대했지만 사병들에게는 난폭한 장수였다. 특히 술만 취하면 인사불성이 되어 병사들을 매질하곤 했다. 이 때문에 유비가 자주 장비에게 충고했지만, 장비는 결국 그 술버릇 때문에 측근에게 살해당하고 만다.

　그 시대에 무장들이 난폭할 수밖에 없다는 것은 어느 정도 이해할 수 있다. 당시의 전투는 장수들의 용기에 의존하는 수가 많았다. 어찌 보면 전투에서 용맹성과 깡패 같은 기질은 일맥상통한다고 할 수 있다. 미국이나 한국에서도 위험한 전투에 자주 배속되는 해병대는 난폭하기로 유명하다. 평소 난폭한 심리 상태를 유지해야 전투에 임했을 때 용기가 자연스럽게 돌출되기 때문일 것이다. 또한 당시의 전투는 칼·창·주먹 등 원시적 무기를 사용했기에 육체 접촉이 아주 격렬했다. 이와 같이 당시 전투 형태가 난폭함을 필요로 했기에 통치자들이 난폭한 무인들에 대해 관대했을지도 모른다.

　셋째, 난폭하지는 않지만 자신을 과신한 데서 오는 교만 때문에 화를 자초한 무인들이다. 이 범주에 속하는 대표적 무장은 아마도 관우일 것이다. 관우는 무인이지만 책을 많이 읽는 무장이었다. 사당에 모신 관우를 보면, 항상 책을 들고 있는 모습이다. 관우가 가장 즐겨 읽은 책은 『춘추좌전』이라고 한다. 관우는 장비와 반대로 부하들은 무척 사랑하지만 선비를 우습게 생각하는 경향이 있었다. 관우는 손권이 사돈이 되자고 제의해 왔을 때 호랑이 새끼를 개의 자식에게 시집 보낼 수 없다고 오의 사신을 꾸짖어 보낸 일이 있다. 어찌 보면 터무니없는 교만이 아닐 수 없다. 관우는 형주를 관장하는 제후에 불과하지만 손권은 한 나라를 다스리는 왕이다. 왕보고 개라고 하는 것은 도가 지나친 교만이라 할 수 있다. 결국 관우는 그러한 교만 때문에 형주도 잃고 생명도 잃게 된 셈이다.

촉의 위연도 교만한 장수 중 한 명이다. 위연은 용맹해서 젊었을 때부터 많은 공을 세웠다. 덕분에 유비의 총애를 받아 장비를 제치고 한중태수가 되기도 했다. 그러나 나이가 들면서 일찍 출세한 것이 오히려 화근이 되었는지 아주 교만해져서 모든 사람을 업신여겼다. 심지어 당대의 재상인 제갈공명에게 겁쟁이라고 빈정대면서 비판하기까지 했다. 또한 공명이 죽은 후 자기가 총사령관이 될 줄 알았다가 양의가 되자 그의 명령을 받기 싫어 끝내 반란을 일으켰다. 조직의 위계가 중요한 군에서 터무니없는 교만은 국가를 위기에 몰아넣을 수 있다. 위연은 평소 교만한 데다 다른 사람을 심하게 비판했기 때문에 주위에 사람이 없었다. 위연이 반란을 일으켜 양의와 대치할 때 "제갈량의 시신이 식지도 않았는데"라고 호령하자, 위연 주위에 있던 군사들이 모두 위연을 배신하고 흩어진 것은 이를 보여 주는 단적인 증거이다. 한중으로 도망간 위연은 마대의 추격을 받아 목숨을 잃고 삼족이 몰살당하는 화를 입게 된다. 실로 난세에 인심을 잃으면 생명을 잃게 된다는 것을 보여 주는 예라 할 것이다.

넷째, 용기도 있을 뿐만 아니라 생각도 깊은 지장(智將)들이다. 조조의 장수 중 허저는 싸움도 잘했지만 법률과 규율을 잘 지키며 생각이 깊은 장수였다. 서황 또한 생각이 깊은 장수로 조조와 전장을 누비며 모사들만큼 꾀를 내기도 하고, 지모를 발휘하여 조조를 도왔다. 본인이 지휘관이 되었을 때는 세밀하게 계략을 세우되 퍼전했을 경우까지 미리 대비하는 세심함을 보였다. 조조는 그의 치밀함을 믿고 군사 지휘권을 위임하는 깃발을 내려 주기도 했다. 서황은 후일 형주에서 관우를 크게 물리쳤다.

장료 역시 용맹스러우면서도 침착하고 냉철하여 스스로 작전을 세우곤 했다. 이 같은 장료의 냉철함을 높이 사서 조조는 그를 중요한 지역의 사령관에 임명했다. 이처럼 장료가 용맹과 지모를 겸비했으므로 손권은 그를 몹시 두려워했다. 조조의 장수 중 이전은 군사보다 학문을 더 좋아해 다른 장수와 공적을 다투지 않았다. 또 훌륭한 사대부를 존경하고 겸허한 태도를 취해 병사들에게도 평판이 좋았다.

그러나 위나라 장수들 가운데 지장 중의 지장은 등애라 할 수 있다. 등애는 일찍이 아버지를 여의고 소 치는 목동이 되었다. 그러나 스스로 학문을 깨우쳐 상당한 경지에 올랐는데, 특히 지리학에 밝았으며 농업을 위한 수리 관개에도 일가견이 있었다. 그의 재능을 인정한 사마의가 그를 중용하자, 등애는 군대를 이끌고 부국강병책으로 운하를 파서 물을 대는 『제하론』을 쓰기도 했다. 또한 오에 대한 전략으로 『둔전책』을 쓰고 동남의 국경에 대군을 배로 옮기고 식량을 대량 비치해 국경을 든든히 했다. 그런가 하면 강유의 군대를 여러 차례 물리치고, 관구검 반란 진압에도 공이 컸다. 특기할 것은 촉을 정벌하면서 종회와 강유가 맞서고 있을 때, 등애는 음평 가로에서부터 사람이 살지 않는 무인지경을 무려 7백 리나 행군해서 성도에 도착했다는 사실이다. 등애가 낙성까지 오자 겁에 질린 유선은 항복하고 말았다. 이처럼 서촉을 정벌한 등애지만 결국 처형되었다. 후일 오를 정벌한 두예 장군도 지장으로 『춘추 좌씨 경전집해』를 저술했다.

손권의 대표적 지장은 주유이다. 명문가에서 태어난 주유는 무인이지만 음률에도 밝고 학문에도 조예가 깊었다. 그는 상대의 군력(軍力)을 냉철히 평가하는 데도 탁월했다. 적벽대전에서 조조의 군세가 워낙 막강한 것을 보고 이를 걱정하는 손권에게 "조조군은 80만 군세를 이끌고 있다는 소문이 있지만, 갑자기 모아진 병사들 대부분은 마음속으로 조조에게 복종하지 않는 자나 피곤에 지친 자들뿐이고, 실제로는 10만 정도의 병사에 불과하다"고 말해 안심시키기도 했다. 실제로 전투가 시작되자 주유의 통찰력은 적중했다.

여몽은 본래 무예밖에 할 줄 모르는 무장이었지만, 손권이 그에게 학문 할 것을 권고하자 이에 자극을 받고 분발해서 학자도 따르기 어려울 정도로 학문을 닦아서 지략이 뛰어난 장수가 되었다. 육손 또한 무장이지만 명문가의 아들로 태어나 어려서부터 학문에 정진했다. 그의 지략으로 관우를 패퇴시켜 형주를 되찾고, 후일 유비의 촉군을 화공으로 다파했다. 그의 탁월한 지혜에 감동하여 손권은 육손을 영의정에 임명했다.

촉에는 지장이 그리 많지 않았다. 책을 즐겨 읽었던 관우가 더 표적인 지장이라 할 수 있다. 그러므로 유비가 서촉으로 진군했을 때 중요한 형주를 지킬 장수는 관우뿐이었다. 그런가 하면 마속은 백미(白眉)의 고사로 잘 알려진 마량(馬良)의 동생으로, 무장이지만 선비의 집안이어서인지 젊어서부터 책을 많이 읽었다. 형주에서 유비를 따라 촉으로 이주했고 월수군 태수를 지내기도 했다. 유비가 임종할 때 제갈량에게 "마속은 말이 앞서고 몸이 뒤따르지 않으므로 중요한 일을 맡겨서는 안 된다"고 충고했으나, 공명은 마속을 참군으로 발탁해 수시로 의견을 교환했다. 남만 정벌 때는 마속이 공명에게 "용병술은 성채가 아니라 마음을 공략하는 것이며, 무기로 싸우는 것이 아니라 마음을 굴복시키는 데 있다"

고 진언해서 공명이 맹획을 일곱 번이나 놔주는 전략을 쓰기도 했다. 공명은 위를 공격하면서 가정 방어를 위해 마속을 선봉장으로 썼는데, 이때 마속이 공명의 군령을 따르지 않고 산 위에 진을 치는 바람에 자멸하고 말았다. 그 책임을 물어 공명은 할 수 없이 마속을 참수하게 되는데, 이것이 바로 '읍참마속'이라는 고사가 생겨나게 된 배경이다.

한편 마속의 부장이었던 왕평은 마속이 산에 진을 치려 하자 말렸다. 그러나 학문이 높았던 마속은 글을 못 읽는 왕평의 제언을 무시했다. 왕평은 본래 위나라 장수였으나 촉에 투항한 인물로, 공명이 북벌을 위해 진군할 때면 늘 공명을 따라 전투에 참여했다. 왕평은 전쟁터를 전전하느라 글을 배우지는 못했지만 무척 사려 깊고 신중한 장군이었다. 왕평은 주위 사람들에게 『춘추』 등 중요한 책을 읽게 하고는 그것을 전부 외웠다고 한다. 또한 구술로 문서를 작성했지만 모두 문맥이 통했다고 한다. 제갈공명이 죽은 후 위연이 반란을 일으키자 이를 격파했다. 그 뒤 한중태수를 겸임했던 왕평은 진북대장군으로 조상이 10만 병사로 쳐들어왔을 때도 3만의 병사로 막아 냈다. 그런가 하면 촉을 마지막까지 지키려고 노력한 강유도 학문을 많이 익힌 용장이다.

삼국 시대와 같은 난세에도 지휘관이나 공을 많이 세웠던 장수는 책을 가까이 했던 지장들이다. 삼국통일의 일등 공신인 등애와 두예는 직접 책을 쓰기까지 한 학문의 대가들이었다. 촉을 끝까지 지키다 실패한 강유도 제갈공명이 전수한 책들을 늘 탐독했고, 촉을 정벌할 때 총사령관을 지낸 종회도 평소에 글을 가까이 한 장수였다. 촉의 왕평 같은 장수는 글은 못 읽어도 주위 사람에게 책을 읽혀서 모두 외웠을 정도로 학문적 성향이 있는 장수였다. 주유 또한 학문에 조예가 깊었고, 육손은 장군이지만 학문적인 자질 때문에 정승 자리에까지 오른 명장이었다. 아무리 난세라 하더라도 용맹보다는 머리가 필요하다는 이야기다. 요즘 시대의 군인은 공부를 해야만 훌륭한 지휘관이 될 수가 있다. 더욱이 현대는 힘과 용기만을 가지고 전쟁을 할 수 없다. 그것은 걸프전과 이라크 전쟁을 보더라도 알 수 있다.

다섯째, 나라를 배반하고 쿠데타를 일으키거나 다른 나라로 도망친 장수들이다. 삼국 시대는 난세였던 만큼 변심하는 장수가 많았다. 위나라 명장 중에 위를 배신한 첫 번째 장수가 하후패이다. 하후패는 하후연의 둘째 아들이다. 앞서 말했듯이 하후씨는 조조의 본래 성씨이므로 위나라의 왕족인 셈이다. 하후패의 아버지 하후연이 정군산 전투에서 황충에게 살해되었기에 하후패는 촉을 늘 원수로 생각하고 복수하려고 벼르고 있었다. 조진이 촉을 정벌하려고 전쟁을 일으켰을 때도 선봉장이 되어 싸웠다. 나중에 정촉호군이 되어 정서장군 하후현의 부장이 되었다. 그런데 이때 사마의가 조상을 주살하고 왕실의 힘있는 사람은 여러 가지 핑계를 대어 죽여 버렸다. 하후현에게도 허도로 돌아오라는 명이 내려졌다. 하후현은 도성으로 돌아갔다가 처형되었으나 하후패는 촉에 투항해서 많은 공을 세웠다.

사마의가 집권하자 많은 사람들이 처형되고 일부는 도망치기도 했지만, 오히려 사마씨 타도를 명분으로 반란을 일으킨 장수가 관구검이다. 관구검은 조조의 총애를 받던 장수로 우리 고구려를 두 번이나 침공해서 초토화시킨 인물이기도 하다. 고구려 동천왕이 이끄는 2만의 군사를 격파하고 고구려의 도성을 파괴해 수천에 이르는 사신과 포로를 잡아 돌아갔다. 245년에 다시 고구려 정벌에 나서자 동천왕은 피신했다. 나중에 좌장군에 이어 진남장군이 되어 오의 제갈각과 싸워 패퇴시켰다. 그러나 249년 조상이 주살되고 254년 자신과 가까운 하후현·이풍이 처형되자, 문흠과 함께 사마씨의 세력 확대에 불만을 갖고 회남에서 거병을 했다. 이때 사마사는 연주자사인 등애를 파견, 문흠을 쳐부수었다. 문흠이 패전하자 관구검은 도망치다가 장속에게 살해되고, 관구검의 가솔들은 오나라로 도망쳤다.

관구검과 함께 거병한 문흠은 기마 장수로 이름 높은 문직의 아들이다. 어릴 때부터 무용으로 이름을 떨쳤으나 성질이 과격했다. 또 예의 없이 상관에게 대들기를 잘해 탄핵 상소를 받기도 했으나 명제의 두둔으로 처벌받지는 않았다. 문흠은 자주 전공을 세웠지만 포로나 전리품을 개인 소유로 만들었기 때문에 왕릉에게 탄핵을 받아 소환되기도 했다.

그러나 조상은 고향이 같다는 이유로 조사하기는커녕 오히려 그를 후대하고 관군장군으로 승진시켜 더욱 오만해졌다. 조상이 처형되자 관구검과 짜고 반란을 일으켰으나, 결국 사마사의 군대에게 지고 오나라로 망명했다. 그곳에서 진북대장군·유주목·초후에 임명되는 등 대우를 받지만, 못된 성질과 교만으로 나중에 제갈탄에게 살해되었다.

제갈탄은 명문의 자손으로 일찍 출세한 장군이다. 조정에서 이름을 날렸으나 명제가 싫어해 실직했다가 명제가 죽은 후 다시 양주자사와 소무장군이 되었다. 그 후 양주도독·정동대장군 등으로 승승장구했으나 친구 하후현·동양이 주살되고 왕릉과 관구검이 차례로 반란을 일으켰다가 주살된 것을 목격하고는 불안해져 먼저 반란을 일으켰다. 이에 사마소는 26만 명의 대군을 지휘해 수춘성을 에워쌌다. 그러자 제갈탄은 오나라에 구원을 청했다. 오가 파병을 했으나 제갈탄은 참패하고 도망치다 대장군 호분에게 참수당했다.

종회는 어릴 적부터 신동이라는 별명을 들은 무장이다. 후일 관구검과 제갈탄의 반란에 사마소의 작전 참모로 공을 세우고 사마소의 신임을 얻었다. 263년 위가 촉을 치기 위해 대군을 일으켰을 때는 총사령관이 되었다. 종회가 거느린 대군이 검각에서 강유의 강렬한 저항에 부딪쳤을 때, 등애의 특수 부대가 성도에 진입해서 유선의 항복을 받았다. 강유는 할 수 없이 종회에게 항복했는데, 종회는 강유를 정중히 대접해 이후 두 사람은 절친한 사이가 되었다. 종회는 등애가 제멋대로 일을 처리하고 반역의 낌새가 있다고 밀고하고 그를 체포해서는 도성으로 압송했다.

한편 삼국 시대 무장들의 배신사를 살펴보면, 대개의 경우 생명의 위협을 받을 때 배신했다는 것을 알 수 있다. 이는 선비들과는 다르다. 선비들은 대부분 마음에 맞지 않을 때 배신했다. 물론 예외가 없는 것은 아니다. 여포가 정원을 배신했을 때는 학자와 마찬가지로 이해의 득실을 고려해서 한 행위였다. 서황이나 장합은 주인의 인물됨이 시원치 않아서 배신했고, 종회는 야심이 너무 커서 배신을 했다. 그러나 이런 경우는 아주 드물고, 대개 생명의 위협 때문에 배신했다. 유비를 배반한 장수는 거의 없다. 유독 맹달이 유비를 배반하고 위에 투항했을 뿐이다. 이 경우도 관우를 돕지 않은 뒤 생명의 위협을 느껴서 한 행위였다. 한 가지 특이한 점은 배

신한 용장들은 대개 새 주인을 다시 배신하는 경우가 많았다는 것
이다. 역사는 되풀이되게 마련이다.

3. 삼국 시대의 학자 출신 참모들

어느 나라나 정치 하는 데 학자가 필요하게 마련이다. 오늘날 학자는 주로 전문가의 자격으로 정치인들의 자문 역할을 해주고 있다. 물론 학자 스스로가 정치인이 되는 경우도 종종 있다. 미국 대통령을 지낸 우드로 윌슨은 프린스턴 대학에서 오랫동안 정치학 강의를 했던 학자였다. 대학 총장을 거쳐 주지사, 대통령까지 지낸 그는 많은 제도를 개선해서 오늘의 미국이 되는 데 크게 기여했다. 독일의 에르하르트 총리도 학자 출신이다. 그러나 이들은 역사적으로 예외에 해당한다. 우리 나라에도 학자 출신 정치인이 소수 있지만 정치에서 성공한 사람은 한 명도 없다. 주로 전문가의 자격으로 정치인들의 자문에 응하거나, 관직에 잠깐 종사한 것이 고작이다.

난세였던 삼국 시대의 정치 지도자들은 대부분 무인 출신이었다. 조조·원소·여포·손견·손책·유비·손권 등이 모두 무인 출신이다. 문인 출신으로는 유표·도겸·공융 등이 있으나 그들은 모두 실패했다. 우리 역사를 보더라도, 나라를 건국한 인물들은 대개 무장 출신이었다. 고주몽·왕건·견훤·궁예·이성계 모두 무장 출신이었다. 난세를 헤쳐 나가기 위해서는 힘이 필요했기에 무인들이 통치자가 된 것이다. 현대 정치에도 무인의 기질을 가진 정치인이 성공하는 예가 많다.

반면 학자들은 예나 지금이나 자문 역할을 하거나 참모가 되어 일하는 경우가 대부분이다. 삼국 시대에도 예외가 아니었다. 당시 학문을 닦은 문인들은 대부분 통치자들의 참모 노릇을 했다. 전쟁은 무인들이 했지만 나라의 통치는 학자들이 도왔다. 중국에서 특이한 점은 전쟁 이론이나 군사 전략을 문인 학자들이 개발하기도 했다는 것이다. 또한 학자들이 직접 전투에 참여해서 지휘관을 보좌하기도 하고, 문인이 군을 지휘하는 경우도 종종 있었다. 특히 삼국 시대는 난세였기에 학자들은 군사(軍師) 또는 모사(謀師)로서 종종 전투에 참여했다. 나라를 세운 후에는 국가 제도를 수립하는 데 기여했으며, 때로는 행정 관료가 되어 통치자를 도왔다. 유비도 항상 쫓겨다니다가 서서·제갈량·방통과 같은 학자를 얻은 다음에야 비로소 건국의 기초를 다질 수 있었다. 이들 학자들이 유비 진영에 합류한 후, 관우·장비·조운 등 명장이 큰 공을 세우기 시작했다.

삼국의 통치자 중에서 훌륭한 학자를 제일 많이 거느린 인물은 역시 조조였다. 그는 일찍이 명성을 떨치고 세력을 확보했던 까닭에 많은 선비들이 그의 휘하에 몰려들었다. 게다가 조조는 유난히 인재에 대한 욕심이 많았다. 덕분에 조조는 많은 선비들을 불러들여 휘하에 두고 부렸다.

조조를 섬긴 대표적인 학자 출신 모사는 아마도 순욱일 것이다. 순욱이 29세의 젊은 나이로 조조의 휘하에 들자, 조조는 기뻐서 "자네는 나의 자방(한 고조 유방을 모신 장량을 말함)일세"라고 했을 정도였다. 순욱은 명문가의 자손으로 조부 순숙, 부친 순곤, 숙부 순상 등이 모두 당대의 저명한 학자였다. 영천군에서 태어난 순욱은 어릴 때부터 "황제를 보좌할 재목"으로 칭송받았다. 효렴에 천거되어 관가에 입문했으며, 수궁령의 벼슬을 제수받았다. 동탁이 집권하면서 그를 황보령으로 임명했으나 사양하고 고향으로 돌아왔다. 순욱은 고향인 영천에서 동네 어른들을 모아 놓고 말했다. "영천은 사방이 싸우기에 좋은 땅입니다. 천하의 변란이 일면 항상 군사들이 이곳에서 부딪치게 되니 오래 머물 땅이 못 됩니다. 기주로 옮기는 것이 좋겠습니다."

기주로 옮긴 순욱은 원소의 막빈으로 좋은 대접을 받았다. 그의 아우인 순심도 이미 원소의 모사로서 활동하고 있었다. 그러나 순욱은 곧 원소의 그릇이 작다는 것을 깨닫고 그를 떠나서 조조에게 합세했다. 곧 조조의 신임을 받게 된 순욱은 조조가 도겸을 정벌하러 떠났을 때 정욱과 함께 도성을 지키는 책임을 맡았다. 이때 장막과 진궁이 모반을 일으켜 여포를 연주로 맞아들였는데, 이미 반란을 예상했던 순욱은 군사들을 정비하는 등 대비를 단단히 하여 민심을 안정시키고 정욱과 함께 범현과 통아현을 설복해 건성·범성·동아성을 지켜 내는 데 성공했다. 또한 도겸이 죽은 후 조조가 서주를 공략하고 여포를 평정할 때, 순욱은 여포를 치기 위한 전략을 세워 여포를 패퇴시키는 데 공을 세웠다. 그리고 196년 헌제가 하동에서 낙양으로 귀환했을 때는 조조에게 간해서 헌제를 옹호해 허도로 천도하도록 했다. 조조가 천하를 쟁취하기 위한 투쟁에 큰 몫을 한 것이다.

순욱은 중요한 위치에 있었지만 엄정한 태도를 유지했고, 신분이 낮은 사람들에게도 늘 겸손하게 대했다. 그리하여 조조는 군사나 국사에 관한 모든 것을 순욱과 상의했다. 또한 순욱은 종요·순유·회지재·곽가 등을 추천했는데, 이들은 모두 유능한 인재로 조조를 도왔다. 조조가 "순욱은 사람의 재능을 알아보는 눈이 있다"고 감탄했을 정도였다.

원소가 하북을 병합하여 막강해지자, 조조는 두려움을 느끼고 원소의 정벌을 꺼렸다. 그러자 순욱은 조조가 원소에 비해 도량·책략·무력·덕도 훨씬 앞서고 천자를 보좌하기에 대의에서도 앞선다고 간해 조조가 원소 토벌을 결정하도록 만들었다. 또한 관도대전에서 조조의 마음이 흔들려 허창으로 철수할 것을 고려하자, 편지를 보내서 조조의 마음을 돌리게 했다. 결국 조조는 오소 기습 작전으로 관도대전을 승리로 이끌 수 있었다. 조조는 딸 안양공주를 순욱의 장남 순운에게 시집 보냈을 정도로 순욱을 아꼈다.

그러나 조조의 세력이 커지면서 한 왕조를 부흥하려는 순욱과 천하를 차지하려는 조조 사이가 벌어지기 시작했다. 212년 동소 등이 조조를 위왕에 추대하는 것에 반대하면서 두 사람 사이는 아주 멀어졌다. 정사에는 순욱이 근심과 고민으로 병이 나서 50세의 나이로 죽었다고 되어 있고, 『위지춘추』나 『삼국지연의』에는 조조의 마음을 간파한 순욱이 자살했다고 쓰여 있다.

조조의 참모 중 신임을 잃지 않고 후대까지 관직을 누린 모사는 정욱이다. 본래 동군의 동아현 출신으로 연주자사 유대의 부름을 받았으나 응하지 않고 은거하다가 유대가 황건적에게 살해된 후에 순욱의 추천으로 조조에게 발탁되었다. 조조가 서주를 정벌할 때 순욱과 함께 건성 수비를 맡았다. 장막과 진궁이 배신하여 여포를 맞아들였으나 건성·범성·동아성을 조조가 돌아올 때까지 지켜냈다. 조조는 이를 높이 평가해 정욱을 범성에 주둔시켰다. 그런가 하면 헌제가 낙양으로 옮겨갔을 때 많은 신하들의 반대에도 불구하고, 정욱은 순욱과 함께 조조를 설득해 어가를 호위하게 만들었다. 이에 조조는 허도로 천도한 후 다시 정욱의 벼슬을 높여 주었다.

한편 정욱은 조조 밑에 몸을 의지하고 있는 유비가 호웅(豪雄)이므로 죽이라고 권하고, 후일 조조가 유비에게 병사를 주어 원술을 맞아 싸우도록 할 때도 곽가와 함께 이를 반대했다. 정욱의 예견대로 결국 유비는 서주태수를 살해하고 조조에게 등을 돌린다. 또 원소군과의 전투에서 창정에 복병을 10대 배치하는 '십면매복지계'로 원소군을 격파하고 기주를 평정한 조조에게 정욱은 강남의 평정을 진언했다. 그런가 하면 서서의 모친을 잘 모셔 서찰을 받은 후 그녀의 필적을 흉내내어 서서를 조조 진영으로 끌어들이는 데 성공하기도 한다. 또한 적벽대전에서는 조조에게 적의 화공에 주의하라고 진언하고 오나라 장군 황개의 투항이 거짓임을 간파했다. 동작대 낙성식에서 유비의 형주 탈취 소식을 듣고 걱정하는 조조에게 손권과 유비 사이를 벌어지게 하는 책략을 제시했으며, 주유를 남군태수, 정보를 강하태수로 임명해 형주에서 유비와 손권이 싸우게 하는 데 성공한다.

정욱은 성격이 강직해 다른 사람들과 충돌하는 일이 잦았고 모반을 꾀한다는 밀고를 받은 적도 있으나, 조조는 날이 갈수록 그를 더 총애했다. 조조가 죽자 관직에서 물러났으나, 문제 때 위위가 되어 안향후로 승진했다. 문제로부터 재상격인 공으로 임명되었지만 80세를 일기로 사망했다. 문제는 그에게 숙후라는 시호를 내렸다.

아마도 조조의 사랑을 가장 많이 받은 학자 출신 모사는 곽가일 것이다. 곽가는 영천군 양작현 출신으로 어릴 때부터 앞날을 내다보는 식견을 지녔다는 정평이 나 있었다. 그 때문에 그는 당시 식자(識者)들 사이에서 상당한 명성을 얻고 있었다. 처음 곽가는 북방

으로 원소를 찾아가 의탁했으나 곧 원소가 큰 인물이 되지 못함을
간파하고 원소를 떠났다. 그 무렵 조조에게 재능을 인정받고 있던
회지재가 요절하자, 순욱이 곽가를 조조에게 추천했다. 곽가는 조
조에게 가기 전에 원소의 모사 신평과 곽로에게 다음과 같은 원소
의 인물평을 남겼다. "무릇 지혜로운 자는 주인을 찾는 데 깊이 헤
아려야 하니, 그래야만 틀림없이 공명을 이룩할 수가 있소. 원공은
헛되이 주공을 본받으려 하나 아직 사람을 쓸 줄 모르는 것 같소.
일을 많이 벌이나 꼭 필요한 것은 적고, 지모를 좋아하나 결단성이
없소이다. 함께 천하의 큰 어지러움을 가라앉히고 패왕의 업적을
이룩하기는 어려울 것 같소." 조조는 곽가를 맞아 많은 토론을 끝
내면서 "대사를 완성시켜 줄 자는 바로 이 사람이다"라며 곽가를
사공군제주로 발탁했다. 이렇게 해서 조조의 참모가 된 곽가는 그
후 줄곧 조조를 보좌했다.

한때 원소의 기세가 드높아서 조조가 이를 걱정하자, 곽가는 조
조에게 원소를 이길 수 있는 열 가지 이유를 말한 십승(十勝)의 유
명한 제언을 했다.

"첫째는 원소는 번거로운 예를 좋아하고 지나치게 꾸미는 폐단
이 있습니다. 그러나 주공께서는 일의 알맹이만 취하시고 나머지
는 저 되어 가는 대로 맡기십니다. 이는 이른바 자연에 합하는 것
으로, 도에서 이기고 있는 것입니다." 둘째는 "원소는 거스름으로
움직여야 하는데 주공께서는 따름으로 이끌 수 있습니다. 원소가
군사를 일으키려면 천자를 거슬러 일으켜야 하지만 주공께서는 바
로 그 천자의 명에 따라 군사를 움직일 수 있기 때문입니다." 셋째
는 다스림에서 원소는 "그 관대함으로 사람을 모으는 데 비해 주공

께서는 매서움으로 그 잘못을 바로잡고 계시니 이는 바로 다스림에서 주공이 앞서 있다 할 수 있습니다." 넷째로, "헤아림에서 이기고 있는 것입니다. 원소는 겉으로는 재주 있는 이를 두텁게 대하나 안으로는 시기하며, 사람을 쓰는 데는 친척을 많이 뽑아 씁니다. 이에 비해 주공께서는 겉으로는 요란스럽지 않으나 속으로는 쓸 사람의 재주를 밝게 알아보며, 사람을 쓰는 데도 오직 재주에 따라 고릅니다." 다섯째로 꾀함에서 "원소는 여러 가지로 일을 꾀하나 결단하는 일이 적지만 주공께서는 한 가지 계책을 얻으시면 이를 곧 이행하시기 때문입니다." 여섯째로 덕에서 "원소는 모든 일을 오직 자기 이름을 드높이기 위해서 하나 주공께서는 지성으로 다른 사람을 대접하니 이는 덕으로써 원소를 이기고 계신 것입니다." 일곱째로 어짊에서 "원소는 가까운 사람만 보살피고 먼 데 사람은 소홀하게 대하는데 주공께서는 모든 사람을 두루 근심하시기 때문입니다." 여덟째, 밝음에서 "원소는 남이 참소하는 말을 들으면 의혹을 일으켜 마음이 어지러워지지만 주공께서는 그렇지 않습니다. 마음을 가라앉히고 차분히 헤아려 행하시니 이는 주공께서 원소보다 밝음을 뜻합니다." 아홉째는 법을 폄에 "원소는 자기 주관에 따라 옳고 그름을 뒤섞어 버리는데 주공께서는 법과 도가 한가지로 엄하고 밝습니다." 열째는 군사를 부림에서 "원소는 허세를 부리기만 좋아할 뿐 군사를 움직이는 요점을 알지 못합니다. 하지만 주공께서는 적은 군사로 많은 군사를 이기시며 군사를 부림에 귀신같이 밝으시니 원소는 감히 거기에 미치지 못할 것입니다." 곽가가 말하는 이 같은 조조의 열 가지 장점은, 어찌 보면 곽가가 조조에게 치자가 따라야 하는 규범을 아첨의 형태로 조조에게

게 알려 준 통치 원리라 할 것이다.

곽가는 실로 조조에게 많은 진언을 했다. 여포를 토벌할 때 조조가 군졸의 피로를 감안해 퇴각을 고려하자, 계속 진격을 권하여 마침내 여포를 사로잡을 수 있었다. 곽가는 미래를 예견하는 데도 탁월한 능력이 있었다. 한 예로 모든 사람들이 강동을 평정한 손책을 두려워하며 걱정하고 있을 때, 곽가만이 손책은 사람이 가볍고 경계를 하지 않으니 후일 남에게 살해될 것을 예언했는데 들어맞았던 것이다. 원소가 죽은 후 원담과 원상을 끝까지 토벌하자는 장수들의 간청에 대해 곽가는 조조에게 "사태가 위급하면 그들은 서로 도울 것이나 느긋하면 필시 서로 다툴 것이다"라고 간하면서 그들의 변화를 기다려 서서히 도모하라고 설득하였다. 결국 곽가의 예언은 적중했다. 애석하게도 곽가는 병이 들어 38세의 젊은 나이에 요절하고 만다. 조조는 비통해하면서 순유 등 대신들에게 "운명은 참으로 얄궂다. 우리들 가운데 가장 젊고, 후사를 부탁하려고 생각하고 있던 곽가가 요절하다니" 하고 탄식했다.

조조가 거느린 많은 학자들 중에 가후는 아주 특이한 인물이다. 가후는 난세를 살아가는 기지가 있는 인물로서, 여러 사람을 섬겼으나 가는 곳마다 재능을 인정받아 중히 쓰였다. 염충은 그를 "장량과 진평과 같은 기략이 있다"고 평했다.

처음에는 효렴으로 추천되어 관직에 임명되었으나 병으로 낙향했다. 동탁이 정권을 장악했을 때 가후는 동탁의 사위인 우보의 참모였다. 동탁이 여포에게 살해되자 동탁의 부하 이각·곽사·장제 등이 동요하며 도망가려 하자 가후는 이들을 설득하고 단결시켜 장안을 습격하여 여포를 추방하는 데 성공했다. 가후는 관리 선발 임

무를 맡아 많은 인재들을 등용했으며, 정치체제를 개선하기 위해서
애를 썼다. 그런데 이것이 이각과 곽사의 마음을 불편하게 만들어
가후는 할 수 없이 이들을 피해 당시 유능한 참모를 구하던 장수의
참모가 되었다. 장수는 조조와의 전투에서 가후의 계략을 썼을 때
는 늘 이긴 반면, 그의 계략을 채택하지 않았을 때는 늘 패배하자
가후를 대단히 신임하게 되었다. 장수와의 전투에서 조조는 장남
조앙과 조카를 잃은 것은 물론 자신의 목숨도 잃을 뻔했는데, 이는
전부 가후의 계략에 의한 결과이다.

원소와 조조가 관도에서 맞서고 양쪽이 모두 장수를 자기 편으
로 끌어들이려고 할 때 가후는 장수에게 조조의 편에 서기를 간했
다. "원소는 형제인 원술조차 신뢰하지 않고, 세력도 강력하기에
장수를 가볍게 생각한다. 반면 조조는 천자를 받들고 있고 세력이
열세하기에 과거의 원한을 잊고 장수를 중요하게 여길 것"이라며
조조에게 귀순하기를 권했던 것이다. 결국 장수는 가후의 진언을
받아들여 조조 편에 서게 되었다. 이에 조조는 기뻐하며 가후를 자
신의 책사로 삼았다. 그 후 가후는 수많은 책략을 내놓았는데 관도
대전에서 망설이는 조조에게 결단을 촉구하여 승리로 이끌었는가
하면, 서량 전투에서는 마초와 한수가 반란을 일으켰을 때 이간책
을 써 그들을 토벌하는 전략을 일러 주었다.

가후는 조조의 후계자를 결정짓는 싸움에서도 이기는 편에서 조
언을 했다. 조비와 조식이 후계 자리를 놓고 다툴 때 조비가 가후
의 도움을 청하자, 가후는 조비에게 "누구를 대하든 겸허하게 행동
하고, 태자로서 성실히 임할 것"을 조언했다. 그리고 조조가 은밀
히 의논해 왔을 때, 직접 화법을 피하고 "원소와 유표를 생각하고

있다”고 말함으로써 원소와 유표가 장자를 후계자로 택하지 않아서 나라를 망친 일을 상기시켰다.

가후는 자신의 재능에 경계심을 품지 않도록 조용히 생활하고, 사적인 교제를 절대 하지 않았으며, 자녀들의 결혼 상대도 명문가에서 고르지 않았다고 한다. 태위로 임명된 가후는 천수를 누려 77세로 사망했으며 숙후라는 시호를 받았다.

조조는 이들 말고도 만총·유엽·순유·진림·화흠 등 당대의 유명한 모사들을 많이 거느렸다.

유비도 많은 학자들을 거느렸다. 물론 이들 학자는 조조에 비해 수적으로나 질적으로 비교가 되지 못했지만, 촉을 건국하는 데 크게 기여했다.

촉 건국의 일등 공신인 제갈공명은 유비와 유선을 충의(忠義)로 섬긴 대표적인 학자이다. 아마도 삼국 시대가 낳은 대표적인 학자 출신 정치가는 제갈공명이라 할 것이다. 제갈량의 본래 고향은 낭사군 양도현이나 부모를 일찍 여의고 형주의 유표에게 몸을 의탁했다. 그의 숙부 제갈현이 죽자 농사를 짓는 한편, 학문을 열심히 했다. 많은 학자들과 사귀었으며, 당대의 명사인 방덕공과 수경 선생의 문하생이 되었다. 항상 스스로를 관중(管仲)과 악의(樂毅)에 비교했다. 이에 대해 당시 많은 선비들이 그를 비웃었지만 당대의 유명한 학자인 최주평(崔州平)과 훗날 유비와 조조의 책사가 된 서서(徐庶)는 이 같은 제갈량을 일찍부터 인정했다. 서서와 수경 선생의 추천으로 유비는 제갈공명을 세 차례나 찾아가 겨우 만났는데, 이것이 오늘날 남을 초대할 때 최대로 예우한다는 ‘삼고초려’라는 고사가 생기게 된 연유이다.

유비의 핵심 참모가 된 공명은 208년 유표가 사망하고 그의 아들 유종이 조조에게 항복하자, 유비에게 "유종을 공격한다면 형주를 지배할 수 있다"고 간했다. 그러나 유비는 이를 받아들이지 않고 남쪽으로 도망치다가 결국 조조에게 쫓기게 되었다. 이때 공명은 시상(柴桑)에 머물고 있던 손권을 설득해 조조와의 싸움을 결단하게 만들었다. 이리하여 유비와 손권의 동맹이 이루어져 적벽에서 조조군을 대파하게 된다. 유비가 나라를 세우기 위한 첫 번째 큰 시도가 공명의 계책으로 성공하게 된 것이다.

그 후 유비는 형주를 손에 넣자 공명을 군사중랑장(軍師中郎將)어 임명해 영릉(零陵) · 계양(桂陽) · 장사(長沙) 3군을 다스리게 했다. 이 때 공명은 세금으로 군수 비용을 조달하는 한편, 호적을 정리한 디 음 징병을 실시했다.『삼국지연의』에서는 공명이 하후돈을 박망파 에서 화공(火功)으로 다 파하는 등 활약하고 조조군을 속여 주유어 게 화살 10만 개를 만들어 주고, 또한 동남풍을 빌어 주유가 화공을 써서 조조군을 대파하게 만든 것으로 나온다. 또한 주유가 죽었을 때는 직접 적진인 오군의 병영에 가서 스스로 제문을 읽고 통곡허 서 오나라의 장수들을 어리둥절하게 만들었다.

211년 유장이 장로를 막기 위하여 유비를 불러들였을 때 유비는 방통과 함께 익주로 진군하고, 공명이 형주의 방어를 책임지게 되 었다. 불행히도 유비와 유장의 부하 장송이 내통한 사실이 드러나 유비와 유장이 반목하게 되면서 이들 사이에 전쟁이 시작되었다. 가맹에서 유장을 공격하다 방통이 전사하면서 유비는 궁지에 빠지 게 되었다. 이때 공명은 형주 수비를 관우에게 맡기고, 조운과 장 비를 대동하여 익주 정벌에 나서 승리를 거두었다. 익주가 평정되자 공명은 군사장군·좌장군으로 승진, 그 후 성도(成都)를 지키면.
서 유비가 출정할 때 식량과 병사를 조달했다. 유비가 황제의 자리
에 오르자 공명은 승상에 임명되었다. 유비가 오를 정벌하는 데 실
패하고 영안에서 중태에 빠졌을 때, 유비는 공명을 불러 "귀공의
재능은 조비의 10배가 넘는다. 기필코 국가를 안정시켜 대업을 성
취할 수 있을 것이다. 만약 유선이 보좌할 만한 인물이면 받들어
달라. 그럴 만한 재능이 없으면 귀공이 나라를 차지해도 좋다"며
후사를 부탁했다. 이에 공명은 눈물로써 유비에게 유선을 충성으로
받들 것이라고 맹세한다. 이는 잘 알려진 이야기로, 어떤 이는 죽
기 전까지도 유비가 계략을 써 공명이 배신 못하게 만들었다면서
유비야말로 엉큼한 통치자라고 말한다.

유비가 죽고 어린 유선이 황제 자리에 오르자, 무향후(武鄉侯)에
봉해진 공명이 모든 정무를 맡게 되었다. 공명은 적대 관계에 있던
오나라에 등지를 사신으로 보내 국교를 회복하는 한편, 남만 정벌
에 나섰다. 이때 남만의 왕 맹획을 일곱 번이나 잡아서 일곱 번 다
놓아 줌으로써 이 지역민을 마음으로부터 복종하게 만들었다. 그
뒤로 남만은 촉이 망할 때까지 한 번도 반란을 일으키지 않았으며,
물자가 풍부해서 군수물자를 조달하는 데 더할 나위 없이 좋았다.

227년 공명은 한중에 주둔하고 있는 위를 치기 위해 군사를 일으
키는데, 출전하기에 앞서 그가 올린 출사표는 너무나 유명하다. 이
는 공명이 살아 돌아오지 않을 것을 각오하고, 황제에 대한 여러
가지 훈계를 적어 놓은 눈물 없이 읽을 수 없는 희대의 명문이다.
공명은 기산을 침공하여 남안·천수·안정을 평정하고 강유를 얻게
되지만, 가정에서 마속이 명령을 따르지 않아 장합에게 대패하자

퇴로가 차단될 것을 우려해서 한중으로 퇴군했다. 그 후 공명은 여섯 차례에 걸쳐 위를 침공하나 전부 실패하고 오장원(五丈原)에서 사마의와 대치하다가 병으로 죽고 만다. 이때 퇴군하던 촉의 군을 사마의가 쫓다가 실패하는데, 이를 두고 "죽은 공명이 산 중달을 쫓았다"는 고사가 생겨났다. 재미있는 것은 이 같은 이야기를 전해 들은 사마의가 껄껄 웃으면서 산 사람과는 싸울 수 있지만 죽은 사람과 어찌 싸우겠는가 하고 세인의 조소를 웃어넘겼다는 것이다. 실로 사마의도 공명에 버금가는 출중한 인물이 아닐 수 없다. 진수는 "제갈량은 백성들을 안정시키고 걸어야 할 길을 제시하고, 관직을 줄이고, 시대에 맞는 정책을 내고, 마음을 열고, 공정한 정치를 행하였다. 이리하여 영토 안의 사람들은 모두 그를 존경하고 사랑하였다. 형벌과 정치는 엄격하였는데도 원망하는 자가 없었던 것은 그의 마음가짐이 공평하고 상벌이 명확하였기 때문이다"라고 평했다. 그러나 "매년 군세를 동원하면서 좋은 성공을 거둘 수 없었던 것은, 생각건대 임기응변의 군략은 그의 장기가 아니었기 때문이 아닐까"라고 덧붙이고 있다.

촉을 위해 봉사한 학자 가운데 방통은 끝내 날지 못한 봉황이라고 할 수 있다. 방통은 본래 양양군 사람으로 당대의 유명한 방덕공의 조카이기도 하다. 학문을 깊이 닦고 학문적 교류가 많았기 때문에 당대에 이미 잘 알려진 인물이었다. 수경선생은 유비에게 복룡·봉추 둘 중 하나만 얻어도 천하를 얻는다고 했는데, 방통이 바로 봉추였다. 본래 오나라 사람이어서 노숙이 방통을 손권에게 천거했으나 원체 인물이 못생겨서 손권이 그를 쓰지 않았다. 실망한 방통은 유비에게 왔는데, 유비를 찾았을 때도 워낙 인물이 못생겨서 유비는 그를 작은 고을 뇌향현의 현령으로 임명했다. 현령에 임명된 방통은 정사를 돌보지 않고 술만 마시다가 쫓겨나는데, 이때 노숙이 유비에게 방통은 국가를 운영할 사람이지, 한 고을을 다스릴 사람이 아니라고 말한다. 또한 공명도 방통을 높이 천거하여 결국 치중종사(治中從事)에 임명되고 이후 공명과 함께 군사중랑장이 된다.

유비가 장로를 토벌하기 위해 익주로 진군했을 때, 공명은 형주를 지키고 방통은 유비의 군사로 함께 익주로 갔다. 익주에 도착하자 방통은 유비에게 "유장을 이곳에서 사로잡으면 촉을 손쉽게 손에 넣을 수 있을 것이다"라고 진언했다. 하지만 유비는 "이제 입국했을 뿐 아직 은혜나 신의가 드러나지 않고 있다"며 방통의 제의를 거부했다. 그러나 유비에 대한 장송의 서한이 형 장숙에게 차단되어 유비와 장송·맹달·법정 등과의 내통이 들통나자 유비와 유장은 싸울 수밖에 없게 되었다.

유비의 군은 어쩔 수 없이 백수관에서 농성 중인 유장의 부하 양회·고패를 참살하고 그 군대를 흡수해 성도로 향하는 책략으로 바꾼 다음, 가는 곳마다 승리를 거둔다. 연전연승에 취한 유비가 부에서 주연을 열고 취해서 "오늘밤은 정말 기쁘다"고 말하자, 방통은 "남의 나라를 뺏고도 즐거워하는 것은 인자(仁者)의 싸움이 아니다"고 유비의 자만을 비판했다. 유비는 성이 나서 방통을 장막에서 내몰았으나, 다음날 실수를 깨닫고 방통을 찾아서 어제의 실수를 사과했다. 이에 방통은 주군도 문제였지만 주군을 망신 준 자신도 잘못했다고 말하고 두 사람은 껄껄 웃었다. 실로 유비의 방통에 대한 신임은 두터웠다. 그러나 성도를 향해 진군하던 중 낙성 공격중에 날아온 화살에 맞아 36세의 젊은 나이로 방통은 웅지를 펴보지도 못한 채 세상을 떠나고 말았다. 방통의 요절은 촉을 위해 크나큰 손실이 아닐 수 없었다. 본래 공명은 내치에 탁월한 능력이 있는 데 반해 방통은 군사 지략과 외교에 능통했다. 게다가 방통은 인재를 알아보는 안목이 있었다. 방통이 오래 살았으면 공명은 내치에 힘쓰고, 방통은 외치를 담당하는 한편 인재를 육성하였더라면 촉한을 부흥시켜 한 왕조를 재건할 수도 있었으리라는 가정을 해본다. 또한 방통이 오래 살았더라면 공명도 격무에 시달리지 않아서 오래 살아 촉의 국력이 강화되지 않았을까.

유비를 따른 선비 중 아마도 가장 성실한 인물은 미축일 것이다. 미축은 동해군 구현 태생으로 대대로 소작인이 만 명이 넘는 대부호 집안의 아들이었다. 성품 또한 온화해서 식자들의 존경을 받았다. 미축에게는 신화와 같은 이야기가 있다. 미축이 낙양에서 돌아오는 길에 한 부인이 마차를 태워 달라고 청하자 이를 흔쾌히 들어주었다. 얼마 후 목적지에서 내린 이 부인은 미축에게 "나는 하늘이 보낸 사자"라면서 미축의 집에 불을 지르러 가는 중이라고 말했다. 이에 미축은 집으로 돌아오자마자 곧 재물을 꺼내 놓아 재난을 피할 수 있었다는 것이다.

미축이 도겸의 수하로 있을 때 도겸이 병들어 죽게 되었다. 그러자 미축은 도겸의 유언대로 유비를 서주의 주인으로 맞이했다. 196년 유비가 원술과 싸우고 있는 틈을 타 여포가 하비를 습격하여 유비의 처자를 붙잡자 유비는 난을 피해 광릉군으로 갔다. 이때 미축은 여동생을 유비의 부인으로 주고 노복 2천 명과 금은·화폐 등을 대줘 유비의 세력 회복에 힘썼다. 그 뒤 조조에 의해 영군태수에 임명되지만 사직하고 유비를 따라 각지를 전전했다. 그리고 유비가 형주로 귀의하려고 할 때 유표에게 사자로 가서 유비의 훌륭함을 설파했다. 후일 형주가 유비의 거점이 되었을 때 좌장군에 임명되는데, 미축은 활을 잘 쏘았지만 사람 통솔하는 것을 싫어해서 군졸을 지휘한 적은 없다. 유비가 익주를 점령하자 제갈량보다 위인 안한장군(安漢將軍)에 임명되었을 정도로 유비로부터 대우를 받았다. 그러나 남군태수였던 동생 미방의 배반으로 관우가 형주를 잃게 되고 오나라의 포로가 되어 참수당하자, 스스로를 결박하고 유비에게 죄를 청했다. 유비가 동생의 죄로 인해 미축을 처벌할 수 없다면서 용서해 주었으나, 미축은 수치와 분노로 병들어 곧 죽고 말았다. 실로 충성스런 선비였다.

늦게 유비 편에 가담했지만 유비가 촉을 건국하는 데 크게 기여한 선비가 법정이었다. 법정은 부풍군 미현 사람으로 동향인 맹달과 함께 유장에게 몸을 의탁했다. 그러나 품행이 나쁘다고 비난받아 중용되지 못하고 있던 차에 장송의 주선으로 유비에게 합류해 유비가 익주를 정벌하는 데 크게 기여했다. 유비가 촉의 주인이 되자 법정은 촉군태수 양무장군에 임명되는데 자기의 직권을 남용해서 과보복을 한다는 참소를 듣기도 했다. 그러나 공명은 법정의 공이 크다 하여 이를 무시하는데, 후에 이를 전해 들은 법정은 부끄러워하며 잘못을 고쳤다고 한다. 이후 법정은 공명의 법가적 통치에 도전하기도 하지만 공명에 승복하는데, 유비의 법정에 대한 신임은 날로 두터워졌다.

217년 법정은 유비에게 한중 공략을 진언하는데, 219년 노장 황충이 법정의 책략에 따라 한중에 진격하여 하후연을 죽이는 전과를 올렸다. 조조는 법정의 계책 때문에 패전했다는 것을 알자 "그럴 것이다. 유비는 거기까지 책략을 쓸 인물이 아니다"라면서 하후연의 죽음을 몹시 슬퍼했다. 곧 조조는 대군을 일으켜 한중에 진군했지만, 유비군에 패퇴하여 한중을 완전히 잃게 되었다. 한중 정벌로 유비가 한중왕이 되자 법정은 상서령 호군장군에 임명되나 불행히도 다음해 45세의 젊은 나이로 죽고 말았다. 실로 학자가 적은 유비로서는 큰 손실이 아닐 수 없었다. 후일 유비가 오를 치다가 실패하고 엄청난 국력의 손실을 입었을 때, 제갈공명은 "법정이 살아 있었다면 오 정벌도 피할 수 있었고, 설령 전쟁을 시작했어도 이러한 패배는 없었을 것이다"라고 한탄했다.

손책과 손권을 보좌한 대표적인 학자는 장소라 할 것이다. 장소는 젊어서부터 학문을 좋아해 후한 조정과 서주자사 도겸에 추천되었으나 이를 거절했다. 후일 전란을 피해 강남으로 이주했는데 손책의 정중한 초대에 응해 막빈이 되었다. 장소가 성실하게 손책을 잘 보필했으므로 손책은 죽기 전에 손권에게 뒷일을 맡기면서, 오 나라 안의 문제는 장소와 의논하고, 밖의 문제는 주유와 상의해 처리하라고 했을 정도였다. 손책이 죽자 장소는 비통해하는 손권을 달래서 후사를 마무리짓고 손권을 보좌했다.

장소는 성실했을 뿐만 아니라 손권에게 늘 바른말을 하는 꼬장꼬장한 선비였다. 그의 깊은 학덕에 모든 사람들이 그를 존경했다. 그러나 적벽대전 때 조조에게 항복할 것을 권한 뒤로 손권은 장소의 권고를 무시하는 경향이 있었다. 그리하여 손권이 제위에 올랐을 때 주위의 신하들이 전부 장소를 승상으로 임명하라고 권했음에도 이를 받아들이지 않았다. 이 같은 일이 있었음에도 장소는 손권에게 지나친 주벽과 사냥을 삼가라고 계속 간했다. 특히 손권이 북쪽의 공손연과 동맹을 맺으려고 하자 적극 반대했다. 그러나 손권이 끝내 말을 듣지 않자 병을 핑계로 집 안에 칩거했다.

재미있는 역사적 사실은 화가 난 손권이 장소의 집 대문을 흙으로 쌓자, 장소도 안쪽에서 흙으로 쌓았다는 것이다. 나중에 손권이 사과했으나 장소는 듣지 않고 여전히 밖으로 나오지 않았다. 손권이 문에 불을 놓아 위협하려고 하자 아예 문을 굳게 닫아 버렸다. 결국 장소의 자식들이 그를 안고 나오면서 두 사람의 의지의 싸움은 끝나는데, 어찌 보면 장난 같은 일이라고 할 수 있지만 이것은 장소와 손권 사이의 애증과 갈등이 표출된 것이라 할 수 있다. 어쨌든 장소는 오나라 충신의 표본이었다.

손책과 손권을 크게 보좌한 인물로는 장소의 아우 장굉도 있었다. 장굉은 실로 손책·손권을 뒤에서 충실히 보좌한 선비였다. 장굉은 잠시 후한에서 벼슬을 했으나 낙향해 학문에 힘써 당시 훌륭한 학자로 널리 알려져 있었다. 대장군 하진 등으로부터 여러 차례 부름을 받았으나 병을 핑계로 관직에 나가지 않았다. 전란이 일어나자 이를 피하기 위하여 형과 함께 강동으로 피신했는데, 그곳에서 주유의 추천과 손책의 간곡한 요청으로 형 장소와 함께 손책의 막빈이 되었다. 손책이 이들을 신임하여 전쟁에 나갈 때면 형제 중 한 명은 남아서 근거지를 방위하고 나머지 한 명은 손책과 함께 전투에 참여했다. 여포가 서주를 점령했을 때 장굉이 서주 사람이므로 장굉을 불러들이려고 했으나, 장굉은 이를 거절하고 손책을 섬겼다. 199년 장굉이 손책의 사자로 헌제가 있는 허도로 오자, 조조는 장굉을 잡아 두려고 시어사(侍御史)에 임명했다. 손책이 자객의 손에 피살당한 틈을 노려 조조가 강동을 치려고 할 때, 장굉은 "타인의 죽음에 편승하는 짓은 관례에 어긋날 뿐만 아니라 원한을 살 뿐이라, 오히려 은혜를 베풀어야 한다"며 적극 만류해 오나라를 환난으로부터 구했다. 조조는 장굉의 의견을 높이 사서 손권을 오히려 토로장군에 임명하고 장굉을 지방관으로 파견했다. 조조는 여러모로 장굉과 손권을 위에 귀순시키려고 노력했으나 장굉은 오로지 손권을 도와서 오나라를 발전시키는 데만 전념했다. 손권은 장굉을 장사로 임명하고 많은 전투에 함께 갔는데, 장굉은 손권이 자주 전투의 선봉에 서는 것과 잦은 전쟁을 중지하라고 권했다. 장굉은 또한 손권에게 간하여 오의 수도를 말릉으로 옮기게 했으나, 60세에 병으로 죽고 말았다. 그는 생전에 많은 저술을 남겼고, 허도에 있을 때는 건안칠자인 공융·진림 등과도 교분이 두터웠다.

아마도 손권의 신임을 가장 많이 받은 학자는 노숙일 것이다. 노숙은 임화군 동성현 출신으로 부유한 가정에서 태어났다. 젊어서부터 학문에 정진하여 유능한 인물과 교류가 빈번했으며, 가난한 사람들을 많이 도와주어 존경을 받았다. 선비였음에도 병법과 검술을 익혔던 노숙은 당시 천하를 쟁패하던 원소의 부름을 받고 동성현장이 되었다. 그러나 원소의 사람됨을 알고는 함께 큰일을 도모할 인물이 못 된다고 판단하고 그를 떠나 낙향해 버렸다. 후일 주유의 요청으로 주유와 함께 일하게 되는데, 주유와 노숙은 본래 어렸을 때의 친구로 주유가 어려울 때 노숙이 서슴없이 도와주었기에 가까운 사이였다. 재산가였던 노숙에게 주유가 군자금을 요청하자, 노숙은 두 개의 쌀 창고 중 하나를 선뜻 내주었다는 일화도 있다.

이후 주유는 노숙이 범상치 않은 인물임을 깨닫고 손권에게 노숙을 강력히 추천해, 이때부터 노숙은 손권을 섬기게 되었다. 손권과 대면했을 때 노숙은 거침없이 "한 왕실의 부흥은 이미 때가 늦었다. 전하는 먼저 강동 지역을 근거로 황조·유표를 쳐 형주를 손에 넣고, 제왕의 지위에 올라 천하를 넘보는 것이 좋을 것이다"라고 진언했다. 장소를 비롯한 대신들이 이 같은 말을 함부로 하는 노숙을 중용하지 말라고 했으나 손권은 말을 듣지 않았다. 당시만 해도 유가의 전통이 아직 강해 노숙의 이 같은 발언은 입에 담기 어려운 불충한 것이었다. 형주의 유표가 죽자, 노숙은 손권에게 "유표의 자식들은 나라를 다스릴 만한 힘이 없고, 조조에게 빼앗기기 전에 형주를 손에 넣어야 한다"고 진언했다. 또한 유표에게 의지하고 있는 유비에게 지원군을 보내 함께 조조와 싸우게 하는 것이 좋겠다고 말했다. 그런데 손권이 일을 도모하기도 전에 형주의 새 주인인 유종이 조조에게 항복하고 말았다. 그러자 노숙은 직접 사자가 되어 유비에게 가서 동맹을 맺고 제갈량과의 우의를 돈독히 했다. 『삼국지연의』는 이 적벽대전을 전후한 노숙과 제갈량의 활동을 상세히 그리고 있다.

　조조의 군대가 쳐들어오자 오나라의 대신들은 조조와 싸우자는 주전파와 항복하자는 주화파로 갈렸다. 대개 무장들은 손권에게 조조와의 일전을 진언했다. 반면 장소를 비롯한 학자 출신 대신들은 조조에게 항복해서 오의 안위를 구하자고 진언했다. 이때 노숙은 선비 출신이지만 조조와의 결전을 손권에게 진언했다. 노숙은 "항복을 주장하는 자는 제 몸밖에 생각하지 않고 있다. 나는 명가 출신이므로 조조 밑에서도 상당한 대우를 받을 수 있지만, 전하는 몸 둘 곳조차 없을 것이다"라며 손권의 결단을 촉구했다. 적벽대전이 시작되자 손권은 주유를 총사령관에, 노숙을 참모장에 임명했는데, 결국 손권과 유비의 동맹군은 막강한 조조군을 섬멸하는 대승을 거두게 된다.

조조군을 격파하고 개선하자 손권이 노숙에게 "내가 귀공의 손을 잡고 말에서 내리도록 맞이한다면, 귀공의 공적에 보답할 수 있을까?" 하고 물었다. 이에 노숙은 "아닙니다. 전하가 천하를 얻고 천자가 현자를 맞이하듯이 저를 맞아 준다면 그때 저는 만족할 수 있습니다"라고 대답해서 함께 웃었다는 고사가 있을 정도로 두 사람은 막역했다. 주유가 37세의 젊은 나이로 병사하면서 자기 후임으로 노숙을 천거하자, 손권을 이를 받아들여 노숙을 오군 총사령관에 임명했다. 손권은 노숙의 강력한 권고대로 유비에게 형주 지역을 내주고 조조를 견제하도록 했다. 유비는 이 형주를 기반으로 군세를 강화하고 후일 다시 익주를 차지하게 된다. 이에 손권은 형주 반환을 요구하나 유비는 돌려주지 않았다. 오와 유비의 사이가 나빠지기 시작할 때 손권은 노숙을, 유비는 관우를 국경 지대에 파견하는 등 분쟁이 자주 일어났다. 그러나 노숙은 언제나 유비와의 동맹 관계를 유지하려고 노력했다. 이 같은 노숙의 노력과 손권의 강력한 항의로 인해 유비는 상수 동쪽 방면을 손권어게 넘겨주게 된다. 노숙이 살아 있을 때는 손권과 유비의 동맹 관계가 잘 유지되었으나 217년 노숙이 46세로 죽고 여몽이 오의 총사령관이 되면서 양 세력 간의 동맹은 깨지고 만다. 결국 형주는 오나라의 영토가 되고 관우가 여몽의 포로가 되어 죽으면서 촉과 오 사이에 마침내 전쟁이 일어나게 되었다. 물론 이 전쟁은 오나라 장군인 육손의 전략에 힘입어 오의 승리로 끝났다.

노숙과 같이 손권의 절대적 신임을 받은 학자 출신의 참모가 제갈근이다. 제갈근은 촉의 승상인 제갈량의 형이기도 하다. 본래 낭사군 양도현 사람으로 일찍부터 학문을 닦고 인물이 출중해 사람들로부터 존경을 받았다. 동생 제갈량과 제갈균이 숙부 제갈현에게 의지해 예장(豫章)으로 가게 되면서 이들 형제는 생이별을 한다. 제갈근은 손권의 친척인 홍자의 추천으로 손권의 막빈이 되는데, 무척 신중하고 인화를 중시해서 사람들을 중재하는 데 탁월한 재능이 있었다. 제갈근은 손권에게 의견을 개진할 때 결코 강경한 말이나 격렬한 어조를 사용하지 않았다. 또한 자신의 주장만 일방적으로 펴지도 않았다. 그는 적절한 예를 들고 사물의 이치를 이용해 상대방이 깨닫도록 만들었다. 그 때문에 손권도 그를 존중했으며, 중요한 사안에 대해 상의하는 일이 많았다. 제갈근은 가신을 위해 중재하는 일도 마다하지 않았다. 손권의 부하 주치나 은모가 손권의 노여움을 샀으나 제갈근의 중재로 어려운 처지에서 벗어날 수가 있었다. 제갈근은 공명의 형이 되므로 유비 진영에 가는 사자 역할을 자주 맡았다. 그는 오국 사절로 절도를 지켜 제갈량과는 공식 회의 석상에서밖에는 만나지 않았다. 『삼국지연의』에 제갈근이 공명을 따로 만나서 형주 땅을 돌려 달라고 애원한 것은 역사적 사실이 아니다. 제갈근이 유비에게 사자로 갔을 때 손권의 일부 신하들이 제갈근이 유비 편이 될 것이라고 간하기도 했지만, 손권은 제갈근을 언제나 신임했다.

222년 위와 국교가 단절되고 동오의 장군 주연이 위나라 장군 조진·하후상에게 포위되었을 때 제갈근은 치밀한 계획과 임기응변으로 적군을 패주시키고 주연의 병사를 살려 냈다. 229년 손권이 황제에 즉위하자 제갈근은 대장군 자도호가 되어 육손과 함께 전군의 지휘를 맡게 되지만 68세로 사망하고 만다. 제갈근은 도량이 넓었고 늘 모범적으로 생활했다. 그는 무척 사려가 깊은 인물이었지만, 그의 아들 제갈각은 재능만을 뽐내다가 결국 가문을 망쳤다.

손권은 이들 외에도 많은 학자들을 거느렸다. 손권이 학자들을 존중한다는 소문이 퍼지자, 많은 선비들이 그의 휘하에 몰려들었다. 한때는 위나라보다 더 많은 학자를 거느렸다고 소문이 났을 정도였다. 그러나 늙어 가면서 고집과 변덕이 심해지고 술에 취하면 행동이 무례해져 그의 곁을 떠나는 학자들이 늘어났다.

이제 삼국 시대를 풍미한 학자들의 모습을 몇 가지 유형으로 나눠 보자. 첫 번째 부류는 원칙과 대의에 성실했던 학자들이다. 대표적 인물이 조조의 신하였던 순욱과 유비의 참모였던 제갈량, 손권의 충신이었던 장굉 등이 이에 속한다. 순욱은 조조의 장자방이었고, 제갈량은 촉한의 승상이었다. 두 사람 다 재주가 뛰어났고 술수에도 능했다. 조조나 유비가 위기에 처했을 때 이들의 지모 덕분에 구원을 받았고, 나라를 세울 때도 이들의 도움을 받았다. 또한 이들은 대의를 중시했다. 순욱이나 공명 모두 한실(漢室)을 부흥하려는 대의를 갖고 있었다. 비록 이들이 지모가 있고 간계에 능하다고는 하나, 이는 어디까지나 대의를 위한 술수였다. 이들은 어찌 보면 성실한 마키아벨리였다.

이 같은 대의 때문에 조조의 일등 공신이 되고 사돈까지 된 순욱은 조조와 큰 그림의 대의가 다른 탓에 자살로 생을 마감했다. 순욱에 비하면 공명은 다행스런 경우라 할 수 있다. 유씨가 한실의 종친이기에 유비와 유선에게 충성을 바치고 중국 천하를 통일하려던 의도가 당시 유가 철학에 합당했으므로 충신으로 대우도 받고 생도 마감할 수 있었기 때문이다. 그야말로 삼국 시대에는 수많은 학자들이 대의를 위해 목숨을 바쳤다.

둘째 부류는 주인에게 충성스럽기는 하나 대의에 관한 견해가 다른 학자들이었다. 예컨대 이들은 꼭 한(漢)의 부흥만이 대의라고 생각지 않았다. 그보다는 천하의 흐름을 중시했다. 이들은 유가의 전통에 따라 각자 주인에게 충성을 바쳤으나 대의는 천하의 흐름에 따라야 한다고 믿었다. 위의 곽가, 오의 노숙, 촉의 방통·법정 등이 이 부류에 속하는 학자들이다. 이들은 한나라의 운명은 이제 끝나고 새 왕조가 수립되어 천하를 통일하고 백성을 편하게 해야 한다고 생각한 현대적 마키아벨리들이었다. 이들에게는 유씨이건, 조씨이건, 손씨이건 문제될 것이 없었다. 중요한 것은 누군가 천하를 통일해서 세상을 편하게 만드는 것이었다. 이 같은 목적을 위해 자기들이 모시는 주인이 천하통일을 이룰 수 있도록 충성을 바쳤다. 이들은 명분도 시대의 흐름과 조화를 이루어야 한다고 믿었다. 이들은 천하통일을 위해서라면 무엇이든 할 수 있는 무리들이었다. 삼국 시대 많은 학자들이 이 부류에 속했다.

세 번째 부류는 융통성 없이 원칙만 수호한 학자들이다. 이들은 때로는 꼬장꼬장하다 못해 교만하기까지 했다. 어찌 보면 객관적으로 탁월한 능력이 없었으면서도 선비의 도를 앞세워 자기 고집을 세우던 학자들이라 할 수 있다. 위나라의 예형, 원소 수하의 저수, 손권 수하의 장소가 이 부류에 속하는 선비라 할 수 있다. 실로 옹고집을 덕목으로 생각한 인물들이었다. 난세였던 삼국 시대에는 이 부류에 속한 많은 선비들이 희생을 당했다.

　네 번째 부류는 약삭빠르게 주인을 바꿔서 섬긴 선비들이다. 요즘 유행하는 말로 하면 줄서기를 잘한 학자들이다. 특히 난세였던 삼국 시대에는 국가의 흥망성쇠가 다반사로 일어났기 때문에 주인을 바꿔 섬기는 예가 많았다. 특히 능력이 탁월한 선비가 한 주인을 섬기다 큰 재목이 돗 됨을 알고 늙기 전에 주인을 바꾸는 예가 상당히 많았다. 또한 주인의 홀대를 받자 다른 기회를 찾아서 떠난 선비들도 많았다. 조조 휘하의 많은 학자들이 이 부류에 속한다. 순욱은 처음에 원소를 모셨고, 가후는 우보·이각·단의·장수를 거쳐 결국 조조에게 귀의했다. 진규와 진등 부자는 도겸을 섬기다가 유비와 여포를 섬겼고, 나중에 조조에게 귀의했다. 당대의 문장이며 건안칠자에 속했던 진림도 하진을 섬기다가 원소 휘하에서 조조를 성토하는 격문을 썼으나, 후일 조조를 섬겼다.

　순유는 하진 밑에 있다가 조조에게 귀의함으로써 큰 업적을 세웠다. 화음은 하진·동학·원술·마일제·오나라를 거쳐 위에 귀의함으로써 위왕 조예 때는 태위가 되었으며, 75세의 천수를 누렸다. 손권의 총사령관이던 노숙도 본래는 원소의 휘하에 있다가 인물됨이 모자란 것을 깨닫고 원소를 떠났다. 방통은 본래 오나라 사람이나 인물이 못생겼다고 손권이 중히 쓰지를 않자 유비에게로 갔다. 미축은 도겸을 받들다가 유비에게 귀의했고, 이적은 유표를 섬기다가 유비에게 귀의했다. 서서는 본래 유비를 섬겼으나 어머니 때문에 위에 귀의했다. 법정과 장송은 본래 유장의 사람이었으나 유장의 사람됨이 모자람을 알고 유비에게 귀의했다. 유파는 본래 조조를 섬기다가 유장에게 갔으나 다시 유비에게 귀의해서 상서령까지 승진했다. 이밖에도 진궁은 조조를 섬기다가 여포에게 귀의했고,

허유는 조조에게서 원소로, 원소에서 다시 조조에게로 갔다. 저수는 한복을 섬기다가 원소의 충신이 되어 생을 마감했다.

다섯 번째 부류는 이른바 어용 학자들이다. 어용 학자란 권력에 붙어서 과잉 충성을 하는 선비를 가리킨다. 권력을 잡은 사람에게는 으레 어용 학자가 붙게 마련이다. 조조가 적벽에서 대패하고 복수전을 준비하고 있을 때, 장사인 등소가 조조에게 아첨하기를 조조는 주공이나 강태공 이상의 업적이 있으니 위왕이 됨과 아울러 구석(九錫)을 받으라고 했다. 구석이란 제후에게 내리는 아홉까지의 예로써 천자와 비슷한 관례다.

화흠은 당대에 알려진 선비였으나 조조에게 아첨하느라고 헌제의 비인 복태후의 머리채를 휘어잡고 질질 끌고 가서 조조 앞에 대령하는 등 당시로서는 상상할 수도 없는 불충을 저질렀다. 화흠은 조조가 죽기 전에 미리 헌제의 조서를 받아 품속에 지니고 다니다가 조조가 죽자마자 조비를 위왕에 봉한다는 헌제의 조서를 내놓는 아첨도 했다. 이처럼 화흠은 조조에 이어 그 아들인 조비에게도 계속해서 아첨을 했다. 화흠·가후·왕랑 등의 대표적 어용 학자들은 헌제를 폐위하고 조조의 아들 조비를 황제로 등극시키는 데에도 앞장을 섰다. 실로 엄청난 공을 세운 조조도 감히 행하지 못한 불충을 어용 학자들이 모여서 조비에게 권했던 것이다. 결국 나라가 망하는 데 학자들이 앞장선 셈이다.

위나라가 망할 때도 학자들이 다시 앞장을 섰다. 사마염의 협박에 놀란 황제 조환이 어찌할 바를 모르고 쩔쩔맬 때, 가충이 얼른 황제에게 말했다. "하늘이 정한 운수가 이미 다했으니 폐하께서는 하늘의 뜻을 거스르려 하지 마십시오. 마땅히 한의 헌제가 했던 일을 본받아 수선대를 고치시고 대례를 갖춰 제위를 진왕께 물려주도록 하십시오. 위로 하늘의 뜻을 받들고 아래로 백성들의 마음을 따라 그리하신다면 폐하 스스로를 지키는 데 아무런 걱정이 없을 것입니다." 실로 엄청난 불충이 아닐 수 없다. 가충은 위나라의 실력자인 건위장군 가규의 아들로 당연히 위를 지키는 데 공헌해야 할 처지의 인물이었지만, 오히려 실력자인 사마염에 붙어서 위를 망치는 데 한몫 했던 것이다. 약삭빠르기 짝이 없는 행동이라 할 것이다. 물론 가충은 진나라가 창건된 후 시중·사공·상서령 등 고위직을 겸임했으며, 진의 법률을 제정하는 데도 크게 기여했다.

여섯 번째 부류는 능력은 모자라지만 한 사람에게 변함없이 충성함으로써 영화를 누린 학자들이다. 이를테면 간옹·미축·손건 등은 특별히 뛰어난 학자들은 아니었으나 유비가 곤경에 처해 있을 때도 변함없이 따라서 나중에 유비가 대업을 이룬 후 후대를 받았다.

삼국 시대나 오늘날이나 학자들의 유형도 다양하고, 그들의 역할과 행태 또한 다양함을 알 수 있다.

4. 삼국 시대의 정치 기반

어느 시대나 정치인은 기반이 있어야 성공할 수 있다. 오늘날과 같은 민주주의 정치 제도 아래에서도 통치자가 되는 사람들은 정치적 기반을 가지고 있다. 미국의 레이건 대통령은 여러 번 대통령에 출마해서 결국 성공했는데, 그의 정치적 기반은 보수파들이었다. 반면 케네디 대통령의 정치적 기반은 노동자, 이민자, 소수민족, 진보파들이었다. 우리 나라에서도 박정희 대통령은 군사력을 사용해서 통치자가 되었고, 김대중 대통령은 호남 지역이 정치적 기반이었으며, 노무현 대통령은 젊은 세대가 정치적 기반이었다.

삼국 시대의 지도자들도 각자 나름대로 정치적 기반을 닦았기에 후일 통치자가 될 수 있었다. 그렇다면 삼국 시대 통치자들의 기반은 무엇이었을까.

첫째, 삼국 시대는 난세였던 만큼 가장 중요한 통치 기반은 역시 군사력이었다. 특히 당시는 군웅이 할거하여 땅을 뺏고 빼앗기는 일이 빈번했기 때문에 군사력은 통치자에게 절대적으로 필요했다. 이미 세력을 가진 자는 군사력으로 세력을 유지하고, 아무 것도 없는 자는 군사력을 키워서 힘을 갖게 마련이다. 공손찬을 예로 들어 보자. 공손찬은 인물이 수려하고 목소리가 우렁찼으나 빈털터리였다. 그는 탁군의 노식 문하생으로 유비와 함께 공부를 한 적이 있었다. 노식의 문하를 떠나 이민족이 사는 요동의 장사가 되면서 기반을 닦기 시작했는데, 당시 요동은 장성 밖의 변방으로 오환(烏桓)과 선비(鮮卑), 그리고 고구려 사이에 낀 외로운 섬과도 같은 땅이

었다. 이같이 위험한 지역에서 공손찬은 수십 기만 거느리고 선비
족과 요서의 오환족을 무찔렀다. 그의 명성은 나날이 높아져 결국
기주·청주·연주를 지배하는 세력으로 성장했다. 이처럼 공손찬의
정치적 기반은 군사력에 의해 성취되었다. 후일 오나라 건국의 기
초를 다진 손견도 군사력으로 정치적 기반을 닦은 인물이다. 17세
때 부친과 배를 타고 가다 해적을 만났을 때 그의 용맹과 지모로 쫓
아 버린 후 세상에 이름을 알리게 되었다. 그 후로도 회계(會稽)에
서 발생한 종교 단체와의 전투, 황건적 토벌, 동탁에 대항한 전쟁을
통해 명성을 얻으면서 군사력으로 강남을 제압했다. 후일 손책도
손견의 뒤를 이어 군사력을 사용해 강남에 정치적 기반을 다졌다.
여포나 원술 역시 군사력으로 기반을 닦음으로써 제후가 되었다.

둘째, 가족과 지역 관계가 강력한 정치적 기반이 되어 주었다.
앞서 말했듯이 조조나 원소는 명문가 출신인 까닭에 쉽게 세력을
확장할 수 있었다. 조조의 명장인 하후돈·하후연·조인·조홍 등
은 모두 친인척이었고, 조조의 초창기 기반이 되어 준 사람들 상당
수가 고향 사람들이었다.

셋째, 당시의 제도나 명분에서 정치 기반을 마련하기도 했다. 손
권은 형에게 오나라를 물려받았다. 형주의 유표, 서주의 도겸, 익
주의 유장, 한중의 장로 등도 당시 존재한 제도나 명분에 의해 제
후가 되고 왕이 되었다. 사마의도 조상의 형제들을 죽이고 권력을
장악함으로써 후일 정치적 기반을 닦았고, 이는 사마사나 사마소가
후일 진(晉)을 창업하는 데 기여했다. 조조는 당시 가장 큰 세력은
아니었으나 헌제를 받아들임으로써 한나라 통치자의 명분을 손에
쥐게 되었다. 즉 황제의 명을 빌려서 천하의 제후들을 통치할 수

있는 기반을 마련했던 것이다. 이처럼 오늘날이나 삼국 시대나 명분은 정치의 중요한 요소이다. 심지어 명분을 만들어서 전쟁을 하기도 한다. 이렇게 내세운 명분으로 정치인들은 제후들이나 백성들의 지원을 얻을 수가 있었다.

넷째, 백성들이 정치적 기반이 되어 준 경우이다. 삼국 시대에는 난세였으므로 백성들의 지원만 가지고 나라를 세울 수는 없었다. 그러나 백성들의 지원은 큰 힘이 되었다. 예를 들어 유비는 가는 곳마다 백성들로부터 환영을 받았다. 유비 또한 백성을 나라의 근본으로 생각했다. 조조가 형주를 공격했을 때 유비는 많은 백성들과 함께 피난을 갔기에 조조군의 포로가 될 뻔했다. 이 같은 백성들의 지원이 초기에는 유비에게 큰 힘이 되지 못했다. 당시는 선거라는 제도가 없던 시절이다. 따라서 백성들은 힘있는 자에게 의지하게 마련이다. 그러나 백성의 지원이 큰 힘을 발휘할 때가 있다. 유비는 오랫동안 이곳저곳을 전전했다. 공손찬에 의지했다가, 조조에게 의지하기도 하고, 잠시나마 서주의 주인 노릇도 했다. 다시 원소에 의지하다가 유표의 식객이 되었다. 그러나 유표가 죽고 유종이 조조에게 항복하자, 고행이 다시 시작되었다. 유비의 일생을 통해 형주를 차지하고, 익주를 인수하고, 한중을 정복한 것이 전부 짧은 기간에 이루어졌다. 유비는 50세가 넘도록 변변한 기반이 없었다. 그럼에도 불구하고 나라를 세울 수 있었던 것은 유비에 대한 백성들의 존경심과 애착심 때문에 가능했다. 유비는 이곳저곳 떠돌아다니는 신세였지만, 현자로 또한 현명한 통치자로 전 중국에 널리 알려졌던 것이다. 서주의 주인이 되었던 기간은 짧았으나 백성들로부터 사랑을 받았다. 형주에서 도망칠 때도 신야의 백성들이 힘없는 유비를 따랐다. 물론 백성들의 지원이 영토를 획득하는 데는 큰 도움이 되지 못하지만, 일단 영토를 획득하게 되면 영토를 지키는 데는 큰 도움이 된다. 결국 유비는 백성을 기반으로 하는 통치자가 되었다.

현대 사회에서는 통치 기반이 국민 투표에 의해 정해진다. 따라서 정치인들은 나름대로 정치적 기반을 닦아야 한다. 그러나 이 같은 가정은 국가의 건전한 군사력과 경찰력이 정치체제를 강력히 뒷받침해 준다는 것을 전제로 한다. 군사력이나 경찰력이 와해되거나 무력해지면 건전한 민주 정치가 이루어지기 어렵다. 또한 군사력이나 경찰력이 정치체제에서 이탈하면 쿠데타가 일어나게 마련이다.

그런 점에서 삼국 시대나 지금이나 나라의 건국은 군사력에 의존하게 마련이다. 일단 군사력이 안정되면, 법질서가 서고 나라가 안정된다. 나라가 안정된 후 정치 과정에서 가족 관계, 지역 관계, 대의명분, 백성의 지원 등이 무지개처럼 얽히면서 통치자의 길을 열어 주게 되어 있다. 삼국 시대는 난세였던 만큼 군사력이 절실히 요구되고 또 눈에 보이지만, 우리는 민주주의 체제를 너무나 당연하게 여기기 때문에 군사력이 눈에 보이지 않는 것이다.

맺음말

삼국 시대 역시 다른 시대와 마찬가지로 권력투쟁으로 점철된 역사를 가지고 있다. 특히 삼국 시대는 1백여 년에 걸친 난세였기 때문에 권력투쟁의 과정이 좀더 적나라하게 드러났다. 삼국 시대의 정치 과정을 현대적인 개념을 빌려 설명해 보자.

가브리엘 알몬드와 시드니 버바라는 미국 정치학자는 정치 현상을 파악하고 특징짓는 데 세 가지 기준을 사용하고 있다.

첫째는 국민의 인지적 정향에 의한 평가이다. 이는 국민들의 사고 방식과 경험에 근거해 현실 정치를 인식하는 태도이다. 이 같은 인지적 정향은 정부와 민초 간의 관계에 영향을 주며, 정치체제의 존속 관계를 결정지을 수도 있다. 탈코트 파슨스는 이 같은 국민의 인지도에 의한 판단이 상속적 기준에 따른 것이냐, 아니면 객관적 성취도에 따른 것이냐에 따라 전근대성과 근대성을 가름한다고 했다.

삼국 시대는 군주주의 체제였으므로 국민들은 지도자를 세습적 또는 상속적인 이유로 받아들이는 경우가 많았다. 나이 어린 천자를 당시 중국인들은 나라의 지도자로 당연하게 받아들였다. 조조나 원소·원술은 가문이 좋은 덕에 빨리 성공할 수 있었고, 유표·유장·장료 등은 부친의 기반을 상속받았다. 당시 중국인들은 상속받아 통치자로 군림하는 것을 당연한 것으로 받아들였다. 이는 전근대 사회의 전형적인 모습이다.

그러나 당시 중국인들의 사랑과 존경을 받고 또한 최종적으로 삼국의 맹주가 된 조조·유비·손권은 단순히 상속으로 지도자가 된 사람들이 아니다. 조조는 황건적 토벌에서 위왕이 될 때까지 수많은 전쟁을 치렀고, 또한 많은 개혁을 통해 백성의 복지에 힘쓴 탁월한 지도자였다. 손권과 유비도 나름대로 많은 공을 세웠다. 손권은 15세에 이미 명성을 얻었을 정도로 용감했다. 특히 유비는 빈털터리 건달에서 황제까지 되었다. 반면에 원소·원술·유표·유장 등 명문의 자제로 기업을 상속받아 지도자가 된 이들은 전부 망했다.

결국 백성이 지도자를 평가하고 또한 지도자를 자기들의 통치자로 인식하는 데는 업적이 최고의 기준이 됨을 알 수 있다. 삼국 시대나 오늘날이나 통치자는 업적에 의해 평가받게 마련이다. 당시 중국인들은 조조·손권·유비가 그들의 통치자라고 믿었다. 이 같은 믿음이 이들로 하여금 국가를 창건할 수 있도록 힘을 실어 주었던 것이다. 오늘날에는 선거라는 제도가 있어 실패한 정당이나 인물은 선거를 통해 심판받게 되어 있다. 이에 반해 삼국 시대에는 충성심을 잃은 지도자들은 정권을 잃었다.

둘째는 감정적 정향 또는 감정적 반응에 의해 정치제도나 정치인의 업무 수행에 대한 느낌을 측정하는 것이다. 이들이 쓴 책 『시민사회』에 따르면, 미국인들 대부분은 그들의 정치제도나 정부에 대하여 긍지를 느끼고 있다고 한다. 이 같은 감정이 정치제도의 안정성을 보장하게 만든다. 반면 이탈리아 국민은 자기들의 정부나 정치체제에 대해 긍지를 느끼는 사람이 3%에 지나지 않았다. 이로 인해 이탈리아는 정치체제의 불안정이 계속되고 총리가 자주 바뀌는 경향이 있다.

삼국 시대는 백성들의 정부나 정치체제에 대한 불신이 엄청나게 높았다. 한나라에 대한 높은 불신이 황건의 난을 야기했고, 정치인이나 정치체제에 대한 불신이 수많은 제후들의 몰락을 가져왔다. 정치에 대한 이 같은 불신으로 청류파 학자들은 관직에 몸담지 않는 것을 미덕으로 여겼다. 또한 이들 선비나 지식인들은 세상을 한탄하는 시문을 많이 썼다. 술집에서 술을 마시고 시를 쓸 때도 그 내용은 대부분 세월을 한탄하는 것들이었다. 당시 민츠들의 관료에 대한 인식은 부패·매관매직·부정의로 점철되어 있었다.

따라서 백성들은 유비처럼 빈털터리라고 할지라도 백성에게 선정을 베푸는 지도자를 선호했다. 그때는 물론 신문도, TV도 없었던 시절이지만 입소문을 타고 이 같은 사실은 퍼지게 마련이다. 이를 통해 백성들은 통치자들의 지도 방식을 느끼게 되었다.

삼국 시대가 난세가 된 이유 중 하나는 백성들이 정치제도나 통치자들에 대해 자긍심을 갖고 있지 않은 까닭에 정치제제가 몹시 불안정했을 뿐만 아니라 백성들의 통치자에 대한 충성심도 쉽게 이완되었기 때문이다. 그리하여 백성들은 어느 정권이 들어서든 별로 상관하지 않았다. 이러한 백성들의 충성심 결여는 체제의 불안정을 초래했다. 그랬기 때문에 법을 엄격하게 적용한 조조나 제갈공명의 통치를 백성은 받아들였다. 또한 유비나 손권처럼 백성들을 보살피는 지도자는 대중의 사랑을 받았다.

셋째는 국민의 평가적 정향 또는 가치의 선호도에 따라서 정치체제를 평가하는 것이다. 이는 국민이 정치체제나 통치자를 평가하는 기준이나 선호도를 의미한다.

삼국 시대는 난세였기에 당시 사람들은 법과 질서의 준수, 국가의 안정, 사회 정의 실현 등에 큰 가치를 두었다. 난세인데도 대중들은 한나라의 정통성을 인정하고 이를 지키려는 신념이 있었다. 이 같은 대중의 심리 때문에 조조는 한 헌제를 끝까지 모셨던 것이다. 유비도 헌제가 죽었다는 말을 들은 후에야 천자의 제위에 올랐다. 황제가 힘없는 껍데기처럼 보였지만 한나라가 그토록 오래 지탱할 수 있었던 것은 당시 국민이 한나라의 정통성을 인정했기 때문이다.

지금까지 보았듯이 삼국 시대는 권위주의 정치 문화가 보편적이었으며, 공동체 의식이 강한 정치 문화가 자리잡았던 시기였다. 또한 혁신성과 적응성의 정치 문화도 다분했다. 이같이 삼국 시대의 정치 문화는 현대와 마찬가지로 복잡했다. 위계적 권위와 권위자에 대한 기대성, 정치 및 제도상의 안전을 요구하는 보수성, 지역 공동체성의 강조 등은 삼국 시대나 오늘날이나 동양인들의 정치 문화의 공통적인 요소라 하겠다.

삼국 시대는 근 1백여 년 동안 이어지면서 수많은 변화를 겪었다. 어찌 보면 변화의 정치라고 말할 수 있을 정도로 많은 변화를 경험한 시대였다. 결국 난세라 함은 변화의 영구성을 의미한다. 이미 앞에서 한나라가 망한 원인을 설명했지만, 다시 정리하면서 삼국 시대 정치의 특성을 살펴보기로 하자.

정치 변동 이론에는 여러 가지가 있다. 마르크스 · 모스카 · 파레토 · 오그번 · 브린톤 · 맥키버 등 수많은 학자들이 정치 변동 이론을 개발했다. 아마도 마르크스의 영향을 받은 경제 구조 이론이 대표적일 것이다. 이것은 한마디로 경제 구조의 변화가 상부구조인 정치의 변화, 사회의 변화를 도출한다는 이론이다. 즉 경제 변화는 생산수단과 노동력 간의 모순에 의해 야기되고, 이는 어쩔 수 없이 정치 변화를 야기한다는 것이다. 인류 역사는 원시 사회에서 농경 사회로, 그리고 다시 산업 사회로 발전했고, 산업 사회는 다시 오늘날과 같은 전자정보 시대로 바뀌면서 사회가 필요로 하는 수단을 소유한 계층이 정치도 좌지우지하게 되었다.

후한이 망하고 삼국이 정립되었다가 다시 진나라의 사마염이 삼국통일을 하는 과정에서 많은 정치적 변화가 있었다. 그러나 이 1백 년 동안 중국은 여전히 농경 사회였기에 경제 사회 변동에 따라 정치가 변화했다고 말하기는 어렵다. 중국은 전국 시대를 거치면서 진나라가 중국 대륙을 통일했을 때 가장 심각한 정치적 변화를 경험했다. 이때는 경제 구조의 변화보다는 다른 요소에 의한 정치적 변화가 더 심했다.

후한 말기는 환관과 외척의 발호, 정치인들과 관리들의 부정부패로 정치권력이 정당성을 잃어버렸다. 국민들은 정치인들을 불신하고, 지식인들은 통치자들을 비웃었다. 정치권력의 정당성을 인정하지 않는 황건적이 혁명을 시도했으나 실패로 돌아갔다. 그런가 하면 한나라에서 정당성을 찾지 못한 제후는 황제를 참칭하기도 했다. 정치권력의 정당성 상실은 정치 엘리트 간의 갈등과 분열로 이어지고, 결국 전쟁으로 이어질 수밖에 없다. 이 같은 정치·사회적 엘리트의 계속되는 갈등이 삼국 시대의 정치적 변화를 영구화시켰다. 통치 엘리트들 간의 계속되는 투쟁은 대중들의 생활을 궁핍하게 만들고 또한 이들을 정치체제로부터 소외시켰다. 결국 삼국 시대의 변화는 정치적 갈등에서 야기되었다고 할 수 있다. 정치적 갈등으로 통치 엘리트 및 통치 조직과 권력 구조에 변동이 오고 또한 체제도 달라졌던 것이다. 이 같은 환경이 건달 유비를 제위에 오르게 하고, 백정인 장비가 제후가 되는 기회를 주었던 것이다.

혁명이나 정치 변동을 논할 때 흔히 위로부터의 혁명과 아래로부터의 혁명이 있다고 말한다. 위로부터의 혁명은 민중을 동원하지 않고 기존 지배 세력의 주도 아래 일어나는 혁명이나 변혁을 말하고, 아래로부터의 혁명은 민중이 주도하는 혁명을 말한다. 삼국 시대의 혁명이나 변혁은 아래로부터의 혁명은 아니었다. 물론 황건의 난처럼 대중이 주도한 혁명이 일어났지만 모두 실패했다. 그렇다고 삼국 시대 초기의 혁명이 위로부터의 혁명이라고 할 수도 없다. 물론 후일 왕조의 변화는 위로부터의 변화임에 틀림없다. 그러나 삼국이 정립될 때까지는 일종의 옆으로부터의 혁명이라 할 것이다.

옆으로부터의 혁명은 기존 체제에 불만을 품은 대중을 기반으로 지식 계층이 일으키는 혁명을 말한다. 삼국이 정립될 때까지는 황건의 난 이후 고조된 민중들의 불만을 기초로 조조·손견·손권·유비·제갈량 같은 지식인들이 뭉쳐서 새로운 나라를 건국한 일종의 옆으로부터의 혁명이다. 물론 한에서 위로 바뀔 때나, 위에서 진으로 바뀔 때는 순전히 위로부터의 변혁이었다. 삼국 통일이라는 대변혁 역시 위로부터의 변혁이다.

지금까지 보았듯이 삼국 시대의 정치나 현대의 정치, 또는 동양의 정치나 서양의 정치에는 공통점이 있음을 알 수 있다. 즉 정치가 권력투쟁이라는 본질에서는 차이가 있을 수 없다. 그러나 우리가 살피고자 하는 것은 본질에서 파생되는 행태의 차이다.

　정치의 본질 중 권력투쟁 외에 분명한 것은 정치는 국민을 기반
으로 해야 성공한다는 것이다. 삼국 시대는 군주주의 정치체제였던
반면 현대는 민주주의 정치체제이다. 우리는 군주주의와 민주주의
의 차이를 권력의 나눔이나 권력 배분의 차이에 따라서 분류한다.
그러나 군주주의 정치나 민주주의 정치나 공히 성공하려면 국민의
지지를 받아야만 한다. 즉, 백성을 기초로 한 정치만이 성공하게
되어 있다. 인간 사회는 홀로 살 수 없고, 또한 정치는 인간의 집단
적 행위를 조직화하는 수단이기에 언제나 주변의 지지가 필요하다.
정치는 패거리 싸움으로, 가장 성공적인 싸움은 백성을 끼고 하는
싸움이다. 유비와 같은 빈털터리가 성공할 수 있었던 것은 다름 아
닌 백성의 지지를 받았기 때문이다. 조조·유비·손권·제갈량·조
비 등 성공한 통치자들은 하나같이 백성의 존경과 사랑을 받았다.
반면 말년의 손권·조예·유선 등 실패한 통치자들은 전부 백성을
소외시켰다. 자고로 민심이 천심이라고 했다. 또한 사람의 마음속
에 하늘이 있다고 했다.

　따라서 정치에서 교만은 금물이다. 특히 지도자의 교만은 더욱
그러하다. 『삼국지』에서도 드러나듯이 임금이 교만해지면 간사한
무리들이 몰려들게 마련이다. 이는 현대 민주주의 정치에서도 마
찬가지다. 대통령이 자만에 빠지고 판단력이 흐려지면 간사한 무
리들이 주위에 몰리게 되어 있다. 옛날 환관의 횡포, 외척의 발토
등은 오늘날에도 계속되고 있다. 차이점이라 한다면, 옛날에는 환
관이고 오늘날에는 가신이라는 것뿐이다. 오늘날 우리는 대통령의
주변 사람들을 비난하기도 하고, 통치 잘못을 다른 사람들에게 전
가하기도 한다. 그러나 분명한 것은 통치자의 잘못이 가신의 잘못

을 야기한다는 것이다. 결국 통치자가 책임을 질 수밖에 없다.

이 같은 정치 현실이 옛날이나 지금이나 딜레마를 낳고 있다. 패거리 싸움은 신의·믿음이 없으면 승리할 수 없다. 삼국 시대에 나온 고사들 중에 '삼고초려'·'수어지교' 등은 인간 사회에서 믿음이 갖는 의미를 잘 표현하고 있다. 동시에 통치자는 조조가 말했듯이 "늑대에게 정을 주어서는 안 된다"는 속성과 믿음이라는 정치적 요건 사이에서 균형을 이루어야 한다. 물론 쉬운 일은 아니겠지만 통치자는 이를 이행해야 한다.

정치 세계는 실로 냉혹하다. 열 가지를 잘해도 한 가지 실패하면 망하게 되어 있다. 조조는 승승장구했지만 적벽대전의 실패로 천하 통일의 대업을 이룰 수 있는 기회를 영원히 잃었다. 유비는 일생 동안 노력해서 나라를 세우고 국력을 키웠지만 무리하게 오나라를 공략하다가 한나라 중흥의 기회를 영원히 잃어버렸다. 손권은 나라를 현명하게 통치했으나 말년의 실책으로 오나라의 기반을 통째로 흔들어 놓았다.

이 같은 정치 현상은 오늘날에도 되풀이되고 있다. 우리 나라나 미국을 보더라도 대통령이 비록 업적이 많다고 하더라도 한 가지 잘못으로 인해 모든 업적이 무시당하는 경우가 많다. 닉슨 대통령은 많은 업적을 남겼지만 워터게이트 실수 하나로 대통령 자리를 떠나야 했다. 우리 나라 대통령들도 친인척 관리에 실패해 업적이 평가절하되는 경우가 있다.

삼국 시대의 정치를 보면 동양 정치의 특수성을 엿볼 수 있다. 조조의 힘은 대단했다. 당시 조조가 한의 헌제를 폐하고 황제에 오른다고 해서 그를 막을 힘이나 세력이 없었다. 그러나 그는 끝내 황제의 제위에 오르지 않았다. 자기가 모시던 정권은 찬탈하지 않는 것이 동양의 미덕이다. 조조가 죽고 그의 아들 조비가 위왕이 되어서야 한 헌제로부터 선양을 받아 황제의 제위에 올랐다. 사마소도 마찬가지다. 사마사 때 이미 사마씨 집안은 위나라의 전권을 장악했고 서촉을 정벌했다. 위나라에서는 아무도 그의 권력에 도전할 수가 없었다. 그러나 그는 제위에 오르지 않았다. 그의 아들 사마염 때 비로소 선양을 받아서 제위에 오르고 국호도 진(晉)이라고 했다. 이는 실로 서양과는 대조적이다. 로마 제국의 카이사르는 권력이 강해지자 바로 황제의 제위를 원로원에 요구했다. 이로써 로마 제국의 황제 제도가 시작되지만 카이사르는 브루투스에게 살해된다. 그러나 조조나 사마소는 중국인이 소중히 여기는 유가의 전통을 저버릴 수 없기에 제위에 오르는 것을 삼갔다. 이는 동양 정치와 서양 정치의 차이를 극명하게 보여 주는 예라 하겠다.

삼국 시대의 정치에서 분명한 것은 개인에 대한 충성심이 정치의 기초가 된다는 것이다. 조조나 유비 등 탁월한 지도자들은 따르는 부하가 많았다. 물론 동양이나 서양이나 개인에 대한 충성심은 권력 구조의 중요한 요소이다. 그러나 동양에서는 개인에 대한 충성심이 일종의 윤리관이 되어 있다. 개인에 대한 충성심은 사람들로부터 찬사를 받기드 한다. 관우가 동양에서 아직도 추앙을 받는 이유는 유비에 대한 그의 충성심 때문이다. 우리 나라에서 3김씨가 오랫동안 군림할 수 있었던 것도 동양 특유의 개인에 대한 충성심 때문이다. 앞으로도 우리 정치에서 성공하는 사람들은 대개가 충성을 바치는 수하가 많은 지도자들일 것이다.

삼국 시대의 정치가 보여 준 것 중 하나는 가족이 정치의 핵심이었다는 것이다. 이 시대에 성공했던 조조·손권·사마의 등은 가족이나 가문에 탁월한 인재가 많았다. 가족이 없는 유비는 관우·장비·조운 등의 인재들을 가족화함으로써 없는 가족에 대한 보상을 받았다. 우리 나라 정치사를 보더라도 가족이 항상 정치의 핵심에 자리잡고 있었다. 그러므로 가족 중 한 사람이 성공하면 전부가 혜택을 받고, 반면 한 사람이 역적이 되면 가족 전체가 피해를 입었다. 이처럼 동양에서는 가족 관계가 정치의 핵심이기에 혼인 관계가 중요했다. 혼인을 통해 타인을 가족화함으로써 힘을 얻게 되는 것이다. 삼국 시대나 후대에 동양에서 흔히 사용한 볼모의 정치는 가족 관계의 중요성을 보여 주는 예라 할 수 있다.

삼국 시대 정치적 특징의 하나는 계급이나 서열이 비교적 빨리 정해진다는 것이다. 동양에서는 위계 질서가 빨리 형성되는데, 이 위계 질서의 확립은 정치의 힘이 되기도 한다. 위계 질서가 동양에서는 나이, 학식이나 능력, 금전 또는 공권력에 의해 빨리 형성된다. 어느 집단이나 위계 질서의 혼란 때문에 고생을 하지만 삼국 시대의 중국에서는 위계 질서가 빠른 시일 안에 확립되었다. 아마도 이러한 이유로 우리는 중국인들이 적응 능력이 높다고 보는지도 모른다.

또한 삼국 시대 정치의 특징은 집단 성향이 강하다는 것이다. 개인 의식보다 집단 의식이 강한 것은 아마도 동양인의 특색일 것이다. 물론 정치는 패거리 싸움이기에 집단이 중요하다. 일찍이 〈대부〉라는 작품과 영화로 널리 알려진 미국인 작가 마리오 푸조는 "정치나 범죄는 똑같다"고 했다. 아마도 이는 정치나 마피아나 조직이 필요하기 때문일 것이다. 이와 같은 동양인들의 집단 성향 때문에 가족·서열·지연·학연 등 집단과 관계되는 조직이 성행하고, 이에 대한 윤리관이 발달했는지 모른다. 우리 나라에는 아직도 종친회·동창회·향우회·사돈 등이 정치의 변수로 작용하고 있다. 이 같은 관계가 삼국 시대의 중국인에게는 더욱 중요한 가치관이었다. 우리는 지역주의·학벌주의·족벌주의를 한국병이라고 취급하면서 이것들을 없애야 한다고 주장하고 있다.

그러나 이것들은 우리의 삶에서 또는 정치 과정에서 쉽게 사라지지 않는다. 어찌 보면 우리가 비난하는 지역주의·학벌주의·족벌주의가 집단 정향적인 우리의 본성과 깊은 관계가 있기 때문일 것이다.

나관중의 『삼국지연의』는 단순한 소설이 아니다. 또한 진수의 『삼국지』도 단순한 역사책 이상이다. 『삼국지』는 우리의 정치 과정이나 본질을 충분히 설명해 주는 훌륭한 교재이자, 우리에게 삶의 지혜를 알려 주는 경서이다. 또한 인간의 적나라한 면을 보여 주는 역사책이자 훌륭한 드라마 대본이다.